rororo sport
Herausgegeben von Bernd Gottwald

Berend Breitenstein

Power-Bodybuilding
Erfolgreich, natürlich, gesund

Mit Fotos von
Horst Lichte und Take

Rowohlt

Dank
Ich möchte mich bei den folgenden Personen bedanken, die auf ihre Art und Weise an der Entstehung dieses Buches beteiligt waren: Dem Studio Body-Top Hamburg für die hervorragenden Trainingsmöglichkeiten und die Bereitstellung der Räumlichkeiten für meine Betreuungsarbeit. Meinen Eltern und meiner Lebensgefährtin Stephanie Reichard für ihre Unterstützung und ihr Verständnis. Meinem Trainingspartner Jörg Sobolewski für produktive Trainingseinheiten. Herrn François Gay, Spitzenathlet des Natural Bodybuilding, für das Vorwort in diesem Buch und die Vermittlung des Kontakts zur WNBF.

4. Auflage Oktober 2003

Originalausgabe
Veröffentlicht im Rowohlt Taschenbuch
Verlag GmbH, Reinbek bei Hamburg,
März 1999
Copyright © 1999 by Rowohlt Taschenbuch
Verlag GmbH, Reinbek bei Hamburg
Umschlaggestaltung Büro Hamburg
(Foto: TAKE, Hamburg/
Modell: B. Breitenstein)
Modell für die Übungsfotos: B. Breitenstein
Redaktion Thorsten Krause
Satz Life (QuarkXPress 4.02)
Gesamtherstellung Clausen & Bosse, Leck
Printed in Germany
ISBN 3 499 19470 8

Inhalt

9 *Natural Bodybuilding*
Vorwort von Francois Gay, Natural Mr. Universum 1992

14 Bodybuilding – mehr als nur Gewichte heben

16 Motivation – Was möchten Sie durch Bodybuilding erreichen?
19 Körpertypen – machen Sie das Beste aus Ihren Anlagen
22 Muskelaufbautraining – alles andere als einseitig
    23 *Kraft – Bodybuilding ist nicht Gewichtheben*
    24 *Ausdauer – wichtiger Bestandteil des Trainingsprogramms*
    28 *Beweglichkeit – geschmeidige Muskulatur durch Dehnung*
    33 *Koordination – gezielte Muskelstimulanz durch optimierte Bewegungsabläufe*

34 Aufbauphase – Entwicklung von Muskelmasse und Muskeldichte

34 Training in der Aufbauphase
    34 *Trainingsintensität – es geht nicht ohne*
    36 *Schweres Training für massive Muskulatur*
    40 *So trainieren Sie sicher*
    43 *Muskeln wachsen nach dem Training*
    46 *Regenerationsfördernde Maßnahmen*
    51 *Das Minimum-Maximum Prinzip*

52 Trainingsmethoden
    52 *Progressives Gewichtstraining*
    52 *Pyramidentraining*
    54 *Prioritätsprinzip*
    54 *Intensivwiederholungen*
    55 *Abgefälschte Wiederholungen*
    56 *Herz-Kreislauf-Training*

57 Übungen für die Aufbauphase

97 Trainingspläne
    97 Grundlagenprogramm Kraft- und Masseaufbau
    98 Split-Programm – eine Muskelgruppe pro Trainingseinheit
    100 Körpertypgerechte Trainingspläne

103 Ernährung in der Aufbauphase
    103 Motive zur Lebensmittelauswahl
    107 Bestandteile der Ernährung
    109 Kohlenhydrate – Energielieferant Nummer eins
    117 Eiweiß – unentbehrlich für das Muskelwachstum
    123 Präferenzliste zur Lebensmittelauswahl
    124 Tagesvorschläge Aufbauphase

126 Definitionsphase – jetzt erreichen Sie Top-Form!

126 Training in der Definitionsphase
    126 Tips für eine erfolgreiche Definitionsphase
    130 Intensitätssteigernde Maßnahmen

132 Trainingsmethoden
    132 Umgekehrte abgestumpfte Pyramide
    133 Abnehmende Sätze
    133 Supersätze
    134 Teilwiederholungen
    135 Höchstkontraktion («Peak Contraction»)
    135 Posing
    136 Instinktivprinzip

136 Aerobes Training zum Körperfettabbau

141 Übungen für die Definitionsphase
    167 Körpertypgerechte Trainingspläne

170 Ernährung in der Definitionsphase
    170 Kohlenhydratarme Ernährung für messerscharfe Definition
    178 Fett ist besser als sein Ruf
    184 Eiweißaufnahme und Flüssigkeitszufuhr
    187 Präferenzliste zur Lebensmittelauswahl
    188 Tagesvorschläge Definitionsphase

190 Noch eine Woche bis zur Bestform
    190 Das Last-Week-Schema

195 Regenerationsphase – gönnen Sie sich eine Pause

197 Trainingsperiodisierung für optimale Ergebnisse

197 Körpertypgerechte Jahresplanung

205 Doping – Höchstleistung um jeden Preis?

205 Was ist Doping?
207 Doping im Bodybuilding
    207 Hormone und deren Einsatz als Dopingmittel

216 Elf gute Gründe für dopingfreies Bodybuilding

219 Literatur
220 Register

Der Autor

Berend Breitenstein, Jahrgang 1964, ist Ernährungswissenschaftler (Dipl. oec. troph.) und lizenzierter Bodybuilding-Trainer. Er arbeitet als Privat-Trainer, schreibt Artikel für Bodybuilding-Fachzeitschriften und hält Vorträge in Fitneß-Studios über drogenfreies Bodybuilding. Berend Breitenstein ist «Lifetime drug-free»-Bodybuilder und im Besitz der Athleten-Lizenz der World Natural Bodybuilding Federation (WNBF/New York). Er nimmt an internationalen Profi-Meisterschaften dieses Verbandes in den Vereinigten Staaten von Amerika teil.

In eigener Sache

Die zahlreichen Leserreaktionen auf mein erstes Buch «Bodybuilding. Erfolgreich, Natürlich, Gesund» sind überwiegend positiv. Allerdings gibt es auch kritische Stimmen. So äußern einige Sportkollegen bei Betrachtung des Buchcovers und der Übungsfotos die Meinung, daß eine derartige körperliche Form ohne den Einsatz von Dopingmitteln nicht zu erreichen sei. Ich gebe gerne zu, daß mir solche Aussagen in gewissem Sinne schmeicheln, und möchte hierzu feststellen: *Ich habe zu keiner Zeit Doping eingesetzt und bin damit ein «Lifetime drug free Bodybuilder».* Meine körperliche Entwicklung begründet sich ausschließlich darin, daß ich den für meinen Körpertyp optimal passenden Trainings- und Ernährungsplan gefunden und diszipliniert in die Praxis umgesetzt habe.

Das hier vorliegende neue Buch «Power Bodybuilding» soll als Leitfaden für diejenigen Leser dienen, die an optimalen Ergebnissen im Körperaufbautraining interessiert sind. Es schließt in diesem Sinne an das erste Buch an. Auch in diesem Buch hat selbstverständlich der Gedanke des gesunden, drogenfreien Bodybuildings oberste Priorität.

Berend Breitenstein, im März 1999

Natural Bodybuilding
Vorwort von Francois Gay, Natural Mr. Universum 1992

Natural Bodybuilding: es scheint so, als ob die Fitneßmedien ein neues «Zauberwort» entdeckt haben. Die Natural-Bodybuilding-Bewegung kommt in Schwung, viele Beteiligte sehen hier eine Möglichkeit, sich als Anhänger eines dopingfreien Bodybuilding-Sports zu profilieren – nicht unbedingt nur aus Überzeugung, sondern auch aus politischem und wirtschaftlichem Interesse.

Einer der größten Welt-Bodybuilding-Verbände z. B. behauptet seit seiner Gründung, er stünde für einen drogenfreien Bodybuilding-Sport. Nach den offiziellen Verlautbarungen dieses Verbandes ist das Dopingproblem unter Kontrolle. Bei nationalen und internationalen Amateur-Wettkämpfen führt er stichprobenartig Urintests durch, von denen ein Großteil negativ ist. So wird der Glaube erhalten, daß das Dopingproblem für die Zukunft des Sports keine große Gefahr darstellt und daß Dopingsünder die Ausnahme darstellen.

Doch: wer heute in einem Wettkampf erwischt wird, ist im nächsten Jahr oft als Sieger gefeiert. Häufig verkaufen sich gerade solche Athleten als Natural-Sportler und werben für Nahrungszusätze mit dubiosen Namen. Für ihren Erfolg und die gigantischen Proportionen wird zum Großteil die Einnahme solcher Präparate verantwortlich gemacht. Manche Zeitschriften veröffentlichen sogenannte Vergleichsfotos, die angeblich vor und nach der Einnahme der Präparate aufgenommen wurden – sie zeigen mit ziemlicher Sicherheit genau den umgekehrten Zustand. Hält man die Durchschnittsleser der Bodybuilding-Zeitschriften wirklich für so naiv?

Die Situation für die wirklichen Natural Bodybuilder, die noch nie Dopingmittel eingenommen haben und die seit Jahren auf natürlicher Basis trainieren, ist sehr frustrierend. Wer glaubt heute noch, daß ein Urintest allein den Natural-Status beweisen kann? Die Wahrheit ist, daß in vielen Fällen der Athlet lediglich seit wenigen Tagen oder Wochen clean sein muß, um ihn zu bestehen.

Ich persönlich bin der Meinung, daß die Dopingproblematik in den Griff zu bekommen ist. Die notwendigen Testverfahren existieren! Wenn man will, kann man heute die Einnahme einer verbotenen Substanz auf Jahre zurück beweisen. Doch es fehlt der Wille dazu. Die internationalen Verbände, die nationalen Organisationen, die Medien und die Fans wollen von den Sportlern nur eines sehen: Leistung. Manchmal unmenschliche Leistung, weil sie spektakulär sein und sich gut vermarkten lassen muß. Daß dabei die Gesundheit oder sogar das Leben einiger Athleten dabei auf der Strecke bleibt, interessiert kaum jemanden, solange es immer wieder Sportler gibt, die für den schnellen Erfolg bereitwillig mitmachen.

Es ist zu begrüßen, daß Natural-Bodybuilding-Verbände, wie die WBNF (World Natural Bodybuilding Federation) das Problem kompromißlos bekämpfen. Zweifache Dopingtests (Urintest und polygraphische Untersuchung) für jeden Teilnehmer sind in ihren Wettkämpfen heute der Standard. Wer die Erfolge sehen will, sollte eine solche Meisterschaft als Zuschauer besuchen oder sich gar selbst einmal von einem der gut ausgebildeten Prüfer testen lassen.

Die hohen Kosten sind immer wieder das Gegenargument, wenn es um die Forderung geht, alle Teilnehmer zu prüfen. Doch wo ein Wille ist, ist auch ein Weg: Natural-Athleten finanzieren einen Teil der Testkosten selbst. Die Motivation zu einem fairen Wettkampf – sowohl der Konkurrenz, als auch sich selbst gegenüber, ist enorm. Letztendlich ist die Anwendung von Dopingmitteln eine Art von Selbstbetrug – ein Mangel an Respekt vor der eigenen Person und ein Mangel an Selbstvertrauen. Die Verantwortung dafür tragen Athleten wie Trainer, die ignorant und naiv genug sind, zu glauben, daß der schnelle Weg zum Erfolg in Form einer Tablette oder Spritze zu haben ist.

Es ist eine Tatsache, daß Dopingmittel neben leistungssteigernden und aufbauenden Effekten praktisch immer auch schwerwiegende Nebenwirkungen vorweisen, die von den Athleten oft ignoriert oder nicht ernst genommen werden. Die Liste von Problemen, die z. B. durch die Einnahme von anabolen Steroiden entstehen, ist lang und erschreckend. Organische Veränderungen treten frühzeitig auf, doch sie werden vom Athleten nicht sofort als negative Veränderungen wahrgenommen bzw. häufig kurzfristig von den positiven Effekten der Substanz, wie z. B. der Kraftzunahme, überdeckt. Der Sportler meint, er wäre kerngesund, da er neue Rekorde aufstellen kann. Selbst regelmäßige Blutuntersuchungen können keine hundertprozentig sichere Auskunft über eventuelle organische Dysfunktionen geben. Der Erfolg ist aber keinesfalls garantiert und irgendwann muß der Sportler auf jeden Fall einen sehr hohen Preis für den «Versuch an sich selbst» zahlen.

Die Medien berichten kaum über Tausende von unbekannten Sportinvaliden dieser Art, die meinten, es gäbe einen chemischen Weg zum Erfolg und deren Körper irgendwann gegen die brutalen Angriffe auf das fein abgestimmte Hormonsystem rebelliert haben. Das angestrebte Schönheitsideal besitzt dann längst nicht mehr die Priorität – die ganze Hoffnung gilt der verlorenen Gesundheit.

Francois Gay (Foto: Hans Hadorn)

Es ist keine Seltenheit, daß Dopingaussteiger sich dann in einer Kampagne gegen Bodybuilding engagieren und in die aktuelle Fitneß- oder Wellness-Szene einsteigen. Für sie ist Bodybuilding automatisch mit Doping verbunden und weil sie es selbst damit nicht geschafft haben, geben sie das Wort weiter, daß muskuläre Körper nur mit Doping zu erreichen sind. Andere wiederum werden zu Dealern und beraten Möchtegern-Champions, verschreiben selbst importierte Schwarzmarkt-Substanzen aus Osteuropa oder Asien in Mega-Dosierungen. Es scheint so, als ob ein – wie auch immer errungener – Sieg auf einer Wettkampfbühne mehr bedeutet, als im Leben Sieger zu sein.

Doch es gibt eine andere Seite des Bodybuildings, die von der geschilderten Konstellation meilenweit entfernt ist! Bodybuilding kann über den Sport hinaus eine Lebenseinstellung sein, eine konstante Entdeckung des Selbst auf mentaler und psychischer Ebene, ein Streben nach der Verwirklichung des eigenen Potentials. Tatsächlich ist die aktuelle Fitneß- und Wellness-Szene von diesem Bodybuilding-Lebensstil inspiriert. Ein Unterschied kann jedoch darin liegen, daß der Bodybuilder sich aus Überzeugung rund um die Uhr an einem gesunden Lebensstil orientiert und nicht nur in der Saison, nach Lust und Laune oder weil Bewegung modisch geworden ist. Für den Natural-Bodybuilder ist der eigene Lebensstil die beste Garantie, daß er gesund bleibt, daß sein Körper fit und kräftig ist – auch im höheren Alter – und daß ein Gleichgewicht im Verhältnis von Körper und Geist gewährleistet ist.

Der moderne Mensch in seinem Streben nach technischem Fortschritt hat sich immer mehr von der Natur entfernt und viele der degenerativen Krankheiten, die man in diesem Jahrhundert kennt, sind die Folge, mit der jeder einzelne fertig werden muß. Der Mensch bewegt sich zuwenig und nimmt zuviel Nahrung zu sich. Die Statistik zeigt, daß jeder dritte Deutsche, Österreicher oder Schweizer mit Übergewicht oder atrophierter Muskulatur Probleme hat. Und das Denken folgt dieser Tendenz. Körperliche Aktivität ist jedoch für den Menschen kein Luxus, sondern eine Notwendigkeit. Ohne regelmäßige Bewegung leidet er unter Zivilisationsfolgen, wie z. B. Erkrankungen des Herz-Kreislauf-Systems, die allein in Deutschland jährlich 33 Millionen DM an Folgekosten verursachen – von den Konsequenzen für die Betroffenen ganz zu schweigen. Auch der Bewegungsapparat wird durch Bewegungsmangel geschwächt und die Ausweitung von Rückenproblemen zeigt deutlich, daß die heutige Lebensweise dem Organismus nicht angepaßt ist.

Nun ist nicht jede Art von Bewegung für den Menschen gesund und viele sehr aktuelle Sportarten sind für den vorgeschädigten Menschen von heute zumindest nur eingeschränkt geeignet. Daher ist es kein Zufall, daß z. B. in der Schweiz viele

Krankenkassen denjenigen Mitgliedern, die regelmäßig ein Fitneßstudio besuchen, einen Teil ihrer Beiträge zurückerstatten. Auch die Mediziner haben inzwischen erkannt, daß ein solches Programm ein wichtiges Element der Gesundheitsförderung ist.

Obwohl der Natural Bodybuilder sich z. T. gerne auf Wettkampfbühnen beweisen will, bleibt sein oberster Lebensstil ein gesunder Körper ohne Drogen. Er möchte für seinen Erfolg und für seine körperliche Entwicklung allein verantwortlich sein. Eine hohe Disziplin in den Bereichen Training und Ernährung über das ganze Jahr nimmt er gerne in Kauf, denn schließlich lautet das Sprichwort «Der Weg ist das Ziel».

Das Buch von Berend Breitenstein wird den interessierten Lesern eine wertvolle Hilfe auf dem Weg des Natural Bodybuilding sein und dazu beitragen, daß sie ihre Trainingsziele ohne Gefährdung ihrer Gesundheit erreichen werden. Ich möchte es aus diesen Gründen uneingeschränkt empfehlen!

Francois Gay
Natural Mr. Universum 1992

Bodybuilding – mehr als nur Gewichte heben

Bodybuilding bietet großartige Möglichkeiten für die Gesunderhaltung von Körper und Geist. Wer das vitale Gefühl nach einer intensiven Trainingseinheit im Studio oder einem entspannenden Waldlauf bereits am eigenen Leib erfahren hat, weiß, wovon ich spreche.

Da gibt es wahrscheinlich schon die ersten Stimmen, die fragen: «Bodybuilding und Waldlauf? Ich dachte immer, daß sich Bodybuilder mittels Hanteln dicke Muskeln antrainieren und vor Kraft kaum laufen können. Überhaupt – sind das nicht mit Anabolika vollgestopfte, dümmliche Muskelprotze?» Dies sind nur zwei der bis heute dem Bodybuilding gegenüber stehenden Vorurteile. Sicherlich gibt es in diesem Sport auch Aktive, die den Muskelaufbau durch die Anwendung von potentiell gefährlichen Dopingsubstanzen wie z. B. Hormonpräparaten beschleunigen wollen. Tatsächlich ist die extreme körperliche Entwicklung der heutigen Spitzenbodybuilder mit großer Wahrscheinlichkeit ohne den Einsatz der «chemischen Keule» gar nicht möglich. Die Bezeichnung «Keule» ist dabei ziemlich treffend. Denn immer häufiger kommt es, nicht nur unter den Spitzenathleten, zu Unglücksfällen mit teilweise tragischem Ausgang. Sportler gehen im wahrsten Sinne «k. o.» und erholen sich nicht mehr davon. Insider denken sofort an die verstorbenen Weltklasse-Bodybuilder Mohammed Benaziza (1992) und Andreas Münzer (1996) oder auch an den Kugelstoßer Ralf Reichenbach (1998), deren Tod mit Doping in Zusammenhang gebracht wird.

Das ursprüngliche Ziel des Bodybuildings ist der gesunde Körperaufbau. Um die Muskulatur zu entwickeln, trainiert der Bodybuilder mit Gewichten. Damit das Herz-Kreislaufsystem gesund und leistungsfähig bleibt, werden ergänzende Aktivitäten wie Waldläufe oder Fahrradfahren in den Trainingsplan integriert. Dehnübungen zur Erhaltung der Beweglichkeit runden jedes gut durchdachte Bodybuildingprogramm ab. Erst diese Vielzahl körperlicher Aktivitäten bedeutet einen wirklich kompletten, gesundheitsfördernden Trainingsaufbau.

Das Training wird nur dann zu bestmöglichen Ergebnissen führen, wenn es durch eine bedarfsgerechte, gesunde Ernährung ergänzt wird. Aus diesem Grund beschäftigt sich jeder ambitionierte Bodybuilder intensiv mit Fragen der Ernährung. Ein weiterer wichtiger Baustein für ein erfolgreiches Körperaufbautraining ist die Erholung. Wirklich gute Fortschritte sind nur dann möglich, wenn dem Körper nach dem Training genügend Ruhephasen gelassen werden. Schließlich ist eine positive psychische Einstellung zum Training und zu der oftmals entbehrungsreichen Nahrungszusammenstellung ein wichtiger Aspekt für erfolgreiches Bodybuilding.

Wer bei dem Begriff Bodybuilding also lediglich an monotones Eisenstemmen denkt, liegt falsch. Bodybuilding bedeutet vielmehr einen Lebensstil, der zu bester Gesundheit, zu Vitalität und zu gutem Aussehen führt. Nutzen Sie die großartigen Möglichkeiten, die Ihnen richtiges Training, eine bedarfsangepaßte Ernährung, ausreichend Ruhe und eine positive Einstellung für Ihr Wohlbefinden bieten. Es lohnt sich!

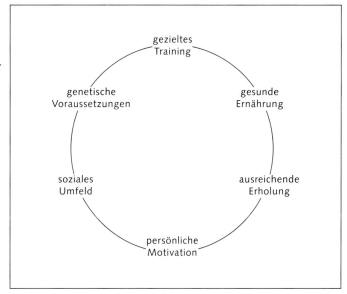

Die sechs Erfolgsfaktoren im Bodybuilding. Die einzelnen Faktoren stehen zueinander in Wechselbeziehung

Motivation –
Was möchten Sie durch Bodybuilding erreichen?

Das Ziel, das Sie durch Bodybuilding erreichen möchten, muß einen starken persönlichen Anreiz haben. Erfolge oder Mißerfolge hängen zum größten Teil von Ihnen selbst ab. Sie entscheiden, wohin die Reise gehen soll und welchen Preis Sie dafür zu zahlen bereit sind. Als Bodybuilder gehen Sie einige Male pro Woche ins Studio, um durch Gewichtstraining die Muskelhypertrophie (Faserverdickung) anzuregen, machen ergänzendes Ausdauertraining, am besten in freier Natur, z. B. in Form von Waldläufen, achten auf Ihre Ernährung und darauf, daß Sie Ihrem Körper genügend Ruhephasen geben.

Stellen Sie sich einmal die Frage nach dem «Warum?» Ihres Trainings- und Ernährungsverhaltens, nach Ihrer Motivation. Bevor Sie sich beispielsweise das nächste Mal durch einen Satz Kniebeugen mit 120 Kilogramm auf den Schultern kämpfen, bis die Luft knapp wird und das Herz den Brustkorb zu sprengen droht, oder Ihre Oberschenkel bei Übungen am Kabelzug, wie z. B. dem Beinstrecken, brennen, als ob unzählige glühende Nadeln in den Muskeln stecken, fragen Sie sich: «Warum mache ich das eigentlich? Warum tue ich mir das an?» Nur wenn Sie ein klar definiertes Ziel vor Augen haben, werden Sie längerfristig die erforderliche Disziplin zum Training aufbringen. Das gilt auch für Ihre Ernährung. Wenn Sie in Situationen kommen, in denen andere Eis oder Kuchen verzehren, während Sie sich gerade in der Definitionsphase befinden, brauchen Sie unbedingt ein für Sie persönlich erstrebenswertes Ziel, um auf derartige Leckereien zu verzichten.

Setzen Sie sich realistische Ziele. Weder zu niedrig gesetzte Ziele noch zu hochgesteckte Erwartungen sind der Leistungsmotivation förderlich. Ein Ziel, das ohne große Mühe erreicht werden kann, verleitet häufig zu Nachlässigkeiten im Training und in der Ernährung und könnte Sie dazu verleiten, nicht Ihr Bestes zu geben. Ein zu hochgestecktes Ziel birgt dagegen die Gefahr einer Vermeidungsreaktion in sich. Das heißt, Sie würden gerne dieses oder jenes erreichen, sind aber nicht so recht überzeugt davon, daß es Ihnen auch tatsächlich möglich ist. Infolgedessen versuchen Sie erst gar nicht richtig, dieses in weiter Ferne liegende, nahezu unerreichbare Ziel zu realisieren. Wichtig ist also, daß Sie sich realistische, erreichbare Ziele setzen. Greifen Sie ruhig nach den Sternen, wenn Sie das möchten, aber gehen Sie schrittweise vor.

Angenommen, Ihr Ziel ist es, Profi-Bodybuilder zu werden und bei Meisterschaften erfolgreich abzuschneiden. Bevor Sie ernsthaft den Gedanken hegen, sich im internationalen Vergleich mit anderen Spitzenathleten zu messen, sollten

Berend Breitenstein, WNBF Pro, beim Wettkampf «Mr. International» am 12. September 1998 in New York/USA (Foto: Stan Wan)

Sie Ihre Klasse z. B. bei der nationalen Meisterschaft unter Beweis stellen. So können Sie Ihr Potential mit anderen Wettkämpfern vergleichen und dadurch zu einer realistischen Einschätzung Ihrer Möglichkeiten kommen.

Grundsätzliche Fragen zur Motivation in Bezug auf das Bodybuilding

Allgemeine Fragen zur Motivation	Spezielle Fragen zur Bodybuilding-Motivation
Warum verhält sich der Mensch so?	Warum machen Sie Bodybuilding?
Warum zeigt Verhalten die Tendenz zur Wiederholung?	Warum trainieren Sie eine bestimmte Anzahl von Sätzen und Wiederholungen?
	Warum trainieren Sie zu bestimmten Tageszeiten?
	Warum bevorzugen Sie bestimmte Lebensmittel?
Warum ist Verhalten zielgerichtet?	Warum trainieren Sie lieber mit freien Gewichten oder an Maschinen?
	Warum meiden oder forcieren Sie das aerobe Training?
Warum tritt Verhalten phasenweise auf?	Warum gibt es Zeiträume, in denen Sie regelmäßig oder eher unregelmäßig trainieren?
Warum zeigt Verhalten unterschiedliche Intensitätsgrade?	Warum zeigen sich Unterschiede in Ihrer Einstellung zum Training und der Ernährung?

Versuchen Sie, die oben aufgeführten Fragen für sich persönlich zu beantworten. Dafür müssen Sie «In-sich-hinein-Schauen» (Introspektion). Stellen Sie sich die Frage nach den Beweggründen Ihres Verhaltens. Durch das Hinterfragen der eigenen Motive für Ihre Entscheidung, Bodybuilder zu sein, können Sie zu wichtigen Erkenntnissen über deren Ursprung kommen.

Dabei ist es wichtig, daß Sie sich selbst gegenüber möglichst ehrlich sind. Oft wirken mehrere Motive zusammen, die schließlich zur Handlung führen (multiple Motivation). So kann es z. B. sein, daß Sie durch Bodybuilding Ihre Figur nach eigenen Vorstellungen formen möchten und gleichzeitig den durch das Training bedingten Ausgleich zur beruflichen Belastung genießen. Außerdem sind Sie gerne im Studio, da Sie dort vielleicht bereits Freundschaften geschlossen haben.

Sollten Sie beim Blick nach innen feststellen, daß Ihre individuellen Motive für das harte Training und die disziplinierte Ernährung ihren Ursprung in erster

Linie in äußeren Faktoren haben, also auf den Vorstellungen anderer Menschen beruhen (extrinsische Motivation), dann überdenken Sie noch einmal Ihre Handlungsweise. Richten Sie sich nicht zu sehr nach den Wünschen anderer. Formulieren Sie Ihr Bodybuildingsziel so, daß es Ihren eigenen Wünschen entspricht (intrinsische Motivation). Eine solche Zielformulierung macht es wahrscheinlicher, daß Sie das nötige Maß an Disziplin im Training und in der Ernährung langfristig aufbringen.

Durch das «In-sich-hinein-Schauen» machen Sie sich nicht nur Gedanken darüber, warum Sie Bodybuilding betreiben, sondern überprüfen auch die Motive, die für die Inhalte Ihres persönlichen Trainings- und Ernährungsprogrammes ausschlaggebend sind – und können so auch diese kritisch hinterfragen.

Körpertypen – Machen Sie das Beste aus Ihren Anlagen

Welche Trainings- und Ernährungsform ist für Sie die Beste? Führt sechsmaliges Training pro Woche, mit mindestens zweistündigen Trainingseinheiten, zu optimalen Erfolgen bezüglich Ihrer Körperentwicklung? Oder sind vielleicht zwei bis vier wöchentliche, jeweils ca. einstündige Trainingseinheiten, das bessere Rezept für einen muskulösen, massiven Körperbau? Tatsache ist, daß es ein universelles, alle Bodybuilder gleichermaßen zu bestmöglichen Ergebnissen führendes Trainings- und Ernährungsprogramm nicht gibt. Zu unterschiedlich sind die genetischen Voraussetzungen bezüglich des Muskelaufbaus. Was den einen zu guten Ergebnissen führt, kann dem anderen nur mangelhafte Resultate ermöglichen.

Auch heute gehen die Meinungen darüber, was die beste Trainings- und Ernährungsmethode sei, weit auseinander. Dabei lassen sich grundsätzlich zwei Richtungen unterscheiden. Die Vertreter der «alten Schule» befürworten hohe Trainingshäufigkeit bei gleichzeitig hohem Trainingsvolumen, das heißt mit zahlreichen Übungen pro Muskelgruppe und vielen Sätzen pro Übung. Athleten wie der ehemalige Mr. Olympia Arnold Schwarzenegger, oder der Ex-Weltmeister Serge Nubret verbrachten täglich mehrere Stunden pro Tag im Studio und zeugen beispielsweise vom Erfolg dieser Trainingsauffassung. Auf der anderen Seite haben Spitzenbodybuilder wie zum Beispiel der mehrmalige Mr. Olympia Dorian Yates oder der Vize Mr. Olympia, Mike Mentzer, der Begründer der «Heavy-Duty»-Trainingsphilosophie, mit wesentlich geringerem zeitlichem Trainingsaufwand und hochintensiven Trainingseinheiten ihre phänomenalen Körper aufgebaut. Trotz der unterschiedlichen Trainingsauffassungen haben sowohl Schwarzenegger als auch Yates den Mr. Olympia mehrmals gewonnen. Wesentlich für ihren Erfolg ist der Aspekt gewesen, daß jeder für sich nach einem passenden Programm körpertypgerecht und stoffwechselindividuell trainiert und gegessen hat.

Am besten, Sie ermitteln durch eigenes Experimentieren mit verschiedenen Trainings- und Ernährungsformen die für Sie persönlich passende Art heraus. Scheuen Sie sich nicht, dabei auch einmal unpopuläre Wege zu gehen. Sobald Sie diejenige Methode herausgefunden haben, welche Ihnen beste Ergebnisse bringt, sind Sie auf Erfolgskurs. Dann werden Sie wahrscheinlich sogar genetisch bevorteilte Bodybuilder durch Disziplin und Einsatz in der Körperentwicklung hinter sich lassen können.

Dies bestätigt meine eigene Erfahrung. Ich hatte über viele Jahre hinweg bereits mit zahlreichen Trainingsmethoden und Ernährungsformen experimentiert, bis ich schließlich die für meinen Stoffwechsel am besten geeignete gefunden habe. In meinem Fall war es so, daß kohlenhydratreiche Ernährung als das Nonplusultra für Bodybuilder angepriesen wurde. Natürlich habe ich mich dementsprechend ernährt und erzielte auch ganz ansehnliche Erfolge in puncto Masseaufbau, konnte aber nie die Muskeldefinition entwickeln, die einen wirklich guten Bodybuilder auszeichnet. Deshalb habe ich es mit kohlenhydratarmen, eiweiß- und fettreichen Diäten und reichlicher Wasseraufnahme versucht. In Verbindung mit dem bis dahin mehr oder weniger vernachlässigten aeroben Training durch Waldläufe oder Radfahren, sowie entsprechenden Nährstoffkonzentraten, konnte ich schließlich fast schon zusehen, wie die Fettdepots dahinschmolzen und meine Muskulatur nahezu täglich besser sichtbar wurde.

Um das für Sie beste Trainings- und Ernährungsprogramm zu ermitteln, müssen Sie zunächst Ihren Körpertyp bestimmen. Jeder der drei nachfolgend beschriebenen Körpertypen stellt unterschiedliche Ansprüche an ein optimales Trainings- und Ernährungsprogramm.

Ektomorph

Der ektomorphe Typ ist schlank, fast mager, mit langen Armen und Beinen und dünnen Muskeln. Ektomorphe Menschen sind diejenigen, die alles essen können, ohne viel Körperfett anzusetzen. Der Stoffwechsel läuft bei diesem Körpertyp auf Hochtouren. Wenn es in Verbindung mit dem Bodybuildingtraining zur Gewichtszunahme kommt, dann besteht das zusätzliche Gewicht größtenteils aus magerer Muskelsubstanz.

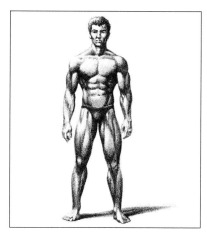

Mesomorph

Der mesomorphe Typ hat die besten genetischen Voraussetzungen für den Muskelaufbau. Mesomorphe Menschen sprechen schnell auf das Training an, das heißt, sie bauen schnell Muskeln auf. Hinzu kommt meist große natürliche Körperkraft. Die körperlichen Formen zeigen von Natur aus einen großen Brustkorb, einen breiten Rücken und eine schmale Taille (V-Form).

Endomorph

Für den endomorphen Typ ist es am schwersten, gute Muskelzeichnung herauszuarbeiten. Endomorphe Menschen verfügen über einen langsamen Stoffwechsel und müssen daher aufpassen, nicht übermäßig viel Fett anzusetzen. Wenn es um den Masseaufbau geht, hat dieser Typ keine Probleme. Allerdings besteht die aufgebaute Masse oftmals zum größtenteil aus Fett und nicht aus magerer Muskelsubstanz.

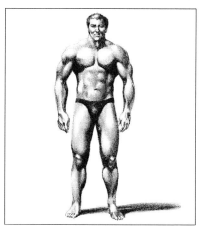

Es ist wichtig zu erwähnen, daß kein Mensch ausschließlich einem der beschriebenen Typen zuzuordnen ist. In der Praxis kommt es immer zu einer Kombination von zwei verschiedenen Körpertypen, wobei die Merkmale des einen Typs dominieren.

Beispiele:
- Der endo-mesomorphe Typ hat zwar gute Veranlagungen, um Muskeln aufzubauen, muß aber darauf achten, daß er nicht fett wird.
- Beim meso-endomorphen Typ überwiegen die besseren genetischen Voraussetzungen zum Muskelaufbau. Zwar muß auch dieser Typ auf seinen Körperfetthaushalt achten, aber nicht in dem Maße, wie es beim endo-mesomorphen Typ der Fall ist, bei dem endomorphe Anteile überwiegen.

Die folgenden Kapitel beinhalten daher spezielle, auf jeden Körpertyp zugeschnittene Trainings- und Ernährungsempfehlungen innerhalb der verschiedenen Trainingsphasen.

Muskelaufbautraining – alles andere als einseitig

Bodybuilder möchten mit ihrem Training in erster Linie die Muskulatur entwickeln. Daher trainieren viele Aktive enthusiastisch mit Gewichten. Schließlich werden Muskeln nur durch harte Arbeit am Eisen aufgebaut. Das ist soweit richtig. Um bestmögliche Ergebnisse im Körperaufbau zu erzielen, sollte der Trainingsaufbau im Bodybuilding jedoch unbedingt einen ganzheitlichen Ansatz zeigen.

Das bedeutet, daß ergänzend zum Gewichtstraining auch Ausdauersportarten wie z. B. Waldläufe oder Radfahren auf dem Programm stehen. Derartige Aktivitäten eignen sich hervorragend zur Gesunderhaltung des Herz-Kreislaufsystems und sind besonders während der Definitionsphase ein wichtiger Trainingsbestandteil zur Kontrolle des Körperfettgehalts.

Dehnübungen zur Erhaltung der Beweglichkeit gehören ebenfalls in jedes gut durchdachte Bodybuildingprogramm. Das haben Top-Profis schon längst erkannt. Tom Platz, Mr. Universe 1978, z. B. verfügt trotz seiner außergewöhnlich stark entwickelten Oberschenkelmuskulatur über eine hervorragende Dehnfähigkeit. Ein weiteres Beispiel ist Flex Wheeler, Sieger der Arnold's Classic 1993, 1997 und 1998, der ohne Probleme in den Spagat gehen kann.

Motorische Hauptbeanspruchungsformen

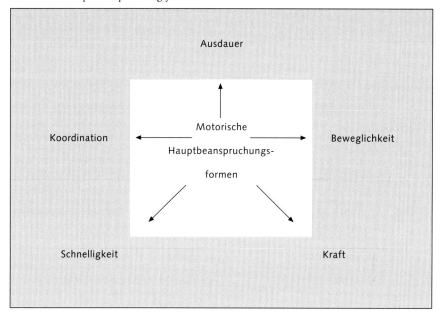

Kraft – Bodybuilding ist nicht Gewichtheben

Wenn Sie aktiver Bodybuilder sind, haben Sie sicher schon Äußerungen gehört, wie «Bodybuilder haben keine Kraft» oder «Bodybuilder haben zwar Muskeln, können mit ihnen aber nichts anfangen». Diese Auffassungen stimmen so mit Sicherheit nicht. In diesem Zusammenhang ist es aufschlußreich, zum einen den Kraftbegriff, zum anderen die Zielsetzung der Sportart Bodybuilding genauer zu betrachten.

Zunächst muß klar gesagt werden, daß die oberste Zielsetzung im Bodybuilding der Muskelaufbau ist. Dadurch unterscheidet sich Bodybuilding vom Gewichtheben oder Kraftdreikampf. Bei diesen Disziplinen kommt es darauf an, möglichst viel Gewicht für eine maximale Wiederholung, z. B. im Stoßen, in der Kniebeuge, beim Bankdrücken oder beim Kreuzheben zu bewältigen. Die Entwicklung dieser sogenannten Maximalkraft ist im Bodybuilding dagegen sekundär.

Bodybuilder trainieren einen Großteil des Jahres im mittleren bis submaximalen Kraftbereich, das bedeutet, mit Gewichten, die zwischen 60 und 85 Prozent des Maximalgewichts für eine Wiederholung liegen. Diese Gewichtsbelastung erlaubt die Durchführung von etwa 6 bis 15 Wiederholungen pro Satz und resultiert am ehesten in der Verdickung von Muskelfasern, dem eigentlichen Ziel des Trainings (siehe auch Seite 39). Das bedeutet aber nicht, daß Bodybuilder keine Kraft haben. Eher das Gegenteil ist der Fall. Athleten, die durch ihre Fähigkeit, sehr hohe Trainingsgewichte zu bewegen, bekannt wurden, sind beispielsweise der mehrmalige Mr. Olympia Dorian Yates (jeder, der sein Trainingsvideo kennt, wird dieser Aussage sicher zustimmen, 140 kg für 8 Wiederholungen Schrägbankdrücken sind eine fast unglaubliche Leistung) oder der Mr. Olympia 1976 und 1981 Franco Columbo, der mit über 300 kg das Kreuzheben trainierte.

Vergleichswettkampf in der Kniebeuge zwischen Bodybuilder und Powerlifter
Ein besonders beeindruckendes Beispiel zur Veranschaulichung der unterschiedlichen Kraftformen war der direkte Vergleich in der Kniebeuge zwischen dem Kraftathleten «Dr. Squat» (Kniebeuge) Fred Hatfield und dem Bodybuilder Tom Platz. Dieser Wettkampf fand vor einigen Jahren auf der FIBO, der Messe für Fitneß und Bodybuilding statt und war für alle Anwesenden sicher ein unvergeßliches Erlebnis.

Während Platz über die wohl gewaltigsten Beine verfügte, die je ein Bodybuilder vorzuweisen hatte, sahen die Oberschenkel von Hatfield eher wie die eines Tennisspielers oder Mittelstreckenläufers aus – geradezu dünn. Zunächst wurde ermittelt, wer von beiden mehr Gewicht für eine maximale Wiederholung bewältigen konnte. Hier siegte Hatfield mit 380 kg, Platz bewältigte immerhin noch 340 kg. Anschließend ging es darum, wer mit 220 Kilogramm auf den Schultern die meisten Wiederholungen am Stück schaffen würde. Platz absolvierte sage und schreibe 23 Kniebeugen in absolut perfekter Technik. Eine Wahnsinnsleistung! Hatfield schaffte immerhin noch zehn Kniebeugen.

Dieses Ereignis zeigte eindrucksvoll die Unterschiede in der Kraftentwicklung zwischen Weltklasse-Bodybuilder und -Powerlifter. Während Hatfield in der Maximalkraft überlegen war, hatte er in der Kraftausdauer gegen Platz keine Chance.

Ausdauer – wichtiger Bestandteil des Trainingsprogramms

Die Ausdauerfähigkeit des Herz-Kreislauf-Systems, die sogenannte allgemeine, aerobe Ausdauer, ist für erfolgreiches, gesundes Bodybuilding von erheblicher Bedeutung. Bedauerlicherweise wird das Ausdauertraining durch Waldläufe, Radfahren usw. von vielen Bodybuildern vernachlässigt. Der Hauptgrund für dieses Verhalten liegt sicherlich in der Furcht davor, durch aerobes Training einen Teil der hart erarbeiteten Muskelmasse zu verlieren.

Diese irrige Meinung hält sich nach wie vor hartnäckig im Bodybuilding. Das ist schade, denn ein gut geplantes und klug in den Trainingsplan integriertes Ausdauertraining stellt zum einen für die Belastungsfähigkeit des Herz-Kreislaufsystems, zum anderen für die optimale Entwicklung des Körpers eine ideale Ergänzung zum Gewichtstraining dar. Die Betonung liegt dabei auf Ergänzung. Kein Bodybuilder sollte wie ein Marathonläufer trainieren. Dann wäre es in der Tat so, daß der Gedanke an hohe Muskelmasse nur ein Wunschtraum bliebe. Es geht vielmehr darum, eine für die individuelle Zielsetzung und den jeweiligen Körpertyp optimale Belastungsform, Belastungsdauer und Intensität im Ausdauertraining herauszufinden. Sind diesbezügliche Erfahrungen gemacht, gilt es, diese konsequent in den Trainingsplan einzubauen. Hier kommt ein weiterer Grund ins Spiel, warum zahlreiche Bodybuilder kein Ausdauertraining machen: die Bequemlichkeit. Viele sind einfach zu bequem, scheuen diese Art des Trainings oder geben vor, keine Zeit zu haben.

Haben die «aeroben Abstinenzler» jedoch erst einmal die zahlreichen positiven Auswirkungen des Ausdauertrainings auf den Organismus und ihre Körperentwicklung erlebt, werden sie aerobes Training mit hoher Wahrscheinlichkeit nicht mehr missen wollen.

Positive Auswirkungen des Ausdauertrainings

Bodybuilding ist Knochenarbeit. Der Kampf um Muskelmasse und -härte geht nicht selten bis an die Grenze der Belastbarkeit von Muskeln, Gelenken und Sehnen. Durch richtig dosiertes Ausdauertraining beschleunigen Sie die Regeneration nach intensiven Trainingseinheiten. Die «Sauerstoffdusche» während des aeroben Trainings beschleunigt den Abbau der während des Gewichtstrainings im Organismus angehäuften Stoffwechselprodukte wie zum Beispiel Milchsäure (Laktat). So können Sie schneller wieder produktiv trainieren. Voraussetzung für diese regenerationsfördernde Wirkung des aeroben Trainings ist allerdings, daß Sie z. B. Waldläufe oder Radtouren mit niedriger Intensität machen, das bedeutet, mit ca. 60 Prozent der maximalen Herzfrequenz (siehe Seite 139). Hochintensives Ausdauertraining führt zu einer weiteren Anhäufung von Laktat und verzögert so eher den Regenerationsprozeß. Auch die Psyche profitiert in hohem Maße vom regelmäßigen aeroben Training. Besonders erholsam sind Wald- oder Strandläufe, die frühmorgens vor dem Frühstück gemacht werden. Das Erlebnis, die erwachende Natur wahrzunehmen, und das Einatmen frischer Wald- oder Seeluft entspannt in hervorragender Weise und ist ein ausgezeichneter Start in den Tag. Probieren Sie es, wenn Sie die Möglichkeit dazu haben.

Durch regelmäßiges Ausdauertraining, besonders in der freien Natur, stärken Sie Ihr Immunsystem. Dadurch sind Sie besser vor Erkrankungen geschützt, die zur Unterbrechung Ihres Trainingsrhythmus führen würden.

Ein weiterer, außerordentlich positiver Effekt des Ausdauertrainings ist eine verbesserte Kapillarisierung. Kapillare (Haargefäße) sind Endverzweigungen der Hauptblutgefäße (Arteriolen) und bilden den größten Teil des Gefäßsystems. Ca. fünf Milliarden Kapillare mit einer Gesamtlänge von 100 000 km (davon allein 10 000 km innerhalb der Skelettmuskulatur) dienen dazu, die Körperzellen mit Sauerstoff und Nährstoffen zu versorgen. Durch Ausdauertraining kann die Sauerstoff- und Nährstoffversorgung des Organismus auf dreierlei Weise verbessert werden: Es werden neue Kapillare gebildet, bestehende Kapillare werden verlängert und «ruhende» Kapillare werden erschlossen.

Regelmäßiges aerobes Training effektiviert den Fettstoffwechsel. Das heißt, die Kraftwerke der Zellen, die Mitochondrien, beginnen bei gut ausdauertrainierten Athleten während des aeroben Trainings früher mit der Fettverbrennung. Ausdauertraining hilft so hervorragend beim Abbau von Fettdepots und der Erlangung einer scharfen Muskelzeichnung als Ergebnis eines minimierten Körperfettgehaltes.

Das Herz – großer Gewinner des Ausdauertrainings

Ein gesundes, starkes Herz ist für hohe Lebensqualität und lange Lebenserwartung von allergrößter Bedeutung. Schließlich ist das Herz als Motor des Lebens der wichtigste Muskel des Menschen. Führen Sie sich vor Augen, welche enorme Leistung das Herz vollbringt: Es schlägt ca. 60 bis 80 Mal pro Minute, das heißt täglich ca. 100 000 Mal. In einem siebzigjährigen Leben sind das rund drei Milliarden Schläge. Pro Tag befördert das Herz mehr als 7000 Liter Blut durch den Körper. Das sind in 70 Jahren ca. 350 Millionen Liter! Fürwahr eine gigantische Leistung.

Sportliche Betätigung, insbesondere Ausdauertraining, trägt wesentlich zur Gesunderhaltung des Herzens bei. Das Herz ist ein großer «Gewinner» des regelmäßig betriebenen aeroben Trainings. Regelmäßiges, langjähriges Training führt zu seiner Vergrößerung. Das Herz wiegt normalerweise zwischen 250 und 300 Gramm. Hochtrainierte Sportler haben im Vergleich dazu ein bis zu 500 Gramm schweres Herz. Durch die Vergrößerung des Herzens wird dessen Arbeit ökonomischer, das bedeutet ein größeres Schlagvolumen und dadurch die Senkung der Ruhepulsfrequenz. Als durchschnittliche Herzfrequenz gelten 60 bis maximal 80

Schläge pro Minute. Das Herz sehr gut trainierter Ausdauersportler schlägt ca. 40 Mal pro Minute. Manche Spitzensportler, wie zum Beispiel der Radprofi und Tour-de-France-Sieger Jan Ullrich, liegen sogar noch darunter. Das größere Sportlerherz ist in der Lage, mit einem Schlag eine höhere Menge Blut durch den Körper zu pumpen als das kleinere Nichtsportlerherz. Die normale Pumpleistung des Herzens beträgt pro Herzschlag ca. 70 ml Blut. Sportler können mit einem Schlag gut die doppelte Menge in den Körper befördern. Das Herz arbeitet sozusagen im Schongang. Folgende Rechnung veranschaulicht die Ökonomisierung der Herzarbeit durch Ausdauertraining:

«Wenn es Ihnen gelingt, die Ruhepulsfrequenz als Folge der Anpassung an ein Ausdauertraining um 10 Schläge/Min zu senken, also z. B. von 75 auf 65 Schläge/Min, so reduziert sich die Herzarbeit pro Stunde um 600, pro Tag um 14 400 und pro Jahr um 5 256 000 Schläge. Hiervon muß man die vermehrte Herzaktivität während des Ausdauertrainings abziehen, was z. B. 3 x pro Woche über 30 Minuten mit einer Herzfrequenz von ca. 150 Schlägen/Min stattgefunden hat. Der Mehraufwand für das Herz würde dabei ca. 350 000 Schläge ausmachen. Insgesamt aber muß das Herz knapp fünf Millionen mal pro Jahr weniger schlagen.»
(Boeckh-Behrens/Buskies 1995)

Noch etwas spricht für das regelmäßige aerobe Training für den nach optimalen Ergebnissen strebenden Bodybuilder. Stellen Sie sich eine Trainingseinheit mit sehr hoher Intensität vor. Trainingsmethoden wie abnehmende Sätze oder Supersätze, oder sehr stark kreislaufbelastende Übungen wie z. B. tiefe Kniebeugen mit höheren Wiederholungszahlen fordern Ihnen in der Anwendung alles ab und treiben Sie bis an Ihre physischen und psychischen Grenzen. Um in einer solchen Trainingseinheit bestehen zu können, muß Ihr Herz-Kreislauf-System hervorragend trainiert sein. Ansonsten wird es so sein, daß Ihre Atmung zum begrenzenden Faktor der Höhe Ihrer Trainingsintensität wird, das heißt, Sie bekommen einfach keine Luft mehr und müssen den Satz abbrechen, obwohl die eine oder andere Wiederholung muskulär noch möglich gewesen wäre.

Herzrisiko Arteriosklerose

Herz-Kreislauf-Erkrankungen sind die Todesursache Nr. 1 in Deutschland, gefolgt von Krebserkrankungen. Schätzungen gehen von ca. einer Million Menschen in Europa aus, die jährlich an einem Herzinfarkt sterben – allein in Deutschland erleiden rund 270 000 Menschen jährlich einen Herzinfarkt. Die Ursachen hierfür liegen insbesondere in falscher Ernährung, Übergewicht, Bewegungsmangel, psychischer Überforderung und Rauchen.

Das Herzinfarktrisiko steigt auch für Bodybuilder, die Steroide einnehmen (siehe auch Seite 214). Wenn zu diesen Risikofaktoren noch entsprechende Erbanlagen hinzukommen, die die Entstehung eines Herzinfarktes begünstigen, steigt die Wahrscheinlichkeit, daß es schließlich auch dazu kommt. Dabei entsteht der Infarkt nicht über Nacht. Erst wenn das Herz über längere Zeit, über Jahre, den oben genannten Risikofaktoren ausgesetzt ist, kommt es mit ziemlicher Sicherheit zum Infarkt.

Die Herzkranzgefäße (Koronararterien), die den Herzmuskel mit Blut und Sauerstoff versorgen, sind durch Cholesterin und Kalziumablagerungen verstopft. Dadurch wird der Herzmuskel nicht mehr ausreichend durchblutet, die Folge ist der Infarkt. Um diesen Ablagerungen in den Arterien keine Chance zu geben, eignet sich individuell dosiertes Ausdauertraining in hervorragender Weise. Auch bereits bestehende Cholesterin- und Kalziumablagerungen an den Arterienwänden können durch Ausdauertraining zum Teil wieder entfernt werden. Zu den positiven Auswirkungen regelmäßigen Ausdauertrainings gehört darüber hinaus die Erhöhung des Gehalts an gefäßschützendem HDL-Cholesterin und die Senkung der Werte an gefäßschädlichem LDL-Cholesterin im Blut (siehe auch Seite 184). Zweimal wöchentlich sollte mindestens aerob trainiert werden.

Beweglichkeit – geschmeidige Muskulatur durch Dehnung

Ein erfolgreiches Bodybuildingprogramm beinhaltet neben dem Kraft- und Ausdauertraining auch Übungen zur Verbesserung der Beweglichkeit. Leider wird das Beweglichkeitstraining von zahlreichen Bodybuildern ebenso vernachlässigt wie das Ausdauertraining. Oftmals wird als Begründung hierfür Zeitmangel oder das subjektive Empfinden von Langeweile während der Dehnübungen genannt. Sie sollten jedoch unbedingt Dehnübungen in Ihr Programm einplanen, wenn Sie an optimalen Ergebnissen im Körperaufbau interessiert sind. Fehlen derartige Übungen, ist Ihr Programm einfach nicht vollständig.

Durch Vernachlässigung von Dehnübungen bzw. bei alleinigem Gewichtstraining entwickeln viele Bodybuilder im Laufe der Zeit eine verkürzte Muskulatur (Kontraktionsrückstand). Das Ergebnis ist u. a. die Einschränkung des Bewegungsradius. Es macht sich ein Gefühl von Steifheit in den Muskeln bemerkbar. Testen Sie einmal die Dehnfähigkeit Ihrer hinteren Oberschenkel- und unteren Rückenmuskulatur, zwei Muskelpartien, die besonders zur Verkürzung neigen: Können Sie mit den Fingerspitzen aus dem Stand den Fußboden berühren oder gar die flache Hand auf den Boden legen? Falls nicht, werden Sie durch gezielte

Dehnung dieser Muskelbereiche bereits nach einigen Wochen eine deutliche Verbesserung Ihrer Beweglichkeit bemerken.

Steife, verkürzte Muskeln sind nicht nur unangenehm, sondern beeinträchtigen auch die Trainingsleistung. Ein gedehnter Muskel kann stärker kontrahieren und entwickelt sich demzufolge besser. Zu den positiven Effekten der Dehnübungen gehören die Verbesserung des Körpergefühls, der Abbau von Muskelverspannungen, der Schutz vor Verletzungen und die Beschleunigung der physischen und psychischen Regeneration nach dem Training.

Dehnübungen sollten sowohl Bestandteil des Aufwärmens (siehe auch Seite 40) als auch des Cool-Downs (siehe auch Seite 46) sein. Dehnen Sie vor dem Training mit Gewichten die zu belastende Muskulatur anhand einer gezielten Übung.

Beispiel: Bevor es wirklich ernst wird und Sie mit schweren Gewichten z. B. Bankdrücken trainieren, dehnen Sie die Brust- und Schultermuskulatur durch Anwendung der auf Seite 30 gezeigten Übung.

Nach dem Training sollten die durch schwere Gewichte attackierten Muskelgruppen etwas umfangreicher gedehnt werden, als dies im Rahmen des Aufwärmens der Fall ist (siehe auch Cool-Down, Seite 47).

Zusätzlich zu den Dehnübungen vor bzw. nach dem Training empfehlen sich zwischen einer und drei ausschließlichen Dehneinheiten pro Woche. Dabei sollten Sie ca. 45 Minuten nur Dehnungen für alle Körperbereiche machen.

Technik des Dehnens

Wer kennt nicht die wippenden, federnden Bewegungen, deren Anwendung als Dehnübungen vor Jahren weit verbreitet war? Diese Art der Dehnung ist aufgrund des erhöhten Verletzungsrisikos nicht empfehlenswert. Dehnen Sie lieber passiv, statisch. Das bedeutet, die gedehnte Position des Muskels wird langsam und vorsichtig eingenommen, so weit, bis ein leichtes Spannungsgefühl in der Muskulatur zu spüren ist. Die Konzentration ist ganz auf den gedehnten Muskel gerichtet, die Atmung ist ruhig und fließend. Halten Sie die Dehnung für ca. 15 bis 20 Sekunden und lösen Sie diese dann genauso vorsichtig und langsam wieder auf, wie Sie sie eingenommen haben.

Dehnübungen – Beispiele

Dehnung der Brust, Schulter und Bizepsmuskulatur

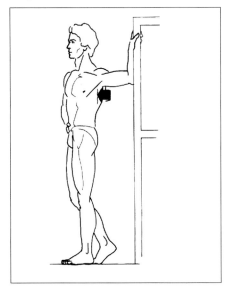

Übungsbeschreibung
Diese Übung wird einarmig nacheinander ausgeführt. Greifen Sie mit einer Hand z.B. eine Zugturmstange auf Schulterhöhe und halten Sie den Arm gestreckt. Drehen Sie den Oberkörper so weit, bis Sie die Dehnung in der Brustmuskulatur spüren. Die Füße stehen eng zusammen.

Dehnung der hinteren Oberschenkelmuskulatur

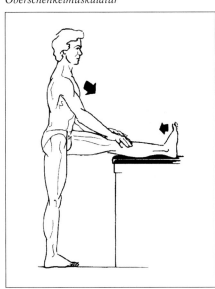

Übungsbeschreibung
Diese Übung wird einbeinig im Wechsel trainiert. Legen Sie einen Fuß auf eine hüfthohe Ablage. Beugen Sie den Oberkörper vom Brustbein aus vor und berühren Sie mit den Händen Ihr Schienbein. Drücken Sie das Knie durch. Verstärken Sie die Dehnung, indem Sie die Fußspitze zum Körper ziehen. Bei guter Dehnfähigkeit der hinteren Oberschenkelmuskulatur umgreifen Sie Ihren Fuß. Erhöhen Sie die Schwierigkeit, indem Sie mit der Zeit den Fuß auf eine immer höhere Ablage positionieren.

Übungsbeschreibung

Diese Übung wird einbeinig nacheinander ausgeführt. Halten Sie sich mit einer Hand z.B. an einer Zugturmstange fest und greifen Sie mit der freien Hand Ihren Fußspann. Ziehen Sie die Ferse in Richtung Po, das Knie zeigt dabei stets gerade nach unten. Halten Sie Ihren Oberkörper gerade über dem Becken.

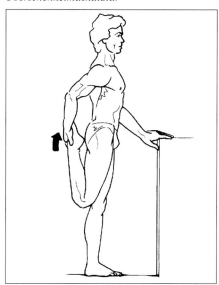

Dehnung der vorderen Oberschenkelmuskulatur

Übungsbeschreibung

Setzen Sie sich an das Ende einer Trainingsbank. Stellen Sie die Füße nach vorne. Beugen Sie den Oberkörper zwischen die leicht gespreizten Oberschenkel und umfassen Sie die Unterschenkel oder die Füße. Durch ein leichtes Ziehen der Hände an den Füßen können Sie die Dehnung im unteren Rückenbereich noch intensivieren.

Dehnung der unteren Rückenmuskulatur

Dehnung der Rücken- und Brustmuskulatur

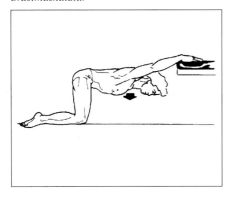

Übungsbeschreibung

Knien Sie sich auf den Boden, beugen Sie den Oberkörper bis in die Parallele nach vorne und plazieren Sie Ihre Hände auf einer sich ca. bauchhoch befindlichen Ablage. Ziehen Sie den Oberkörper leicht nach unten in die Dehnung.

Dehnung der Wadenmuskulatur

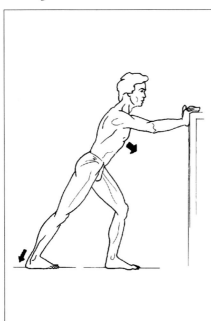

Übungsbeschreibung

Stützen Sie den Oberkörper ca. in Schulterhöhe ab. Setzen Sie ein Bein nach vorne, beugen Sie das Knie und verlagern Sie das Körpergewicht auf das nach vorne gestellte Bein. Die Fersen behalten während der Übung stets Kontakt mit dem Boden.

Tip: Wenn Sie bei Kniebeugen (siehe Seite 57) Schwierigkeiten haben, mit den Fersen auf dem Boden zu bleiben, und dazu neigen, den Oberkörper nach vorne zu beugen, so liegt das oftmals an mangelnder Flexibilität im Bereich der Achillesferse. Regelmäßiges Dehnen der Wadenmuskulatur macht es Ihnen leichter, Kniebeugen korrekt trainieren zu können.

Für weitere Übungen zur Gestaltung des Dehnprogrammes ist das Buch «Fit durch Muskeltraining» von E. Trunz et al. (Reinbek, 1992) zu empfehlen, aus dem auch die hier gezeigten Abbildungen entnommen sind.

Koordination –
gezielte Muskelstimulanz durch optimierte Bewegungsabläufe

Erinnern Sie sich noch an Ihre ersten Trainingseinheiten mit freien Gewichten? Es war gar nicht so leicht, beim Bankdrücken oder der Kniebeuge die Bewegung ohne «Schaukeln» durchzuführen. Nach einigen Wochen wurde der Bewegungsablauf sicherer und kontrollierter und nach mehrmonatiger bzw. jahrelanger Trainingserfahrung bewegen Sie die Hantel nach oben und unten, als wäre diese durch eine imaginäre Schiene geführt. Beobachtern fällt die Leichtigkeit Ihrer Bewegungen während der Übungsausführung auf. Was ist passiert? Die Koordination hat sich mit der Zeit verbessert. Koordination beinhaltet «das Zusammenwirken von Zentralnervensystem und Skelettmuskulatur innerhalb eines gezielten Bewegungsablaufes» (Hollmann/Hettinger 1990, 143). Es wird dabei zwischen inter- und intramuskulärer Koordination unterschieden. Intermuskuläre Koordination beschreibt das Zusammenspiel verschiedener Muskelgruppen untereinander, beim Bankdrücken z. B. Brust-, Schulter- und Trizepsmuskulatur. Intramuskuläre Koordination beschreibt die Fähigkeit, möglichst viele sogenannte motorische Einheiten (Nervenzellen und die mit diesen verbundenen Muskelfasern) gleichzeitig zu aktivieren (siehe auch Seite 37). Für bestmögliche Ergebnisse im Bodybuilding ist die saubere, korrekte Übungstechnik wichtig. Wenn Sie in einem Bewegungsablauf die Zielmuskulatur durch genaue Übungstechnik optimal stimulieren und durch die Verwendung von schweren Gewichten (sechs bis acht Wiederholungen pro Satz) gleichzeitig eine möglichst hohe Anzahl von Muskelfasern aktivieren, werden Sie beste Fortschritte in der Entwicklung von qualitativ hochwertiger Muskelmasse und -dichte erzielen.

Die motorische Beanspruchungsform der Schnelligkeit ist für das Bodybuilding eher von untergeordneter Bedeutung. Daher soll hier auf eine nähere Beschreibung verzichtet werden.

Aufbauphase –
Entwicklung von Muskelmasse und Muskeldichte

Das Ziel der Aufbauphase ist die Entwicklung von massiver Muskulatur, die sich durch eine hohe Dichte auszeichnet. Um dieses Ziel zu erreichen ist das Zusammenwirken von Training, Ernährung und Erholung erforderlich. Die im Training gesetzten Reize stimulieren das Muskelwachstum, die Ernährung liefert dem Körper Brennstoffe für intensive Trainingseinheiten und Baustoffe für den Muskelsubstanzzuwachs, durch genügend lange Erholungsphasen zwischen den einzelnen Trainingseinheiten kann der Körper die im Training gesetzten Reize auch tatsächlich in Muskelwachstum umsetzen. Im Grunde ist das Prinzip für gute Erfolge im Bodybuilding ganz einfach: Trainieren + Essen + Ruhen = Muskelwachstum. Während der Aufbauphase wird die Grundsubstanz an Muskelmasse gebildet, die in der anschließenden Definitionsphase ausgeformt wird. Und doch sind viele Bodybuilder mit den Ergebnissen der Aufbauphase, also mit der Entwicklung von massiver, kompakter Muskulatur nicht zufrieden. Die Ursachen für mangelhafte Fortschritte im Muskelaufbau sind in Trainings- und Ernährungsfehlern zu finden. Diese gilt es zu vermeiden.

Training in der Aufbauphase

Trainingsintensität – es geht nicht ohne

Im Gegensatz zu einer Maschine, die bei jedem Gebrauch weiter verschleißt, ist der menschliche Körper in der Lage, sich an überschwellig gesetzte Trainingsreize durch die Verbesserung der Leistungsfähigkeit anzupassen. Überschwellig bedeutet, daß der Trainingsreiz hoch genug sein muß, um die Muskelfasern zu einer Anpassungsreaktion, zum Dickenwachstum zu stimulieren (Hypertrophie) – genau das also, was der Bodybuilder durch sein Training erreichen möchte. Der Körper wappnet sich so für erneute schwere Belastungen.

Automatisierte Bewegungsvorgänge, wie beispielsweise das Gehen oder Stehen, erzeugen nicht die für das Muskelwachstum erforderliche Intensität. Dazu sind Trainingsreize erforderlich, die mindestens 60 Prozent der Maximalleistung betragen. Bodybuilder trainieren generell im mittleren bis submaximalen Lei-

Die menschliche Leistungsfähigkeit (bezogen auf Kraft und Ausdauer) in Prozent (nach: Digel [Hg.] 1983, Quelle: Hettinger/Steinbach 1969)

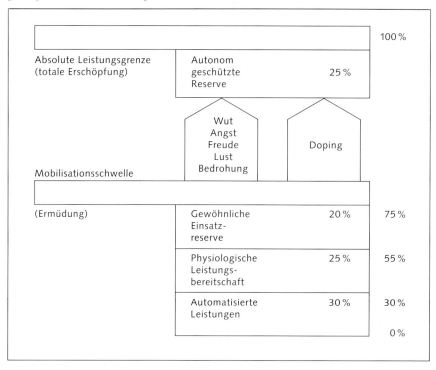

stungsbereich, das heißt, mit Gewichten, die zwischen 60 und 85 Prozent der Maximalleistung für eine Wiederholung liegen. Das Vordringen in tiefere Bereiche der sogenannten autonom geschützten Reserven des Körpers wird in der Regel nur durch Hypnose oder den Einsatz von Dopingmitteln ermöglicht, ist aber aufgrund der erhöhten Verletzungsgefahr für den Trainingsalltag nicht empfehlenswert. Sie können sicher sein, mit der für das Muskelwachstum erforderlichen Intensität zu trainieren, wenn Ihre Sätze bis zur letztmöglichen Wiederholung ausgeführt werden, Sie im Wiederholungsbereich zwischen sechs und 15 pro Satz liegen und in Ihrer Trainingsplanung phasenweise intensitätssteigernde Methoden wie z. B. Intensivwiederholungen (siehe Seite 54) berücksichtigen.

Schweres Training für massive Muskulatur

Viele Bodybuilder trainieren nicht intensiv genug, um wirklich beeindruckende Muskelmasse aufzubauen. Trainingsintensität darf nicht mit Trainingsdauer verwechselt werden. Trainingseinheiten, die in der Aufbauphase mehr als 75 Minuten und während der Definitionsphase maximal 90 Minuten dauern, sind mit hoher Wahrscheinlichkeit nicht intensiv genug, um ein optimales Muskelwachstum anzuregen. Wenn Sie nach gut einer Stunde Gewichtstraining noch Lust auf weitere Sätze verspüren, bzw. die Fähigkeit zur Durchführung derselben haben, dann ist Ihr Training nicht so hart, wie es sein könnte. Für wirklich erfolgsorientierte Bodybuilder zählt während des Studioaufenthaltes nur eines: das Training. Und zwar nach dem Grundsatz: schwer, kurz und intensiv. Wenn jeder Satz, jede Wiederholung mit größtmöglichem Einsatz und Konzentration absolviert wird, dann sollte Ihre Trainingseinheit nur wenig mehr als eine Stunde dauern. Die Amerikaner drücken es treffend aus: Train hard – but smart!

Schweres Training bildet die Grundlage jedes erfolgreichen Muskelaufbauprogramms. Das heißt, die Verwendung von submaximalen Gewichten, mit Wiederholungszahlen zwischen sechs und acht pro Satz. Derartige Trainingsgewichte stimulieren besonders effektiv die weißen, schnell kontrahierenden (fast-twitch) Muskelfasern, die über ein größeres Wachstumspotential verfügen als die roten, langsam kontrahierenden (slow-twitch) Muskelfasern. Deshalb werden Sie durch die Verwendung von schweren Gewichten sehr gute Fortschritte im Aufbau von massiver, kompakter Muskulatur erzielen. Allerdings bestätigen Ausnahmen die Regel: Wenn Sie von Natur aus einen hohen Anteil an roten Muskelfasern haben, dann sollten Sie schwerpunktmäßig mit höheren Wiederholungszahlen trainieren. Besonders Oberschenkel und Wadenmuskulatur scheinen bei vielen Bodybuildern besser auf höhere Wiederholungszahlen, zwischen 15 und 20 / Satz, anzusprechen.

Durch Experimentieren mit unterschiedlichen Wiederholungszahlen können Sie erkennen, ob und welche Muskelgruppen eventuell besser auf höhere Wiederholungen pro Satz mit Hypertrophie reagieren.

Generell gilt jedoch, daß schwere Gewichte die unbedingte Voraussetzung für den Aufbau von beeindruckender Muskelmasse sind. Ein weiterer, entscheidender Vorteil des Trainings mit schweren Gewichten ist die Entwicklung einer hohen Muskeldichte. Wirklich gute Bodybuilder sind daran zu erkennen, daß sich ihre Muskulatur durch ein hohes Maß an Dichte und Kompaktheit auszeichnet. Dieses Merkmal eines herausragenden Bodybuilders erreichen nur diejenigen Sportler, die keine Angst vor schweren Gewichten haben. Darum verhätscheln Sie sich im Training nicht selbst. Als ambitionierter Bodybuilder suchen Sie geradezu die

Herausforderung, die das Training mit sechs bis acht Wiederholungen an Ihren Körper stellt. Wenn Sie einmal das Gefühl erlebt haben, mit schwerem Gewicht acht tiefe, korrekte Wiederholungen in der Kniebeuge bewältigt zu haben, so daß Sie alleine zwei Minuten benötigten, um wieder «zu Atem zu kommen», dann wissen Sie, was es bedeutet, intensiv und produktiv zu trainieren. Für wirklichen Bodybuilding-Erfolg setzen Sie alles daran, Ihre Trainingsgewichte für sechs bis acht korrekte Wiederholungen zu erhöhen.

Nerv-Muskel-Zusammenspiel
Die Begründung, warum schweres Training so wichtig für die Entwicklung von Muskeldichte und -masse ist, liegt im Zusammenspiel von Nerven- und Muskelzellen. Eine Nervenzelle versorgt immer eine bestimmte Anzahl von Muskelzellen mit Nervenimpulsen (motorische Einheit) (siehe Abbildung auf Seite 38). Der Befehl zur Muskelkontraktion kommt zunächst aus der Großhirnrinde, der Befehlszentrale für die Kontraktionen der Skelettmuskulatur und wird über die Vorderhornzellen des Rückenmarks weitergeleitet. Verästelungen der Nervenzelle (Dendriten) versorgen immer eine Vielzahl von Muskelfasern mit Nervenimpulsen. Die Nervenimpulse werden an der motorischen Endplatte, der Empfangsstation, auf die Muskelzelle übertragen, worauf die Muskelzelle mit Kontraktion reagiert.

Ein Tip für besonders schwere Trainingseinheiten: Trinken Sie eine bis zwei Ampullen Frubiase Calcium 20 bis 30 Minuten vor dem Training.

«Calcium stimuliert die Freisetzung von Acetylcholin, einem chemischen Überträgerstoff (Transmitter) zwischen Nerven- und Muskelzellen. Je mehr Acetylcholin freigesetzt wird, desto intensiver ist die Übertragung von Nervenimpulsen an der motorischen Endplatte. Die Muskelfasern können sich kraftvoll zusammenziehen, d.h. es kommt zu einer besonders starken Kontraktion» (Gärtner/Pohl 1994, 122f.).

Grundsätzlich gilt: Je schwerer das Gewicht, um so mehr motorische Einheiten werden gleichzeitig aktiviert. Motorische Einheiten weisen unterschiedlich hohe Erregungsschwellen auf. Dadurch werden beim Gewichtstraining immer nur diejenigen Muskelfasern aktiviert, die zum Überwinden des jeweiligen Widerstandes benötigt werden («Alles oder Nichts»-Gesetz).

Wenn Sie mit Gewichten trainieren, die Ihnen zwischen sechs und acht Wiederholungen pro Satz ermöglichen, wird eine große Anzahl von Muskelzellen aktiviert. Je mehr Muskelfasern kontrahieren, um so mehr Fasern können auf den Trainingsreiz durch Verdickung reagieren. Daraus resultiert die Entwicklung dichter, massiver Muskulatur.

Die motorische Einheit (aus: Markworth 1984)

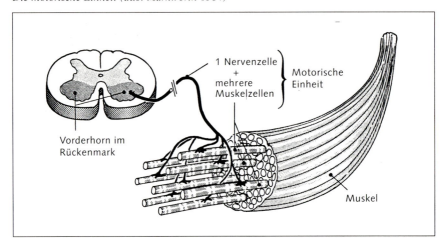

Man könnte zu der Schlußfolgerung kommen: Je schwerer, desto besser. Richtig – aber bedenken Sie bitte, daß Sie kein Powerlifting oder Gewichtheben betreiben, sondern Bodybuilding. Das oberste Ziel im Powerlifting ist die Erhöhung der Maximalkraft, das heißt, mit dem schwerstmöglichen Gewicht eine Wiederholung zu schaffen. Der Bodybuilder strebt dagegen nach einem optimalen Muskeldickenwachstum. Obwohl die Wettkampfübungen im Powerlifting, Kniebeugen, Bankdrücken und Kreuzheben in keinem ernsthaften Bodybuildingsprogramm fehlen sollten, trainiert der Bodybuilder doch eine große Vielzahl an Übungen mit unterschiedlichen Wiederholungsbereichen. Maximalwiederholungen dienen in erster Linie dazu, herauszufinden, wieviel Gewicht für eine Wiederholung der entsprechenden Übung bewegt werden kann und verbessern die intramuskuläre Koordination. Für das Muskelwachstum bringen sie fast gar nichts, da der Belastungsreiz zu kurz ist. Aus diesem Grunde und auch aufgrund der erhöhten Verletzungsgefahr sollte im Training auf Maximalwiederholungen verzichtet werden. Sätze mit Wiederholungszahlen zwischen zwei und fünf aktivieren zwar eine maximale Anzahl von motorischen Einheiten, optimales Muskeldickenwachstum wird aber auch hier aufgrund des kurzen Belastungsreizes nicht erreicht. Zur Verbesserung der intramuskulären Koordination ist es dennoch von Vorteil, zeitweise mit sehr schweren Gewichten und zwei bis fünf Wiederholungen pro Satz zu trainieren.

Dafür bietet sich beispielsweise, in unregelmäßigen Abständen, der letzte Satz einer Grundübung wie Bankdrücken, Kniebeugen, Nackendrücken etc. an. Wer denkt, den Strapazen des schweren Trainings mit sechs bis acht Wiederholungen pro Satz durch eine höhere Wiederholungszahl mit leichteren Gewichten entgehen zu können, irrt. Es ist nicht möglich, mit leichten Gewichten dieselbe Anzahl an motorischen Einheiten zu aktivieren, wie durch das Training mit schweren Gewichten.

Manche Athleten bevorzugen es, einige Wochen mit mittelschweren Gewichten und acht bis fünfzehn Wiederholungen pro Satz zu trainieren, bevor sie wieder zu schweren Gewichten übergehen. Das ist in Ordnung, da auch unter Verwendung von mittelschweren Gewichten die Muskulatur mit Hypertrophie reagiert. Zudem verhindert das zyklische Training auch ein Ausbrennen des Körpers, welches geschehen könnte, wenn das ganze Jahr über ausschließlich mit schweren Gewichten trainiert wird (siehe Seite 197). Leichte Gewichte mit 15 bis 25 Wiederholungen pro Satz trainieren vorrangig die roten Muskelfasern und führen zur Verbesserung der Kraftausdauer. Allerdings würden durch leichtes Training einfach nicht die benötigte Anzahl von Muskelzellen zur Kontraktion angeregt, die zur Entwicklung von optimaler Muskeldichte erforderlich ist.

Fazit: Zusammengefaßt läßt sich feststellen, daß für den Aufbau optimaler Muskelmasse bei gleichzeitig größtmöglicher Muskeldichte die Verwendung von schweren Gewichten und zwischen sechs und acht Wiederholungen pro Satz oberste Priorität hat. Nur schweres Training stimuliert einen Großteil der weißen, schnell kontrahierenden Muskelfasern, die im Vergleich zu den roten, langsam kontrahierenden Muskelfasern über das größere Wachstumspotential verfügen.

Reizintensität und Trainingswirkung

Reizintensität (100 % = 1 Maximalwiederholung)	Reizdauer (Wiederholungen pro Satz)	Trainingswirkung
leicht 40 – 60 %	15 – 25	Kraftausdauer
mittel 60 – 80 %	8 – 15	Muskelfaserverdickung (Hypertrophie)
submaximal 80 – 85 %	6 – 8	Hypertrophie, Intramuskuläre Koordination
schwer 90 – 95 %	2 – 4	Intramuskuläre Koordination, Maximalkraft
maximal 95 – 100 %	1 – 2	Intramuskuläre Koordination, Maximalkraft

So trainieren Sie sicher

Schweres Training ist die wichtigste Voraussetzung zum Aufbau qualitativ hochwertiger Muskelmasse, birgt jedoch objektiv betrachtet auch einige Gefahren in sich. Um die Verletzungsgefahr im Training mit schweren Gewichten zu minimieren, sollten Sie die folgenden Hinweise beachten:

Aufwärmen

Bevor Sie Ihren Körper mit schweren Gewichten belasten, müssen Sie geistig und körperlich gut darauf vorbereitet sein. Richtiges Aufwärmen schafft die Voraussetzungen, um während der schweren, muskelaufbauenden Trainingseinheiten sicher trainieren zu können. Leider kann im Studioalltag immer noch häufig beobachtet werden, daß Aktive mit schweren Gewichten trainieren, ohne ausreichend aufgewärmt zu sein. So ist Verletzungen von Muskeln, Gelenken, Sehnen oder Bandscheiben Tür und Tor geöffnet.

Als Aufwärmen werden «aktive und passive, allgemeine und spezielle Tätigkeiten zur Herstellung einer optimalen psychophysischen Verfassung vor Training oder Wettkampf» (Hollmann/Hettinger 1990, 546) verstanden. Dauer und Intensität des Aufwärmens dürfen nicht zu lang bzw. zu hoch sein, damit nicht bereits im Vorfeld der eigentlichen Belastung zuviel Kraft und Energie verbraucht wird und folglich die Trainingsleistung gemindert wird. Die Übersicht auf Seite 41 zeigt Maßnahmen, Methodik und Wirkung des Aufwärmens.

Korrekte Übungsausführung

Die korrekte Übungsausführung ist für ein verletzungsfreies Training von größter Bedeutung. Die Verletzungsgefahr erhöht sich erheblich, wenn unsauber trainiert wird. Da wird zum Beispiel bei der Kniebeuge der Oberkörper weit nach vorne gebeugt, während des Bankdrückens das Gesäß von der Bank abgehoben oder beim Bizepscurl mit dem Oberkörper geschwungen, so daß insbesondere der untere Rückenbereich verletzungsgefährdet ist. Diese Beispiele zeigen nur einige mögliche Fehlerquellen im Training auf. Generell birgt jede Übung die Gefahr einer Verletzung durch unsaubere Übungsausführung. Durch unkontrolliertes Schwingen oder Reißen des Gewichts sind Verletzungen nicht auszuschließen. Für den Fall, daß Ihnen mit einem Gewicht nicht sechs bis acht korrekte Wiederholungen möglich sind, reduzieren Sie die Gewichtsbelastung entsprechend. Arbeiten Sie schrittweise auf die Erhöhung Ihres Trainingsgewichtes hin und vermeiden Sie die Verwendung von zu schweren Gewichten, die keine korrekte, kontrollierte Übungstechnik mehr erlauben. Weit fortgeschrittene Athleten, die

Maßnahmen, Methodik und Wirkungen des Aufwärmens

Maßnahme	Methodik	Psyche	Herz/Kreislauf	Muskulatur	Gelenke; Bänder, Sehnen
1. Psychische Einstellung auf das Training	• Bewußtmachung der eigenen Ziele • Glaube an sich selbst • Vorstellung der nachfolgend trainierten Übungen im Geiste ca. 5–15 Minuten, z. B. auf dem Weg zum Training	• Befreiung von Ablenkungen • Einstimmung auf das Training			
2. Allgemeines Aufwärmen	• Belastung von mindestens 1/6 der Gesamtkörpermuskulatur, z. B. Radfahren o. Jogging ca. 10–20 Minuten leichte Intensität (55–60 % der max. Herzfrequenz)		• Anstieg d. Herzfrequenz • Vertiefung d. Atmung • Erhöhung d. Blutdrucks • Erhöhung d. Blutfließgeschwindigkeit	• Anstieg d. Muskel- und Körperkerntemperatur • Verbesserte Versorgung mit Sauerstoff und Nährstoffen • Intensivierung des Stoffwechsels • Steigerung der Muskeldurchblutung	• Vermehrte Bildung der knorpelernährenden Gelenkflüssigkeit • Bessere Abpufferung v. einwirkenden Kräften
3. Dehnung	• Passiv-statisches Dehnen der nachfolgend trainierten Muskulatur ca. 5 Minuten			• Erhöhung des Muskelstoffwechsels • Verringerte Verletzungsanfälligkeit	
4. Spezielles Aufwärmen	• 1–2 leichte Sätze des anschließenden Bewegungsablaufs mit ca. 50 % des Maximalgewichts für 1WH und 12–15WH/Satz			• Erhöhte Kontraktionsgeschwindigkeit • Vorbereitung der Nervenbahnen auf schnelle Reaktion • Verbessertes Nerv.-Muskelzusammenspiel • Erhöhung des muskulären Tonus	• Verringerung d. Verletzungsgefahr

über ein gutes Körpergefühl verfügen, können zeitweise auch nach dem Prinzip der abgefälschten Wiederholungen trainieren (siehe Seite 55).

Konzentration
Während der Übungsausführung müssen Sie sich unbedingt auf den Bewegungsablauf konzentrieren. Gerade beim Training mit schweren Gewichten kann es schlimme Folgen nach sich ziehen, wenn die Bewegung «aus der Bahn» gerät. Stellen Sie sich nur einmal vor, welche Gefahren zum Beispiel bei der Kniebeuge lauern, wenn auch nur für einen Augenblick die Konzentration nachläßt. Wird der Oberkörper zu weit nach vorne gebeugt, dann ist die Gefahr einer Verletzung der Lendenwirbelsäule stark erhöht, es kann zu einem Bandscheibenvorfall kommen.

Jedes Studio birgt potentielle «Konzentrationsräuber». So wirken sich z. B. Sportkollegen, die sich angeregt über das vergangene Wochenende oder ein neues Auto unterhalten, während Sie sich in der Nähe durch einen intensiven Satz Kniebeugen mit 150 Kilogewicht kämpfen, nicht gerade positiv auf Ihre Konzentration aus. Noch störender ist es, während der Satzausführung direkt angesprochen zu werden. In manchen Studios scheint es üblich zu sein, Musik in einer derartigen Lautstärke zu spielen, daß die Ohren schmerzen und Sie eher das Gefühl haben, sich in einer Discothek zu befinden, als an einem Ort, an dem konzentriertes Körperaufbautraining praktiziert wird. Unter derartigen Bedingungen ist es schwer, eine intensive geistige Verbindung zu dem trainierten Körperbereich herzustellen. Berufliche oder private Probleme sind häufige Ursache dafür, während des Trainings nicht voll und ganz auf die körperliche Aktivität konzentriert zu sein. Die Fähigkeit, derartige Probleme für die Dauer des Trainings zu verdrängen und ausschließlich auf die arbeitende Muskulatur konzentriert zu sein, ist ein Merkmal des erfahrenen Bodybuilders. Die aktuellen Probleme sind zwar nicht verschwunden, aber oftmals ist es so, daß nach einem wirklich schweißtreibenden Training und der anschließenden Dusche die Dinge schon ganz anders aussehen. Es fällt leichter, Problemlösungsstrategien zu entwickeln. Wie dem auch sei, wenn Sie sich gut konzentrieren können, bringen äußere Störfaktoren Sie nicht so leicht aus der Fassung.

Trainingspartner
Ein guter Trainingspartner wirkt sich außerordentlich positiv auf den Trainingsfortschritt aus und gibt Ihnen zusätzliche Sicherheit bei der Verwendung von schweren Gewichten. Generell sollte bei Sätzen, in denen bis zur Leistungsgrenze trainiert wird, immer ein Partner bereitstehen und ein wachsames Auge auf Sie

richten. Sollten Sie das Gewicht nicht mehr alleine bewältigen können, kann der Trainingspartner hilfreich eingreifen.

Wer beim Bankdrücken schon einmal unter der Langhantel liegengeblieben ist, der weiß, wie wichtig in solchen Situationen der Trainingspartner ist. Darüber hinaus sind einige Methoden zur Intensitätssteigerung, wie z. B. Intensivwiederholungen (siehe auch Seite 54), alleine gar nicht durchführbar.

Zyklischer Trainingsaufbau

Das Training sollte so geplant sein, daß es über einen längerfristigen Zeitraum, das heißt, über ein halbes bis zu einem Jahr, zu Variationen in der Belastungsintensität kommt (siehe hierzu Seite 197). Nur so werden Sie Ihr volles Bodybuilding-Potential ausschöpfen können und ein Ausbrennen aufgrund ständig zu hoher Belastungen des Körpers vermeiden.

Nicht nur die Intensität, sondern auch die Häufigkeit und die Dauer des Trainings müssen so bemessen sein, daß es zu einem größtmöglichen Muskelsubstanzzuwachs kommt.

Muskeln wachsen nach dem Training

Sie kämpfen sich durch die letzten Sätze einer intensiven Trainingseinheit. Ihre Kraftleistung ist gut, die Muskeln fühlen sich durch die erhöhte Durchblutung, die das Gewichtstraining bewirkt hat, so voll und prall an, als wollten sie durch die Haut hindurch bersten. Voller Euphorie beenden Sie das Training in dem sicheren Gefühl, an diesem Tag besonders produktiv trainiert zu haben. In der Tat – durch intensive Trainingseinheiten stimulieren Sie das Dickenwachstum der Muskelfasern. Damit ist der erste, grundlegende Schritt zum Trainingsfortschritt gemacht. Muskeln wachsen aber niemals während einer Trainingseinheit, sondern immer erst danach, in der anschließenden Ruhephase. Deshalb ist es wichtig, dem Körper genügend Zeit zur Erholung bis zum nächsten Training zu geben. Der Wechsel zwischen Belastung und Erholung ist für erfolgreiches Bodybuilding von mitentscheidender Bedeutung.

Superkompensation

Das Prinzip der Superkompensation (überschießende Wiederherstellung) bildet die Grundlage jedes erfolgreichen Trainingsprogrammes.

Der menschliche Organismus befindet sich normalerweise in einem Gleichgewichtszustand zwischen abbauenden (katabolen) und aufbauenden (anabolen)

Vorgängen. Dieser Gleichgewichtszustand wird als Homöostase bezeichnet. Schwere Trainingseinheiten im Studio sind ein Störfaktor der Homöostase und fördern den Katabolismus. Während des Trainings erfolgt zunächst der Abbau von Muskelsubstanz und Nährstoffen (Protein, Kohlenhydrate, Wasser, Vitamine und Mineralstoffe). Es werden hohe Belastungen an den passiven Bewegungsapparat, an Sehnen, Bänder, Knochen und Gelenke, gestellt.

Nach dem Training, also nach dem Abbau, beginnt der Aufbau bzw. die Umschaltung vom katabolen in den anabolen Stoffwechselzustand. Der Körper beginnt zunächst damit, den ursprünglichen Zustand von vor dem Training wiederherzustellen. Dazu braucht er neben genügend Ruhe auch die richtigen Nährstoffe. Bis ca. 36 Stunden nach Ende der Belastung, manchmal sogar noch länger, ist der Körper damit beschäftigt, den durch das Training verursachten Substanzabbau wieder auszugleichen. Das eigentliche Dickenwachstum der Muskelfasern findet erst nach Abschluß der Wiederherstellungsphase statt. Die Zeitspanne, bis der im Training gesetzte Reiz auch tatsächlich in Muskelhypertrophie resultiert, beträgt zwischen 48 Stunden und bis zu sieben Tagen (diese Angaben gelten nur als Richtwert). Wenn Sie ein Meister des Instinktivprinzips (siehe Seite 136) sind, dann spüren Sie, wann Ihr Körper für eine erneute, produktive Trainingseinheit bereit ist. Idealerweise erfolgt der neue Trainingsreiz auf dem Höhepunkt der Su-

Superkompensation (nach: Hartmann/Tünnemann 1993)

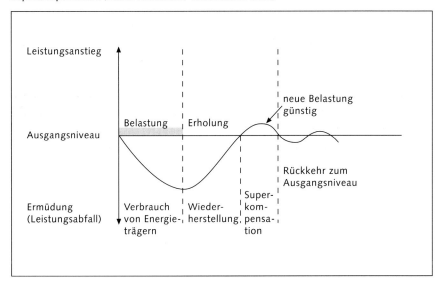

Negative Effekte zu häufiger Trainingsreize (nach: Hartmann/Tünnemann 1993)

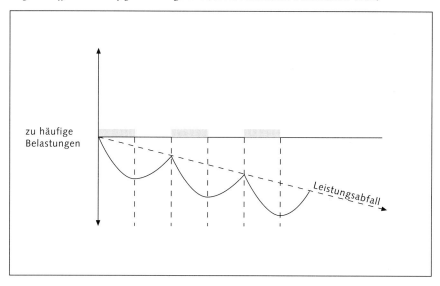

perkompensation. Bei einer diesbezüglich hohen Konstanz werden Sie großartige Trainingsfortschritte erzielen.

Die Gefahr zu häufigen Trainings (Übertraining) liegt auf der Hand. Bekommt der Körper nach einer intensiven Trainingseinheit nicht die für eine schnelle Erholung und das Muskelwachstum notwendigen Nährstoffe sowie genügend Zeit zur Erholung, verschlechtert sich die Leistung. Neue, zu früh gesetzte Trainingsreize führen zu einem Verlust an Kraft und Muskelmasse (siehe Abbildung oben). Zu weit auseinanderliegende Trainingseinheiten werden ebenfalls keine nennenswerten Fortschritte im Muskelaufbau bringen. Die Phase der Superkompensation ist zwar abgeschlossen, durch das Fehlen erneuter Trainingsreize begibt sich der Körper jedoch langsam wieder auf das Ausgangsniveau zurück. Es kommt zu keinen dauernden Anpassungserscheinungen des Organismus, wie z. B. Muskelhypertrophie und Kraftzuwachs.

Zu seltene Trainingsreize (nach: Hartmann/Tünnemann 1993)

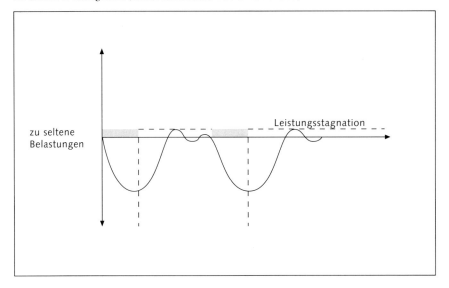

Fazit: Das Prinzip der Superkompensation ist die Grundlage für erfolgreiches Bodybuildingtraining. Stimulieren Sie Ihre Muskeln im Training zum Wachstum, essen Sie anschließend die richtigen Nährstoffe, erholen Sie sich ausreichend und trainieren Sie erst wieder auf dem Höhepunkt der Superkompensation. Dann werden Sie mit großen und vor allem dauerhaften Fortschritten in der Körperentwicklung belohnt.

Regenerationsfördernde Maßnahmen

Die richtige Nachbereitung des Trainings ist gleichzeitig die beste Vorbereitung auf die nächste Trainingseinheit. Je früher sich der Organismus von den Strapazen des Trainings erholt, um so eher kann eine erneute, muskelwachstumserzeugende Belastung folgen.

Cool-down
Häufig wird das Training ohne aktiven Ausklang beendet. Nach dem letzten, schweren Satz einer Trainingseinheit geht man direkt unter die Dusche. Das richtige Abwärmen ist jedoch für schnellstmögliche Erholung wichtig und beinhaltet

Maßnahmen, Methodik und Wirkungen des Cool-downs

Maßnahme	Methodik	Wirkung
1. Aktiver Ausklang des Trainings • Aerobe Aktivität	z. B. Radfahren, Jogging ca. 10–20 Minuten, leichte Intensität (ca. 55–60 % der maximalen Herzfrequenz)	• Abtransport von Stoffwechselprodukten, z. B. Lactat • Beruhigung des Herz/Kreislaufsystems • Beruhigung des Muskelstoffwechsels
• Dehnung	ca. 10–20 Minuten passiv-statisches Dehnen der trainierten Muskulatur	• Herabsetzung der muskulären Grundspannung • Verbesserung der Beweglichkeit • Psychische Entspannung
2. Passiver Ausklang des Trainings • Geistiges Nachbereiten des Trainings	• Trainingsleistungen bewußt machen • Trainingsfortschritte visualisieren ca. 10–20 Minuten, z. B. während der aeroben Nachbereitung oder zu Hause in entspannter Körperposition	• Erzeugung positiver Grundstimmung • Erhöhung der Leistungsmotivation (beim nächsten Training wird noch etwas härter gearbeitet)
• Kurzes Schläfchen • Weitere empfehlenswerte passive Maßnahmen zur Regeneration: Heiße Dusche, Sauna, Solarium, Massage	ca. 20–40 Minuten	• Entlastung von Muskeln, Gelenken, Sehnen

leichte aerobe Aktivität und Dehnungen der zuvor trainierten Muskelgruppen. Eine Orientierung über empfehlenswerte aktive und passive Regenerationsmaßnahmen gibt die Übersicht oben.

Ernährung

Die Nahrungsaufnahme nach schweißtreibenden, kräftezehrenden Trainingseinheiten ist eine wesentliche Erholungsmaßnahme. Die Regenerationszeit des Körpers wird durch eine bedarfsangepaßte Nährstoffzufuhr verkürzt.

Bereits während des Trainings sollte ca. ein bis 1,5 Liter Wasser getrunken werden. Die Muskelzellen laufen im Training quasi heiß und benötigen sozusagen «Kühlflüssigkeit». Nach dem Training gilt es zunächst, die über den Schweiß verlorengegangenen Mineralstoffe zu ersetzen. Dazu eignet sich besonders gut Mineralwasser mit etwas Fruchtsaft (z. B. Apfel- oder Traubensaft) gemischt. Fruchtsaftschorlen schmecken gut, erfrischen und versorgen den Körper nicht nur mit wichtigen Mineralstoffen wie beispielsweise Kalium, sondern sind durch die im Fruchtsaft enthaltene Fructose auch Lieferanten schnell resorbierbarer Kohlenhydrate. Muskeln und Leber sind nach dem Training besonders aufnahmebereit für Kohlenhydrate und Aminosäuren. Direkt nach dem Training empfiehlt es sich, ca. 50 bis 80 Gramm leicht resorbierbare Einfach- oder Zweifachzucker aufzunehmen, damit der Körper mit dem Auffüllen der im Training angegriffenen Glykogenspeicher beginnen kann. Dazu eignen sich außer den erwähnten Fruchtsaftschorlen auch spezielle Sportgetränke. Hier ist die Auswahl heute groß, viele Sporternährungsfirmen bieten sogenannte «Recovery-Drinks» an. Auch gegen den gelegentlichen Verzehr von Eiscreme nach dem Training ist in der Aufbauphase nichts einzuwenden.

Nach einem intensiven Training verlangen Ihre Muskeln nach Baumaterial, also Protein. Sie können den nach dem Training erhöhten Transport von Aminosäuren zur Muskulatur besonders gut nutzen, indem Sie zusammen mit Fruchtsaft oder des «Recovery-Drinks» vier bis sechs Aminosäuretabletten einnehmen. Die im Getränk enthaltenen Kohlenhydrate führen zur Ausschüttung von Insulin, dadurch werden die Aminosäuren rasch in die Muskelzellen eingeschleust und stehen schnell als Baumaterial zur Verfügung.

Innerhalb einer, bis maximal zwei Stunden nach dem Training sollten Sie unbedingt eine kohlenhydrat- und eiweißreiche Mahlzeit verzehren. Kohlenhydrate in Form von zum Beispiel Reis, Gemüse, Nudeln oder Kartoffeln sind gut geeignet, um die Kohlenhydratspeicher weiter aufzufüllen. Hochwertiges Eiweiß in Form von z. B. Fisch, Geflügel, Rindfleisch oder Eiern liefert das für die Muskeln nach dem Training so dringend benötigte Baumaterial.

Schlaf

Der Schlaf ist für den Organismus ebenso lebenswichtig wie essen und trinken. Sie können auf Schlaf nicht verzichten. Die längste schlaflose Zeit, die ein Mensch bisher durchhielt, liegt bei elf Tagen. Extremer Schlafentzug führt zur Wahrnehmung von Bildern, Schatten und Geräuschen, die überhaupt nicht existieren. Der Philosoph Arthur Schopenhauer sagte: «Der Schlaf ist für den Menschen das, was das Aufziehen für die Uhr ist.» Schlaf erfrischt den Geist und füllt die körpereigenen «Akkus» wieder auf. Schlaf ist eine Zeit der Ruhe und Entspannung, der Wiederherstellung, der Erneuerung und des Wachstums. Im Schlaf werden die durch das Training angegriffenen Gewebezellen, wie z. B. Muskelzellen, «repariert». Die Proteinsynthese ist erhöht, die Muskelfasern verdicken sich. Wirbelsäule, Knochen und Gelenke werden entlastet. Die Muskelspannung sinkt, das Herz schlägt langsamer, der Blutdruck fällt und die Atmung verlangsamt sich. Darüber hinaus dient Schlaf auch der seelischen Erholung. Durch Träume werden die Ereignisse des Tages verarbeitet. Psychische Folgen von Schlafmangel sind schlechte Laune, Konzentrationsstörungen und Gereiztheit.

Als Bodybuilder werden Sie Ihr volles physisches Wachstumspotential nur dann ausschöpfen, wenn Sie genügend schlafen. Während Babys bis zu 18 Stunden des Tages mit dem Schlafen verbringen und ein Kleinkind von fünf Jahren immerhin zehn Stunden pro Tag schläft, gibt es in der benötigten Schlafdauer des Erwachsenen individuelle Unterschiede. Kurzschläfer kommen mit vier bis fünf Stunden Schlaf pro Nacht aus. Langschläfer müssen bis zu zehn Stunden schlummern, bevor sie Bäume ausreißen können bzw. voll leistungsfähig sind. Wieviel Schlaf Sie persönlich zur vollen Entfaltung Ihrer körperlichen und geistigen Kräfte benötigen, müssen Sie durch eigenes Experimentieren herausfinden. Durchschnittlich sind zwischen sieben und acht Stunden Schlaf ausreichend, an Tagen mit besonders intensiven Trainingseinheiten empfiehlt es sich, eine Stunde mehr zu schlafen, um den Regenerationsprozeß zu optimieren.

Neben der individuell benötigten Schlafdauer ist auch der persönliche Schlaf-Wachrhythmus zu beachten. Es gibt ausgesprochene Morgentypen («Lerchen»), die bereits sehr früh morgens hohe physische und psychische Leistungsfähigkeit haben, dafür aber ca. ab 21 Uhr vom Schlafbedürfnis übermannt werden. Die Abendtypen («Eulen») laufen erst in den Abendstunden zur Höchstform auf. Berücksichtigen Sie bei der zeitlichen Planung Ihrer Trainingseinheiten auch Ihren persönlichen Schlaf-Wachrhythmus.

Mittagsschlaf / Siesta nach dem Training
Ca. 76 Prozent aller Säugetiere genehmigen sich im Laufe eines Tages kurze Schläfchen. Der (körpereigene) endogene Rhythmus dieser Tiere ist darauf ausgelegt, kurze Schlafpausen einzulegen.

Interessant ist die Tatsache, daß die nächsten Verwandten des Menschen aus dem Tierreich, die Menschenaffen, wie beispielsweise Schimpansen, Gorillas oder Orang-Utans, zusätzlich zur Nachtruhe ein kleines Nickerchen am Tage (vorzugsweise am Nachmittag oder nach reichhaltiger Nahrungszufuhr) einlegen. Diese Angewohnheit könnte darauf schließen lassen, daß auch der Mensch über einen derartigen inneren Rhythmus verfügt.

Wer kennt nicht das Gefühl, mittags in ein Leistungstief zu fallen? Da Mittagsschläfer in unserer Gesellschaft bzw. Arbeitswelt kaum akzeptiert werden und die Siesta aufgrund der Arbeitsplatzbedingungen vielfach gar nicht möglich ist, wird dem Mittagstief dann häufig mit Kaffee begegnet oder es wird einfach keine Rücksicht auf die «innere Uhr» genommen. Das ist schade. Denn sowohl der Mittagsschlaf als auch die Siesta nach dem Training zeigen positive Auswirkungen auf den Erfolg im Bodybuilding. Studien haben ergeben, daß das Wachstumshormon STH (somatotropes Hormon, siehe auch Seite 208) nicht nur während der Tiefschlafphase in den ersten Schlafstunden, sondern auch vermehrt beim Einschlafvorgang in die Blutbahn abgegeben wird:

> *«Dieses Hormon wird während des Schlafes ausgeschüttet. Das ist eine Sache, die alle Bodybuilder und Sumo-Ringer zu schätzen wissen. Diejenigen, die es mit ihrem Sport ernst meinen, machen jeden Tag ihre Nickerchen mit religiösem Eifer. Sie sollten sie auch unbedingt machen, wenn Sie wirklich Ihr ganzes Wachstumspotential entfalten wollen.»*
> *(Degen 1997, 57)*

Durch ein kurzes Schläfchen am Tage kommen Sie also in den Genuß einer Extraportion des Wachstumshormons. Die Siesta nach dem Training verschafft auch den durch die vorhergegangene Belastung stark geforderten Gelenke, Muskeln und Knochen eine willkommene Ruhepause und erfrischt den Geist. Um sich besonders effektiv zu entspannen, das heißt, sich von jeglicher Aktivität zurückzuziehen und neue Kräfte zu sammeln, sollten Sie Ihren Mittagsschlaf in einem ruhigen, abgedunkelten Raum in lockerer Kleidung und in einer möglichst bequemen Körperposition, z. B. in Rückenlage halten. Die Wirbelsäule «freut» sich besonders über Kissen, die unter die Knie und den Kopf positioniert werden. Oftmals wirkt auch ein Heizkissen angenehm, welches durch die Wärmebildung einen zusätzlichen muskulären Entspannungseffekt erzeugt. Sobald Sie bequem liegen, atmen Sie ruhig und gleichmäßig. Fühlen Sie, wie Ihre Muskeln sich entspannen, wie das Blut zirkuliert. Machen Sie sich frei von allen gedanklichen Ablenkungen. Rufen Sie sich Ihre Bodybuilding-Ziele ins Gedächtnis und glauben Sie fest daran, daß die vergangene Trainingseinheit wieder ein erfolgreicher Baustein zum Erreichen derselbigen gewesen ist.

Sehen Sie vor Ihrem geistigen Auge noch einmal, wie Sie die Gewichte bewegten, wie der Schweiß an Ihrem Körper hinunterlief. Rufen Sie sich das Klingen der Eisenscheiben ins Gedächtnis und versuchen Sie, das Muskelgefühl während eines besonders gelungenen Satzes zu spüren. Durch ein derartiges Visualisieren wird Ihr Unterbewußtsein positiv programmiert. Es ist durchaus möglich, daß Sie nach einigen Minuten in einen erholsamen Schlaf fallen. Sollten Sie anschließend noch wichtige Termine haben, vergessen Sie nicht, den Wecker zu stellen.

Die Dauer des Mittagsschlafes oder der Siesta nach dem Training sollte zwischen 20 und 30 Minuten liegen. Aber es gibt auch Menschen, die sich bis zu zwei Stunden erholen. Solche langen Nickerchen bergen allerdings die Gefahr, daß Sie nachts nicht einschlafen können.

Weitere Entspannungsmaßnahmen

Zur möglichst schnellen Wiederherstellung der Leistungsfähigkeit nach dem Training gehören als Bestandteil des Cool-downs unbedingt leicht aerobe Aktivität, idealerweise Waldläufe oder Radfahren und Dehnübungen.

Wärmeanwendungen nach dem Training, wie die heiße Dusche oder auch die Sauna, diese vorzugsweise in zeitlichem Abstand von einigen Stunden zum Training, beschleunigen ebenfalls den Regenerationsprozeß. Als «I-Tüpfelchen» der Regenerationsmaßnahmen sind die nicht ganz preiswerten Massagen und Besuche der Sonnenbank sehr empfehlenswert.

Last, but not least, sollten Sie versuchen, auch in hektischen Zeiten Gelassenheit zu üben. Ständige geistige Anspannung bzw. innere Unruhe verlängert den Regenerationsprozeß und schmälert somit den Trainingserfolg.

Das Minimum-Maximum-Prinzip

Erfolgreiche Bodybuilder wissen, worauf es im Training ankommt: Sobald der Wachstumsreiz gesetzt wurde, wird das Studio verlassen, gut und reichhaltig gegessen und ausgeruht.

Sie müssen sich im Training voll einsetzen. Jeder Satz, jede einzelne Wiederholung bringt Sie Ihrem Ziel näher und erfordert starke Anstrengung und hohe Konzentration. Muskeln können nun einmal nicht zum Wachstum überredet, sie müssen dazu trainiert werden.

Nicht zu intensive, sondern eher zu lange oder zu häufige Trainingseinheiten sind oftmals die Ursache dafür, daß viele ambitionierte Bodybuilder ihr volles Potential im Muskelaufbau nicht erreichen. Das Ziel jedes erfolgreichen Trainingsprogramms ist es, mit einem Minimum an (hochintensivem) Trainingsaufwand ein Maximum an Muskelaufbau zu erzielen. Die Trainingshäufigkeit, der Trainingsumfang bzw. die Anzahl der Übungen und Sätze pro Muskelgruppe müssen an die Bedürfnisse des jeweiligen Körpertyps (ekto-, meso-, endomorph), die Leistungsstufe (Beginner, Fortgeschrittener), die Trainingsphase (Aufbau-, Definitionsphase) und die persönlichen Lebensumstände (Berufstätigkeit, soziale Bindungen) angepaßt werden.

Die Pläne auf Seite 100 ff. geben ein Beispiel dafür, wie eine die Regenerationsfähigkeit nicht übersteigende Trainingsplanung in der Aufbauphase aussehen kann.

Trainingsmethoden

Progressives Gewichtstraining

Diese Trainingsmethode ist die Grundlage im Muskelaufbautraining. Sie werden durch das Training im Laufe der Zeit an Körperkraft gewinnen. Muskelhypertrophie wird nur dann erreicht, wenn Sie mit der dafür notwendigen Intensität trainieren (siehe auch Seite 39). Die Anpassung der Trainingsgewichte an die Körperkraftentwicklung ist erforderlich, um die Muskulatur mit ausreichend hohen Intensitäten zu belasten. Sind Sie heute in der Lage, mit einem Gewicht sechs Wiederholungen und in acht Wochen mit demselben Gewicht acht Wiederholungen zu machen, dann erhöhen Sie den Widerstand so, daß erneut nur sechs Wiederholungen möglich sind. Arbeiten Sie dann mit vollem Einsatz daran, auch das schwerere Gewicht achtmal bewältigen zu können.

Haben Sie dieses Ziel erreicht, legen Sie erneut einige Kilogramm mehr auf die Hantel und beginnen wieder mit ca. sechs Wiederholungen. Diese Methode der steigenden Gewichtsbelastung ist ein ausgezeichneter Weg zu konstantem Muskelwachstum.

Pyramidentraining

Pyramidentraining ist die «klassische» Methode im Bodybuilding- und Kraftsporttraining.

Abgestumpfte Pyramide

Bodybuilder trainieren bevorzugt nach der abgestumpften Pyramide, das bedeutet, die Gewichtsbelastung wird für den letzten Satz so gewählt, daß noch mindestens sechs Wiederholungen möglich sind. In besonders schweren Trainingszy-

Abgestumpfte Pyramide

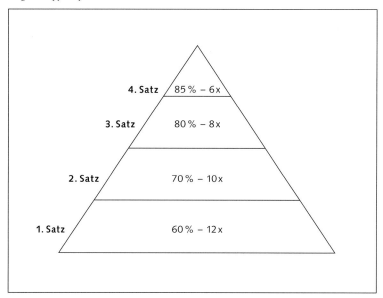

klen, die in erster Linie den Kraftaufbau und die Verbesserung der intramuskulären Koordination zum Ziel haben, wird das Trainingsgewicht so dosiert, daß in den letzten Sätzen der Pyramide nur noch zwischen zwei und vier Wiederholungen möglich sind. Bodybuilder sind jedoch keine reinen Kraftsportler, sondern in erster Linie am Muskelwachstum interessiert. Deshalb wird im überwiegenden Teil der Aufbauphase mit Gewichten trainiert, die im Bereich von 60 bis 85 Prozent der Maximalkraftleistung liegen und Wiederholungszahlen zwischen sechs und 15 pro Satz ermöglichen.

Beginnen Sie mit einem Gewicht, das Ihnen ca. zwölf Wiederholungen ermöglicht. Steigern Sie bei jedem weiteren Satz die Gewichtsbelastung, bis nur noch sechs Wiederholungen machbar sind. Diese Form der Pyramide ist besonders zum Grundlagentraining im Bodybuilding geeignet. Höhere Intensität und damit bessere Wachstumsstimulation ermöglicht die umgekehrte abgestumpfte Pyramide, die vorzugsweise in der Definitionsphase zum Einsatz kommt (siehe Seite 132).

Prioritätsprinzip

Jeder Bodybuilder verfügt über Muskelpartien, die gut und über solche, die weniger gut auf das Training ansprechen. Die Versuchung ist groß, sich auf die ohnehin schon herausragenden Muskelgruppen zu konzentrieren. Das Training der besser entwickelten Muskelgruppen macht in der Regel mehr Spaß und es ist zudem schmeichelhaft für das Ego, wenn man die voll durchbluteten, stärkeren Muskelgruppen im Spiegel betrachtet.

Der wirklich ernsthafte Bodybuilder strebt aber nach einer harmonischen, ausgewogenen Körperentwicklung ohne herausragende Stärken, oder ins Auge fallende Schwächen. Das bedeutet für die Trainingspraxis, schwächere Muskelgruppen zu Beginn des Trainings zu bearbeiten. Das Energieniveau ist am Trainingsanfang am höchsten und die Konzentrationsfähigkeit auf die zu trainierende Muskelgruppe optimal.

Ein schönes Beispiel für die Anwendung des Prioritätsprinzips ist Arnold Schwarzenegger. In den ersten Jahren seiner Wettkampfkarriere zeigte er eklatante Schwächen in der Wadenentwicklung. Als ihm von Fachleuten prophezeit wurde, daß sein Aufstieg zum Superstar größtenteils davon abhinge, daß die Wadenentwicklung dem Niveau seines gewaltigen Körpers angepaßt würde, griff Arnold zu einer simplen, aber sehr effektiven Maßnahme: Er schnitt kurzerhand seine Trainingshosen bis oberhalb des Knies ab, so daß seine Waden für alle Sportkollegen jederzeit deutlich sichtbar waren. Daraufhin blieben Hänseleien und belustigte Kommentare nicht aus. Die negative Rückmeldung seiner Sportskollegen ist Arnold Motivation genug gewesen, um seine widerspenstigen Waden zu Beginn einer Trainingseinheit mit höchster Intensität zu trainieren. Sehr schnell nahmen auch die Waden beeindruckende Ausmaße an, bis sie sich schließlich harmonisch in das Gesamterscheinungsbild seines imposanten Körpers einfügten.

Intensivwiederholungen

Zur Anwendung dieser Methode benötigen Sie einen, bei besonders schweren Gewichten besser zwei Trainingspartner.
Beispiel: Sie drücken ein Gewicht beim Bankdrücken sechs Mal nach oben. Auch bei allergrößter Anstrengung ist es Ihnen nicht möglich, eine weitere Wiederholung aus eigener Kraft zu schaffen. Hier greift nun Ihr Trainingspartner unterstützend ein, indem er Ihnen die Absolvierung von einer bis drei zusätzlichen

Wiederholungen dadurch ermöglicht, daß er die Aufwärtsbewegung leicht unterstützt. Dabei ist es wichtig, daß Ihr Partner das Gewicht nicht für Sie nach oben reißt, sondern gerade soviel Unterstützung gibt, daß nur mit größter Kraftanstrengung eine bis drei weitere Wiederholungen möglich sind. Wie der Name schon sagt, soll die Satzausführung bei Anwendung dieser Trainingsmethode intensiver werden – nicht etwa leichter!

Das Training von Intensivwiederholungen empfiehlt sich nicht in jedem Training und sollte lediglich auf den letzten Satz einer Übung beschränkt sein. Wird diese Methode zu häufig eingesetzt, dann ist die Gefahr von Überlastungsschäden an Muskeln, Gelenken und Sehnen erhöht.

Abgefälschte Wiederholungen

Diese Methode bietet eine gute Möglichkeit, um über den Punkt des normalen Muskelversagens hinaus zu trainieren, ohne daß dazu ein Trainingspartner benötigt wird.

Wenn nach Abschluß von ca. sechs sauberen, korrekten Wiederholungen keine weitere Wiederholung mehr möglich ist und kein Trainingspartner bereitsteht, dann wäre der Satz normalerweise beendet.

Durch den verstärkten Einsatz von Hilfsmuskelgruppen sind Sie jedoch in der Lage, noch zwei bis drei Wiederholungen auch ohne Unterstützung eines Trainingspartners anzuschließen.

Beispiel: Sie trainieren Kurzhantelcurls sitzend. In sehr korrekter Übungstechnik schaffen Sie mit größter Anstrengung sechs Wiederholungen. Die siebente ist auch unter Einsatz der letzten Kräfte nicht mehr möglich. Jetzt beziehen Sie durch leichtes Schwingen des Oberkörpers verstärkt die Schulter- und Rückenmuskulatur in die Bewegung mit ein. Dadurch wird der bereits erschöpfte Bizeps leicht entlastet, so daß Sie die Aufwärtsbewegung tatsächlich bewältigen können. Konzentrieren Sie sich dann auf das langsame Herunterlassen des Gewichts und versuchen Sie, noch eine oder zwei abgefälschte Wiederholungen anzuschließen.

Ein Wort zur Vorsicht: Achten Sie bei der Durchführung von abgefälschten Wiederholungen stets darauf, daß Sie die Kontrolle über das Gewicht behalten! Dieses Prinzip ist in erster Linie für fortgeschrittene Bodybuilder geeignet, die bereits über ein gutes Muskel- bzw. Koordinationsgefühl verfügen.

Herz-Kreislauf-Training

Zahlreiche Bodybuilder vernachlässigen das Ausdauertraining und bringen sich so um die hervorragenden Trainingseffekte der aeroben Aktivitäten. Ausdauertraining sollte in keinem guten Bodybuildingprogramm fehlen und Bestandteil des Trainings sowohl in der Aufbau- als auch in der Definitionsphase sein. Die einzige Ausnahme ist allenfalls die Trainingsplanung des ektomorphen Typs in der Aufbauphase. Der ektomorphe Sportler sollte in der Aufbauphase eventuell auf Ausdauertraining verzichten, um seinen von Natur aus sehr schnellen Stoffwechsel nicht noch zu beschleunigen. Zu den gesundheitsfördernden Wirkungen des aeroben Trainings für das Herz-Kreislauf-System und erfolgreiches Bodybuilding lesen Sie bitte das Kapitel «Ausdauer – wichtiger Bestandteil des Trainingsprogramms» (Seite 24 ff.).

Aufbauphase: der Autor mit 104 kg Körpergewicht (siehe im Vergleich hierzu Seite 140)

Übungen für die Aufbauphase

OBERSCHENKELMUSKULATUR

Kniebeuge – Muskelmasse und Kraftaufbau für den ganzen Körper
Wohl keine andere Übung des Bodybuildingtrainings ist in der Vergangenheit so in die Kritik geraten, wie die Kniebeuge. So mancher (selbsternannte) Experte warnt vehement vor den zahlreichen Gefahren, die von der Kniebeuge ausgehen sollen. Theorie und Praxis klaffen bei der Beurteilung dieser Übungen jedoch weit auseinander. Es ist richtig, daß Kniebeugen aufgrund hoher koordinativer Anforderungen gewisse Risiken in sich bergen. Daher sollte diese Übung, wie jede andere auch, mit korrekter Ausführung trainiert werden.

Kniebeugen sind seit Jahrzehnten die Grundübung für den Aufbau von Muskelmasse und Körperkraft. Kein Bodybuilding-Champion wird freiwillig auf die für die Muskulatur enormen Wachstumsreize von Kniebeugen verzichten und deshalb die «Königin der Übungen» immer zur Grundlage des Beintrainings machen. Die Wachstumsstimulation dieser Übung beschränkt sich nicht nur auf die Oberschenkelmuskulatur. Vielmehr ist diese Übung schon so etwas wie eine

Ganzkörperübung. Während der Bewegung leisten die Bein- und Gesäßmuskeln kraftvolle dynamische Arbeit, die Bauch- und Rückenstreckermuskulatur und sogar die Brust-, Schulter- und Armmuskulatur müssen stark isometrisch kontrahieren, um Kniebeugen überhaupt trainieren zu können.

Das beste Beispiel für die große Effektivität dieser Übung ist die Wettkampfvorbereitung des ehemaligen Spitzenbodybuilders Tom Platz auf den Mr. Olympia im Jahr 1981. Platz hatte so enorm entwickelte Oberschenkel, daß eine Disharmonie in der Entwicklung der Beine im Vergleich zum Oberkörper entstand. Dadurch hatte er es schwer, bei den Profis ganz vorne zu liegen. Anstatt sich aber nun allzusehr auf das Oberkörpertraining zu spezialisieren, machte Platz weiter Kniebeugen – buchstäblich bis zum Umfallen. Das Resultat war eine ausgezeichnete körperliche Gesamtverfassung, die ihm bei dieser bedeutungsvollen Bodybuildingmeisterschaft die dritte Position einbrachte.

Die Kniebeuge wird nicht umsonst als die «Königin der Übungen» bezeichnet. Machen Sie unbedingt Kniebeugen. Wenn Sie bereit sind, sich bei dieser Übung richtig anzustrengen, wird eine herausragende Körperentwicklung der Lohn Ihrer Mühe sein.

Bewegungsbeschreibung
Senken Sie den Körper langsam und kontrolliert mindestens so weit ab, bis sich die Oberschenkel parallel zum Boden befinden. Wenn Sie weiter nach unten gehen, dann profitieren davon verstärkt die Gesäßmuskeln. Während der Abwärtsbewegung sollte der Rücken gerade bleiben. Vermeiden Sie ein starkes Vorbeugen des Oberkörpers, da sonst die unteren Bandscheiben sehr hohen Belastungen ausgesetzt sind. Halten Sie den Kopf aufrecht und blicken Sie geradeaus. Ein leicht nach oben gerichteter Blick hilft Ihnen dabei, den Rücken möglichst gerade zu halten. Beim Aufrichten des Körpers aus der Hocke sollen sich die Knie in einer Linie mit den Fußspitzen befinden. Eine X- oder O-Stellung der Kniegelenke ist unbedingt zu vermeiden. Verteilen Sie das Gewicht gleichmäßig auf den ganzen Fuß und drücken Sie sich wieder kraftvoll nach oben. Federn Sie die Bewegung vom tiefsten Punkt nicht ab. Atmen Sie während des Herabsenkens des Körpers kräftig ein und beim Aufrichten aus.

Variationen
- **Frontkniebeugen – die rückenschonende Kniebeugeversion**

Frontkniebeugen trainieren besonders gezielt den vorderen Oberschenkelbereich. Diese Art der Übungstechnik ermöglicht eine besonders aufrechte Haltung des Oberkörpers.

Positionieren Sie die Hantelstange auf den vorderen Schultermuskeln. Die Hände sind überkreuzt und bieten so zusätzliche Sicherheit in der Bewegungsdurchführung. Einem Verrutschen der Hantelstange während des Satzes nach vorne können Sie durch das Anheben der Ellenbogen entgegenwirken. Führen Sie die Hantelstange nicht zu weit in Richtung Hals, da es sonst durch den Druck auf die Luftröhre zu einer Beeinträchtigung der Atmung kommt.

- **Maschinenkniebeugen – effektiv und doch nur zweite Wahl**
Kniebeugen an der Maschine sind im Vergleich zur freien Kniebeuge mit der Langhantel nur zweite Wahl, bieten aber dennoch ein sehr effektives Training. Besonders Personen, die Probleme mit der Übungstechnik haben, können sich hier langsam an Kniebeugen herantasten. Maschinenkniebeugen stellen im Vergleich zu freien Kniebeugen in der Bewegungsdurchführung geringere koordinative Anforderungen.

Weitere Empfehlungen
- **Position des Gewichts**
Die Hantelstange liegt auf der Nackenmuskulatur. Für den Fall, daß das Gewicht unangenehm im Nacken drückt, empfiehlt sich die Verwendung eines Handtuchs oder einer Gummirolle an der Hantelstange. Bei richtiger Positionierung der Hantelstange wird das unangenehme Druckgefühl aber von selbst

verschwinden. Im Bodybuilding wird das Gewicht relativ hoch auf dem Nacken abgelegt. Diese Position ermöglicht eine besonders korrekte Übungstechnik und damit sehr gezielte Wachstumsreize für die Oberschenkelmuskulatur. Powerlifter positionieren die Stange üblicherweise weiter in Richtung der hinteren Schultermuskulatur, um bei der Aufwärtsbewegung die kräftige Rückenmuskulatur verstärkt mit einzubeziehen.

- **Gewichthebergürtel**
Die Verwendung eines Gewichthebergürtels empfiehlt sich nur bei schweren Sätzen, das heißt, wenn im Wiederholungsbereich zwischen fünf und acht oder noch schwerer trainiert wird. Der Gürtel gibt der Lendenwirbelsäule zusätzlich Halt und entlastet gleichzeitig die Bauch- und Rückenmuskulatur.
Bei höheren Wiederholungszahlen pro Satz sollte auf den Gürtel verzichtet werden, damit die Muskeln des unteren Rückens und der Bauchmuskulatur den größtmöglichen Trainingsreiz erhalten und sich nicht an die entlastende Wirkung des Gürtels gewöhnen. Eine kräftige Mittelpartie ist ganz entscheidend für eine sichere Technik bei den Kniebeugen. Kräftigen Sie Ihre Bauch- und Rückenstreckermuskulatur daher durch gezielte Übungen.

- **Fußstellung**
Plazieren Sie die Füße ca. schulterbreit auseinander. Die Fußspitzen sind dabei leicht nach außen gerichtet. Weiter als schulterbreit gestellte Füße belasten besonders intensiv die innere Oberschenkelmuskulatur. Enger als schulterbreit zusammengestellte Füße trainieren primär den Muskelbereich direkt über dem Knie und die äußeren Oberschenkel. Vermeiden Sie nach innen gedrehte Fußspitzen. Eine derartige Übungstechnik wird Sie früher oder später in orthopädische Behandlung führen.

- **Fußunterlage**
Für den Fall, daß Sie bei Kniebeugen den Oberkörper sehr weit nach vorne bringen, kann eine Fußunterlage in Form eines ca. zwei bis drei Zentimeter dicken Brettes bzw. zwei Hantelscheiben Abhilfe schaffen. Die Ursachen eines starken Nachvornebeugens des Körpers ist eine mangelnde Flexibilität der Achillessehne. Dehnen Sie Ihre Wadenmuskeln deshalb regelmäßig (siehe Seite 32). Schon bald werden Sie sehr korrekte Kniebeugen auch ohne Fußunterlage trainieren können.

- **Zwanziger-Wiederholungen/ Atmungskniebeugen**
Wenn Sie nach diesem Prinzip trainieren, dann genügen ein bis zwei

Sätze. Das Ziel bei dieser Form des Kniebeugentrainings ist die Ausführung von 20 Wiederholungen pro Satz. Aber nicht mit leichtem Gewicht, sondern mit einer Last auf den Schultern, die Ihnen normalerweise nur unter großer Anstrengung 10 bis 12 Wiederholungen ermöglicht. Das heißt: Bei Atmungskniebeugen beenden Sie den Satz nicht nach der zehnten Wiederholung, sondern legen jetzt erst richtig los. Verweilen Sie kurz in der aufrechten Position und atmen Sie zwei- bis dreimal tief ein und aus, bevor es wieder in die Hocke geht. Nach dieser Art verfahren Sie auch für die nächsten Wiederholungen, so lange, bis 20 Kniebeugen geschafft sind. Durch die längere Atempause zwischen den einzelnen Wiederholungen bekommen die Muskeln eine etwas längere Entspannungsphase als bei Nonstop-Kniebeugen. Dadurch ist eine höhere Wiederholungszahl möglich. Das 20er Prinzip wird Ihnen alles abverlangen!

- **Supersatz Kniebeugen/Überzüge**
  Die Kombination von Kniebeugen und Überzügen eignet sich besonders gut dafür, den Brustkorb zu dehnen. Nach einem Satz Kniebeugen, vorzugsweise mit Wiederholungszahlen zwischen 15 und 20 pro Satz, folgt sofort ein Satz Überzüge (siehe Seite 148). So wird der Brustkorb ausgezeichnet gedehnt und die Wirbelsäule nach der Druckbelastung durch die Kniebeugen angenehm gestreckt.

Beinpressen – Alternative zu Kniebeugen

Beinpressen ist eine weitere ausgezeichnete Möglichkeit, um insbesondere den hinteren Bereich der Oberschenkel mit massiven Muskeln aufzufüllen. Auch die Gesäßmuskulatur wird durch Beinpressen sehr effektiv trainiert.

Der Bewegungsablauf ähnelt dem der Kniebeuge. Die koordinativen Anforderungen des Beinpressens sind aber aufgrund der liegenden oder sitzenden (je nach Maschine) Position gegenüber der Kniebeuge vergleichsweise gering. Beinpressen sollte daher stets nur als Ergänzungsübung zu Kniebeugen angesehen werden. Ersetzen kann das Beinpressen die Kniebeuge nicht!

Bewegungsbeschreibung

Drücken Sie das Gewicht aus der Halterung, bis die Beine gestreckt sind. Umfassen Sie mit den Händen die dafür vorgesehenen Griffe und senken Sie das Gewicht langsam so weit herab, bis sich die Knie kurz vor dem Brustkorb befinden. Während des Absenkens des Gewichts ist es von größter Wichtigkeit, daß Sie bewußt die Muskeln der Beine anspannen. Die Knie sollen sich immer in einer Linie mit den Fußspitzen befinden (X- oder O-Stellung vermeiden). Senken Sie niemals das Gewicht so weit herunter, daß sich der Po oder der untere Rückenbereich von der Sitzbank abhebt. Bei einer derartigen Übungstechnik ist die Verletzungsgefahr für die Lendenwirbelsäule sehr hoch. Ähnlich wie bei der Kniebeuge sollte am tiefsten Punkt der Bewegung nicht abgefedert werden, sondern das Gewicht durch alleinigen Krafteinsatz der Oberschenkel- und Gesäßmuskulatur wieder nach oben gedrückt werden. Atmen Sie beim Herunterlassen des Gewichts tief ein und beim Hochdrücken kräftig aus.

Variationen

- **Position des Oberkörpers**
  Je nach Art der Beinpreßmaschine liegen oder sitzen Sie während der Übung. Unsere Fotos zeigen die

Version auf der leicht angeschrägten Beinpresse.

- **Fußstellung**
Bei enger als schulterbreit zusammengestellten Füßen werden primär die Gesäßmuskulatur und die hinteren Oberschenkel trainiert. Der Trainingseffekt für das Gesäß ist besonders hoch bei weit oben auf der Plattform positionierten Füßen. Eine weite Fußstellung trainiert vor allem den inneren Oberschenkelbereich.

Beincurl – gezieltes Training der hinteren Oberschenkel

Kniebeugen und Beinpressen sind die beiden Hauptübungen für die Beine. Diese Übungen bilden die Grundlage des Oberschenkeltrainings. Ergänzend dazu bieten sich Beincurls hervorragend dazu an, den hinteren Oberschenkelbereich isoliert zu trainieren. Beincurls können in liegender, sitzender oder stehender Position an entsprechenden Maschinen trainiert werden. Die Bewegungsdurchführung mit einer zwischen den Füßen gehaltenen Kurzhantel wird heute kaum noch trainiert, ist aber dennoch sehr effektiv und eignet sich in erster Linie für Personen, die über keine Beincurlmaschine verfügen. Unsere Fotos zeigen die liegende Version von Beincurls an der Maschine.

Bewegungsbeschreibung

Sie liegen auf dem Beincurler, die Knie befinden sich ca. zwei bis drei Zentimeter frei über dem Bankende. Die Rollen der Maschine liegen auf dem unteren Teil der Wadenmuskulatur auf. Halten Sie sich an den seitlich angebrachten Griffen fest. Aus der gestreckten Position der Beine beugen Sie nun die Oberschenkel so weit nach oben, bis die Rolle kurz Kontakt mit dem Gesäß bekommt. Dabei ist wichtig, das Becken möglichst flach auf der Bank zu halten, um den unteren Rückenbereich nicht unnötig stark zu

belasten. Gegen ein leichtes Anheben des Beckens von der Bank ist allerdings nichts einzuwenden, da der Beinbizeps so besonders kräftig kontrahieren kann. Senken Sie das Gewicht langsam und konzentriert wieder nach unten herab. Erspüren Sie währenddessen die Spannung in den hinteren Oberschenkelmuskeln. Während des Anziehens der Beine atmen Sie aus und beim Herunterlassen ein.

Variation
- **Fußstellung**

In Richtung Schienbein angewinkelte Füße belasten außer dem Bizeps auch die Wadenmuskeln. Bei nach hinten gerichteten Zehen wird besonders der untere Bereich des hinteren Oberschenkelmuskels trainiert.

BRUSTMUSKULATUR

Das Training der Brustmuskulatur beinhaltet grundsätzlich Druck- und Zugübungen.

Druckübungen

**Bankdrücken –
Grundübung für den Oberkörper**
Bankdrücken ist die wichtigste Übung für den Aufbau von kompakter, massiver Brust-, Schulter- und Trizepsmuskulatur.

Bewegungsbeschreibung
Legen Sie sich mit dem Rücken so auf die Bank, daß sich die Hantel ca. auf Augenhöhe befindet. Die Füße liegen flach auf dem Boden.
Heben Sie mit etwas breiterem als schulterweitem Griff die Hantel aus der Halterung und verharren Sie für ca. eine bis zwei Sekunden in der Position mit gestreckten Armen. Fixieren Sie die Hantel mit den Augen und richten Sie Ihre gesamte Aufmerksamkeit auf den bevorstehenden Satz. Senken Sie die Hantelstange kontrolliert in Richtung Brustkorb herab. Die Ellenbogen sollten dabei leicht nach hinten gezogen werden, um die Brustmuskeln zu dehnen. Sobald die Hantelstange etwas oberhalb der Brustwarzen, in Richtung Kinn, Kontakt mit dem Oberkörper bekommt, drücken Sie diese, ohne zu pausieren, wieder nach oben. Vermeiden Sie ein Abfedern des Gewichts vom Brustkorb. Beim Hochdrücken sollte das Gesäß nicht von der Bank abgehoben werden, um die Lendenwirbelsäule nicht unnötig stark zu belasten. Heben Sie den Kopf während der Übung nicht

von der Bank ab, die Verletzungsgefahr der Halswirbelsäule wäre so erhöht. Für den Fall, daß Sie zur starken Hohlkreuzbildung neigen, können Sie die Füße auch auf der Bank positionieren. Beim Herunterlassen der Hantel atmen Sie ein. Zur Überwindung des schwersten Stücks der Bewegung (die Druckbewegung während der ersten 15 bis 20 Zentimeter vom Brustkorb) halten Sie den Atem kurz an, dann atmen Sie beim Hochdrücken des Gewichts kräftig aus.

Variationen
- **Bankdrücken mit Kurzhanteln**
  Durch die Verwendung von Kurzhanteln können Sie die Gewichte weiter seitlich am Körper herablassen. Der größere Bewegungsradius im Vergleich zur Langhantel führt zu einer starken Streckung der Brustmuskeln.

- **Schrägbankdrücken / Schrägbankdrücken mit Kurzhanteln**
  Schrägbankdrücken auf der nach oben geneigten Bank verlagert die Belastung mehr auf den oberen Bereich der Brustmuskulatur. Je steiler die Bank eingestellt ist, desto intensiver wird auch die vordere Schultermuskulatur trainiert. Schrängbankdrücken mit dem Kopf nach unten trainiert primär den unteren Ansatz der Brustmuskulatur.

Weitere Empfehlungen
- **Unterschiedliche Griffbreite**
  Bei schmaler als schulterbreit gewähltem Griff erzielen Sie einen ausgezeichneten Trainingseffekt für die Trizepsmuskulatur. Bei dieser Übungsversion sollten die Ellenbogen während des Herablassens des Gewichts seitlich am Körper

geführt werden. Ein sehr weiter Griff trainiert vorwiegend den äußeren Bereich der Brustmuskulatur.

- **Training der vorderen Schultermuskulatur**
  Da Bankdrücken auch die vordere Schultermuskulatur stark belastet, ist ein gezieltes Training dieses Bereiches z. B. mittels Frontheben (siehe Seite 153) für bestmögliche Kraftleistungen im Bankdrücken sinnvoll.

- **Drehung der Handflächen**
  Bei Verwendung von Kurzhanteln kann durch das Eindrehen der Handflächen nach innen eine besonders hohe isometrische Spannung in den Brustmuskeln erzielt werden.

Zugübungen

Fliegende Bewegung – Ergänzung zum Bankdrücken

Fliegende Bewegungen trainieren hervorragend den gesamten Brustmuskelbereich und sind eine sinnvolle Ergänzung zu den Druckübungen.

Bewegungsbeschreibung

Halten Sie mit gestreckten Armen in jeder Hand eine Kurzhantel über Ihrem Brustkorb. Senken Sie die Gewichte langsam und kontrolliert seitlich am Körper herab. Dabei sollten sich die Schultergelenke und die Ellenbogen in einer Linie befinden, das heißt, Sie vermeiden die Drehung der Handgelenke. Konzentrieren Sie sich bei der Abwärtsbewegung auf die Streckung in Ihren Brustmuskeln. Sobald Sie den tiefsten Punkt erreicht haben, ziehen (nicht drücken!) Sie die

Hanteln wieder nach oben. Um Überlastungsschäden der Ellenbogen vorzubeugen, sollten diese während der Bewegung leicht angewinkelt werden. Drücken Sie die Ellenbogen erst im allerletzten Stück der Bewegung, das heißt, kurz bevor die Ausgangsposition wieder erreicht ist, zusammen. Entspannen Sie in der Ausgangsposition nicht die Brustmuskeln, sondern drücken Sie diese für ein bis zwei Sekunden so stark wie möglich zusammen. Beim Herunterlassen atmen Sie ein und beim Hochziehen aus.

Variation
- **Fliegende Bewegungen auf der Schrägbank**
  Bei fliegenden Bewegungen auf der nach oben geneigten Bank werden besonders die oberen Brustmuskeln trainiert. Je steiler der Neigungswinkel, um so stärker ist die Belastung der vorderen Schultermuskulatur. Fliegende Bewegungen mit dem Kopf nach unten trainieren primär den unteren Brustbereich.

Weitere Empfehlungen
- **Körperposition**
  Um starke Hohlkreuzbildung und die daraus entstehende hohe Belastung der Lendenwirbelsäule zu vermeiden, empfiehlt es sich, die Beine anzuheben, die Knie anzuwinkeln und die Füße zu überkreuzen.

- **Winkelstellung der Ellenbogen**
  Die Ellenbogen sollten während der Bewegung nur leicht angewinkelt werden. Als Variation in der Übungsdurchführung können Sie jedoch auch gelegentlich die Ellenbogen stark anwinkeln, so daß die Übung quasi eine Mischung aus Bankdrücken und fliegenden Bewe-

gungen wird. Diese Übungsvariation ermöglicht die Verwendung von sehr viel höheren Gewichten.

- **Drehung der Handflächen**
  Ganz kurz bevor die Ausgangsposition mit gestreckten Armen erreicht wird, kann durch nach innen gedrehte Handflächen eine besonders starke isometrische Spannung in den Brustmuskeln erzielt werden.

Dips – oft unterschätzt, aber sehr effektiv

Dips, die auch als Barrenstütz bezeichnet werden, komplettieren das Brustprogramm und trainieren besonders gut den unteren Brustbereich. Auch die vorderen Schultermuskeln und die Trizepsmuskulatur werden durch diese Übung gut trainiert.

Bewegungsbeschreibung

Aus der Position mit gestreckten Armen senken Sie den Körper so tief wie möglich zwischen den Holmen ab. Der Blick ist dabei leicht nach unten gerichtet. Drücken Sie sich vom tiefsten Punkt der Bewegung wieder kontrolliert, das heißt, ohne mit dem Oberkörper zu schwingen, so weit nach oben, bis die Ellenbogen ganz durchgedrückt sind. Beim Herunterlassen des Körpers atmen Sie ein, beim Hochdrücken aus.

Variationen
- **Dips mit Zusatzgewicht**
  Wenn Sie ohne große Anstrengung 15 bis 20 Wiederholungen absolvieren können, besteht die Möglichkeit, mittels eines speziellen Gürtels Dips mit Zusatzgewicht zu trainieren.

- **Dips zwischen zwei Bänken**
  Es ist auch möglich, daß Ihnen Dips zwischen zwei Holmen Schwierigkeiten bereiten. Für diesen Fall eignen sich Dips zwischen zwei Bänken, bei denen die Füße auf der einen Bank abgestützt werden. Dadurch erfordert die Bewegungsausführung weniger Kraftanstrengung. Bei dieser Übungsvariante kann der Schwierigkeitsgrad durch das Ablegen von Gewichten auf den Oberschenkeln erhöht werden.

Weitere Empfehlungen
- **Ellenbogenstellung**
  Nach außen gerichtete Ellenbogen trainieren besonders die Brustmuskeln. Seitlich am Körper gehaltene Ellenbogen belasten die Trizepsmuskulatur intensiver.

- **Neigungswinkel des Oberkörpers**
  Neigen Sie den Oberkörper bei der Bewegung leicht nach vorne, um besonders intensiv den unteren Brustbeinbereich zu trainieren.

RÜCKENMUSKULATUR

Kreuzheben –
Schaffen Sie Fleisch auf Ihren Rücken

Kreuzheben mit der Langhantel ist die Grundübung für den Aufbau von Muskelmasse und Dichte im gesamten Rückenbereich. Kreuzheben bildet das Fundament jedes auf optimalen Muskelaufbau im Rücken zielenden Trainingsprogramms. Besonders der nur schwer zu isolierende untere Rückenbereich profitiert von dieser Übung enorm. Bodybuilder, die regelmäßige Grundübungen wie Kniebeugen und Kreuzheben trainieren, entwickeln besonders kräftige Muskulatur im unteren Rückenbereich.

Bewegungsbeschreibung

Achten Sie auf eine saubere Übungsausführung, um die Verletzungsgefahr zu minimieren:

Die Hantel liegt so vor Ihnen auf dem Boden, daß sie fast Ihre Schienbeine berührt. Gehen Sie in die Hocke und umfassen Sie die Hantel. Blicken Sie geradeaus. Plazieren Sie die Füße ca. schulterbreit auseinander. Sie können auch mit einem besonders weiten Stand experimentieren, der häufig von Kraftdreikämpfern benutzt wird. Beim Aufrichten aus der Hocke heben Sie das Gewicht zuerst mit der Kraft der Bein- und Gesäßmuskeln an, um dann im weiteren Verlauf der Bewegung verstärkt die Rückenmuskulatur mit einzubeziehen. Während des Anhebens muß der Rücken unbedingt gerade gehalten werden, um Verletzungen der Bandscheiben zu vermeiden. Führen Sie das Gewicht nah am Körper und blicken Sie immer nach vorne, nie nach unten! Sobald der Körper ganz aufgerichtet ist, ziehen Sie die Schultern nach hinten und spannen den gesamten Rückenbereich und die Gesäßmuskeln an. Gehen Sie langsam und kontrolliert wieder in die Startposition zurück. Das Gewicht sollte am tiefsten Punkt der Bewegung nicht den Boden berühren. Machen Sie dann die nächste Wiederholung. Beim Aufrichten atmen Sie aus und beim Heruntergehen ein.

Variationen
- **Kreuzheben mit leicht angewinkelten Knien**
  Kreuzheben kann auch mit fast gestreckten Beinen trainiert werden. Die Knie sind nur ganz leicht angewinkelt. Diese Art der Übungsdurchführung kräftigt gezielt den unteren Rückenbereich, die Gesäß- und die Oberschenkelmuskeln. Kreuzheben mit fast gestreckten Beinen sollte generell mit höheren Wiederholungszahlen pro Satz, das heißt zwischen 15 und 20 trainiert werden. Die Verwendung von leichteren Gewichten bei dieser Übung strapaziert die Lendenwirbelsäule nicht unnötig stark.

- **Kreuzheben mit Kurzhanteln**
  Bei der Verwendung von Kurzhanteln sollten die Knie ebenfalls nur leicht angewinkelt sein. Auch hier empfiehlt sich aus Gründen der Verletzungsvorbeugung die Satzausführung mit höheren Wiederholungszahlen.

Weitere Empfehlungen
- **Griffposition**
  Kreuzheben wird üblicherweise mit Obergriff trainiert. Ein Griff, bei dem die eine Hand im Ober- und

die andere Hand im Untergriff positioniert ist, führt zu besserer Griffestigkeit. Versuchen Sie es mit beiden Griffvariationen und entscheiden Sie dann, welche die für Sie geeignetere ist.

- **Gewichthebergürtel**
  Die Verwendung eines Gewichthebergürtels gibt zusätzliche Stabilität im unteren Rückenbereich. Beschränken Sie den Einsatz des Gürtels auf die schweren Sätze (fünf bis acht Wiederholungen), um die Muskulatur nicht an den Gürtel zu gewöhnen.

- **Handgelenksschlaufen («Straps»)**
  Oftmals ist die Griffkraft der limitierende Faktor der Bewegung. Das heißt, zum Satzende hin lösen sich die Hände von der Hantel, obwohl die Rückenmuskulatur noch nicht voll ausgereizt ist. Der Satz muß abgebrochen werden, weil nicht genügend Griffkraft vorhanden ist und nicht, weil die Rückenmuskeln erschöpft sind. Hier können Handgelenksschlaufen Abhilfe schaffen. Die Verwendung dieser «Straps» ist nur bei Sätzen, die an Ihr Leistungslimit gehen, empfehlenswert. Gezielte Übungen für die Unterarmmuskulatur, z. B. Unterarmcurls (siehe Seite 166), verbessern die Griffkraft, so daß Sie auch ohne Handgelenksschlaufen auskommen können.

Rückenstrecken – gezieltes Training des unteren Rückens

Eine gute Übung, um den unteren Rückenbereich gezielt zu trainieren. Auch Gesäß- und hintere Oberschenkelmuskeln werden bei dieser Übung belastet.

Bewegungsbeschreibung

Legen Sie sich so auf die Hyperextensionsbank, daß Ihre Fersen sich unter der Halterung befinden. Bringen Sie den Oberkörper in parallele Position zum Boden. Die Hände liegen auf dem

Gesäß. Senken Sie den Körper so weit wie möglich nach unten herab. Anschließend heben Sie den Oberkörper wieder bis zur waagerechten Position nach oben. Halten Sie den Rücken während der gesamten Bewegung gerade, machen Sie keinen Rundrücken. Beim Herabsenken des Körpers atmen Sie ein, beim Aufrichten aus.

Variationen
- **Handhaltung**
  Wenn Sie die Hände anstatt auf dem Gesäß hinter dem Nacken positionieren, wird der Schwierigkeitsgrad der Übung erhöht.

- **Zusätzliches Gewicht**
  Einen noch höheren Schwierigkeitsgrad als mit hinter dem Nacken gehaltenen Händen erreichen Sie durch das Plazieren einer Langhantel auf den Nackenmuskeln oder das Halten einer Gewichtsscheibe mit verschränkten Armen vor dem Brustbereich.

Weitere Empfehlung
- **Aufrichten des Rückens**
  Um die Lendenwirbelsäule nicht unnötig stark zu belasten, empfiehlt es sich, den Körper beim Aufrichten nicht über die waagerechte Position zu erheben.

Ruderübungen für einen massiven Rücken
Wirklich beeindruckende Muskelmasse und -dichte im Rücken wird nur durch das Training der verschiedenen Versionen von Ruderübungen erreicht.

Rudern vorgebeugt – Masseaufbauübung für den Rücken

Das vorgebeugte Rudern entwickelt in hervorragendem Maße volle, dichte Muskulatur im gesamten Rückenbereich und ist neben dem Kreuzheben die wichtigste Übung für einen starken Rücken. Grundsätzlich sollten alle vorgebeugten Bewegungen sehr korrekt, mit gerader Rückenhaltung trainiert werden, damit es nicht zu Schädigungen der Wirbelsäule kommt. Die Abbildung auf Seite 75 zeigt, in welchem Maße sich die Druckbelastung auf die Bandscheiben bei unkorrekter Übungstechnik erhöht.

Bewegungsbeschreibung
Greifen Sie die Hantelstange ca. schulterbreit. Erheben Sie sich und beugen Sie den Oberkörper in einem Winkel von ca. 45 bis 75 Grad nach vorne. Winkeln Sie die Knie leicht an. Ziehen Sie das Gewicht, ohne im Oberkörper zu schwingen, nach oben, bis es Ihren Bauchbereich berührt. Den Rücken lassen Sie während der Ruderbewegung immer durchgedrückt, machen Sie niemals einen Rundrücken! Betrachten Sie Ihre Arme als Hebel. Die Kraftentwicklung soll in erster Linie aus den Rückenmuskeln kommen, nicht aus den Armen. Während

Bandscheibenbelastung beim LH-Rudern vorgebeugt mit gerader und falscher Rückenhaltung (nach: Strack 1998)

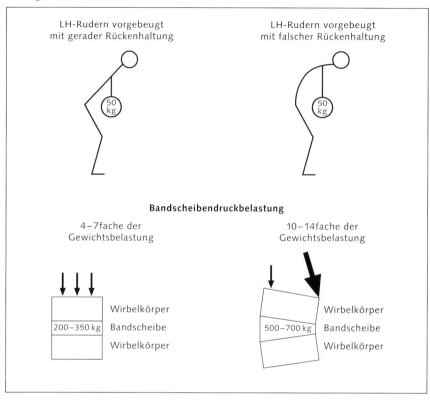

der Ruderbewegung empfiehlt es sich, die Arme seitlich, dicht am Körper entlangzuführen. Sobald die Hantel den Bauch berührt, ziehen Sie die Arme so weit wie möglich nach hinten und die Schulterblätter zusammen. Dadurch kontrahieren die Rückenmuskeln besonders intensiv. Senken Sie das Gewicht langsam und kontrolliert wieder herab. Während der Aufwärtsbewegung atmen Sie ein, beim Herunterlassen des Gewichts aus.

Variationen
- **Rudern vorgebeugt mit Untergriff**
  Durch diese Griffposition trainieren Sie verstärkt den Bereich des unteren Rückens.

- **Einarmiges Kurzhantelrudern**
  Die Übungsausführung mit der Kurzhantel ermöglicht das gezielte Training von einer Körperseite zur Zeit. Zur Übungstechnik gelten prinzipiell dieselben Richtlinien wie beim vorgebeugten Langhantelrudern. Durch das Abstützen der freien Hand, entweder auf einer Bank oder auf dem Oberschenkel bzw. Knie, wird während des einarmigen Kurzhantelruderns der untere Rückenbereich im Vergleich zum Rudern mit der Langhantel entlastet.

Weitere Empfehlungen
- **Neigungswinkel des Oberkörpers**
  Einige Bodybuilder bevorzugen eine Position des Oberkörpers parallel zum Boden. Diese Technik erlaubt allerdings nicht die Verwendung von so hohen Gewichten wie die Version mit weniger stark nach vorne geneigtem Oberkörper.

- **Standposition**
  Versuchen Sie es gelegentlich mit einem Stand, bei dem die Füße auf einem ca. zehn bis 15 cm hohen Brett stehen oder Sie am Ende einer Trainingsbank stehen. Diese Art der Bewegungsausführung erlaubt während des vorgebeugten Ruderns ein besonders tiefes Herabsenken des Gewichts, bis unterhalb der Füße. Dadurch erzielen Sie eine sehr intensive Dehnung im Rücken und in den hinteren Oberschenkelmuskeln.

Rudern im Sitzen – Eine Kabelübung zum Masseaufbau

Diese Übung wird am Seilzug trainiert und ist eine sehr gute Aufbauübung für Muskelmasse im gesamten Rückenbereich.

Bewegungsbeschreibung

Setzen Sie sich auf den Boden oder auf eine für die Übungsdurchführung vorgesehene Trainingsbank, beugen Sie sich nach vorne und greifen Sie den vor Ihrem Körper befindlichen Zuggriff. Richten Sie Ihren Oberkörper so weit auf, daß der Rücken gerade ist. Bewegen Sie die Arme bis zur vollen Streckung nach vorne. Ziehen Sie den Zuggriff bis zum unteren Bauchbereich an Ihren Körper heran. Während des Ziehens sollte der Rücken stets gerade und die Ellenbogen seitlich dicht am Körper gehalten werden. In der Endposition mit angewinkelten Armen drücken Sie den Rücken ganz durch und ziehen die Schulterblätter zusammen, damit die

Rückenmuskeln möglichst stark kontrahieren. Beim Heranziehen des Gewichts atmen Sie aus, beim Absenken ein.

Variation
- **Griffwahl**

  Sie können diese Übung mit verschiedenen Zuggriffen trainieren. Damit stimulieren Sie jeweils etwas unterschiedliche Bereiche der Rückenmuskeln. Bei Verwendung einer geraden Stange und von nach außen gehaltenen Ellenbogen wird besonders der äußere Bereich des breiten Rückenmuskels trainiert. Wenn Sie mit engem Untergriff an der geraden Stange arbeiten, dann setzen Sie gute Trainingsreize im unteren Ansatz der Rückenmuskulatur.

Weitere Empfehlung
- **Neigungswinkel des Oberkörpers**

  Athleten mit guter Körperkontrolle und sicherer Übungstechnik sollten den Oberkörper während des Herabsenkens der Gewichte möglichst weit nach vorne beugen. Dadurch wird der gerade Rückenmuskel sehr stark gestreckt. Beim Heranziehen des Zuggriffs zum Bauchbereich wird der Körper dann wieder bis zur Position mit geradem Rücken aufgerichtet. Bei dieser Übungsvariante ist es sehr wichtig, daß kontrolliert und möglichst ohne Schwung trainiert wird, damit die Rückenmuskeln auch wirklich hart arbeiten müssen. Konzentrieren Sie sich im ersten Teil der Bewegung, beim Heranziehen des Griffs an den Körper, auf den Bereich des unteren Rückens. Je weiter sich der Griff dem Körper nähert, um so stärker spannen Sie dann den oberen Bereich der Rückenmuskeln an.

Zugübungen – die andere Hälfte des Rückenprogramms

Ruderübungen geben den unteren Rückenmuskeln, den Rückenstreckern und dem mittleren Bereich des großen Rückenmuskels in erster Linie Masse. Zugübungen trainieren besonders effektiv den äußeren, seitlichen Bereich des großen, breiten Rückenmuskels. Klimmzüge sind die wichtigste Zugübung innerhalb des Rückentrainings.

Klimmzüge – unschlagbar für die Entwicklung eines breiten Rückens

Bewegungsbeschreibung

Greifen Sie die Klimmzugstange im Obergriff etwas weiter als schulterbreit. In der Ausgangsposition ist der Körper vollständig gestreckt. Die Füße berühren nicht den Boden. Winkeln Sie die Knie leicht an und überkreuzen Sie die Füße. Ohne mit dem Oberkörper zu schwingen, ziehen Sie sich mindestens so weit nach oben, bis Ihre Nase sich auf einer Höhe mit der Klimmzugstange befindet bzw. diese berührt. Die Übung wird um so schwieriger, je weiter Sie sich nach oben ziehen. Gut trainierte Sportler sind in der Lage, sich so weit nach oben zu ziehen, bis der obere Brustkorb Kontakt mit der Klimmzugstange bekommt. Sollten Sie noch nicht soweit sein, ist es ausreichend, wenn Sie sich zunächst nur so weit nach oben ziehen, bis Ihre Nase die Zugstange berührt. Drücken Sie die Brust beim Hochziehen des Körpers nach vorne und machen Sie keinen Rundrücken. Ziehen Sie während der Auf-

wärtsbewegung die Ellenbogen nach hinten und die Schulterblätter zusammen, um die Rückenmuskeln möglichst stark anzuspannen. Senken Sie sich wieder langsam und kontrolliert bis zur vollständigen Streckung herab. Beim Hochziehen atmen Sie aus, beim Herunterlassen ein.

Variationen
- **Klimmzüge zum Nacken**
  Diese Art des Klimmzugstrainings ermöglicht es Ihnen, die Ellenbogen sehr weit nach hinten zu ziehen. Dadurch kontrahieren die Rückenmuskeln besonders intensiv.

- **Klimmzüge mit engem Untergriff**
  Klimmzüge mit sehr weitem Griff sind die schwerste Version dieser Übung und trainieren besonders den äußeren, seitlichen Muskelbereich des breiten Rückenmuskels. Je enger Sie die Klimmzugstange fassen, um so einfacher werden Klimmzüge. Ein enger Griff belastet besonders den unteren Bereich des breiten Rückenmuskels und den vorderen Sägemuskel. Dabei werden auch die Bizepsmuskeln sehr gut trainiert.

Weitere Empfehlungen
- **Klimmzüge mit Zusatzgewicht**
  Gut trainierte oder sehr leichte Personen, denen 15 bis 20 Klimmzüge pro Satz keine größere Anstrengung abverlangen, können mittels eines speziellen Gürtels durch zusätzliche Gewichtsbelastung den Widerstand erhöhen.

- **Klimmzüge sind zu schwer?**
  Es gibt nicht wenige Bodybuilder, die auch bei größter Anstrengung nicht in der Lage sind, mindestens sechs korrekte Klimmzüge zu bewältigen. Sollte dies auch bei Ihnen der Fall sein, dann trainieren Sie Front- oder Nackenziehen (siehe Seite 147) so lange, bis Sie Ihr eigenes Körpergewicht für mindestens sechs korrekte Wiederholungen pro Satz bewegen können. Dann kann auch die erforderliche Anzahl an Klimmzügen ohne Probleme trainiert werden.

- **Setzen einer bestimmten Wiederholungszahl**
  Eine weitere Möglichkeit zur Verbesserung der Klimmzugleistung ist die Methode, bei der Sie sich als Ziel eine bestimmte Anzahl von Wiederholungen setzen. Angenommen, Sie möchten insgesamt 30 Wiederholungen trainieren. Selbst wenn Sie pro Satz nur drei bis fünf Wiederholungen schaffen, machen Sie so viele Sätze, bis Sie Ihr Wiederholungsziel erreicht haben, auch wenn Sie für 30 Wiederholungen vielleicht 10 Sätze benötigen.

Schulterheben – für einen kräftigen Nacken

Diese Übung eignet sich sehr gut dazu, das Rücken- und Schulterprogramm zu vervollständigen. Durch Schulterheben wird insbesondere die Nackenmuskulatur trainiert. Gut entwickelte Nackenmuskeln geben Ihrem Schultergürtel jenes kräftige Aussehen, welches darauf schließen läßt, daß Sie mit Gewichten trainieren. Die Nackenmuskeln werden zwar bereits während des Kreuzhebens oder Ruderns trainiert, zur vollständigen Entwicklung dieser Muskeln empfiehlt es sich aber, Schulterheben in das Programm zu integrieren.

Bewegungsbeschreibung

Halten Sie die Langhantel mit ca. schulterbreitem Griff vor Ihrem Körper. Betrachten Sie Ihre Arme als Hebel, das heißt, die Kraft für die Bewegungsdurchführung kommt aus Ihren Schulter- und Nackenmuskeln. Heben Sie die Schultern mit gestreckten Armen in Richtung Ohren nach oben und spüren Sie die starke Kontraktion der Muskulatur. Senken Sie dann die Hantel langsam und kontrolliert wieder in die Ausgangsposition herab. Beim Hochziehen atmen Sie ein, beim Heruntersenken aus.

Variationen

- **Schulterheben mit dem Gewicht hinter dem Körper**
  Hier wird die Langhantel hinter dem Körper gehalten.

- **Schulterheben mit Kurzhanteln**
  Das Schulterheben mit Kurzhanteln ermöglicht seitliches Vorbeiführen der Gewichte am Körper.

- **Rollen des Schultergürtels**
  Eine weitere Übungsvariation ist das Rollen des Schultergürtels. Dabei bewegen Sie während des Hochziehens des Gewichts die Schultern nach vorne. Sobald Sie die Endposition erreicht haben, ziehen Sie die Schultern so weit wie möglich nach hinten.

Weitere Empfehlungen
- **Verwendung von Handgelenksschlaufen («Straps»)**
  Beim Schulterheben kann mit sehr viel Gewicht gearbeitet werden. Daher ist es möglich, daß Ihre Griffkraft nachläßt und sich die Hände von der Hantel lösen, obwohl die Nackenmuskulatur noch nicht ausgereizt ist. Versuchen Sie es mit Handgelenksschlaufen, die Ihren Händen Halt geben und eine optimale Belastung der Nackenmuskulatur ermöglichen.

- **Wann kein Schulterheben trainiert werden sollte**
  Bodybuilder, deren Schultergürtel von Natur aus nicht sehr breit ist, sollten vom Schulterheben eher absehen. Wird der Nackenmuskel zu stark entwickelt, so besteht die Gefahr, daß die Schulterpartie gedrungen und rund erscheint.

SCHULTERMUSKULATUR

Nackendrücken – für Schultern wie Kanonenkugeln

Kraftvolle Schultermuskeln sind ein Markenzeichen des guten Bodybuilders. Wohl keine andere Übung ist für den Aufbau von Muskelmasse im Schulterbereich so effektiv wie das Nackendrücken mit der Langhantel.

Bewegungsbeschreibung

Fassen Sie die Hantel mit etwas weiter als schulterbreitem Griff. Senken Sie das Gewicht langsam und kontrolliert hinter Ihren Nacken, bis es ganz leicht die Halswirbelsäule berührt. Vom tiefsten Punkt der Bewegung drücken Sie das Gewicht wieder kraftvoll nach oben. Halten Sie den Rücken möglichst gerade. Vermeiden Sie unter allen Umständen einen Rundrücken. Statt dessen sollten Sie während der Übungsdurchführung leicht ins Hohlkreuz gehen. Beim Hochdrücken atmen Sie aus, beim Herunterlassen des Gewichts ein.

Variationen

- **Nackendrücken mit Rückenlehne**
  Beim Training auf einer Bank mit Rückenlehne wird der Körper gut stabilisiert. Der Schulterbereich wird so sehr gezielt belastet. Wird die Übung ohne Rückenlehne trainiert, profitieren außer den Schultermuskeln auch sehr gut die Rückenmuskeln.

- **Nackendrücken im Stehen**
  Diese Art der Übungsausführung erfordert ein hohes Maß an Körperkontrolle und eignet sich besonders für fortgeschrittene Athleten. Wenn

Sie sich für diese Übungsvariante entscheiden, setzen Sie darauf, daß die Mittelpartie (Bauch- und untere Rückenmuskulatur) ständig unter Spannung steht. Vermeiden Sie ein starkes Vorlehnen des Oberkörpers, um die Bandscheiben nicht zu gefährden.

Rudern stehend – hervorragende Masseaufbauübung für die Schultern
Eine wichtige und hocheffektive Übung zum Masseaufbau im gesamten Schulterbereich, einschließlich des Nackens.

Bewegungsbeschreibung
Fassen Sie die Hantel mit engem Handabstand, das heißt, die Hände sind ca. zehn bis 15 cm auseinander. Stehen Sie mit engem Fußabstand (Füße ca. 30 cm auseinander) und winkeln Sie die Knie leicht an. Ziehen Sie das Gewicht möglichst dicht am Körper so weit nach oben, bis die Hantel Ihr Kinn berührt. Schwingen Sie bei der Aufwärtsbewegung nicht mit dem Oberkörper, sondern legen Sie Ihre ganze Konzentration darauf, das Gewicht durch den Einsatz Ihrer Schultermuskeln zu bewegen. Am höchsten Punkt der Bewegung ziehen Sie Ihre Ellenbogen so weit es geht nach oben und nach hinten, um die Schultermuskeln besonders stark zu kontrahieren. Senken Sie das Gewicht kontrolliert bis zur vollständigen Streckung der Arme herab. Beim Hochziehen atmen Sie aus, beim Herunterlassen der Hantel ein.

Variation
- **Veränderung der Griffbreite**
  Durch die Veränderung des Handabstandes wird die Muskulatur aus verschiedenen Winkeln trainiert.

Arbeiten Sie mit der Griffbreite, bei der Sie sich am wohlsten fühlen.

**Seitheben vorgebeugt –
für starke hintere Schultermuskeln**
Diese Übung trainiert besonders gut die hintere Schultermuskulatur und gibt der Schulter das komplett entwickelte Aussehen aus jedem Blickwinkel.

Bewegungsbeschreibung
Halten Sie in jeder Hand eine Kurzhantel. Beugen Sie Ihren Oberkörper ca. 75 bis 90 Grad nach vorne. Die Füße stehen eng zusammen. Achten Sie darauf, daß die Knie leicht angewinkelt sind. Heben Sie die Kurzhanteln seitlich nach oben. Schwingen Sie nicht mit dem Oberkörper und halten Sie Ihren Rücken durchgedrückt. Vermeiden Sie einen Rundrücken. Die Ellenbogen sollten während der Bewegung leicht angewinkelt sein. Beim Heben der Gewichte atmen Sie aus, beim Absenken ein.

Variation
- **Seitheben vorgebeugt mit stark angewinkelten Ellenbogen**
  Durch starkes Anwinkeln der Ellenbogen eignet sich diese Übung hervorragend zur Verwendung von schweren Kurzhanteln. Ziehen Sie die Ellenbogen während der Aufwärtsbewegung weit nach hinten. Dadurch erreichen Sie auch einen ausgezeichneten Trainingseffekt für die Rückenmuskulatur.

Weitere Empfehlung
- **Gewichtsverteilung**
  Um einen stabilen Stand während der Übung einzunehmen, konzentrieren Sie sich darauf, Ihr Körpergewicht auf den ganzen Fuß, besonders auf den Fersenbereich zu verlagern.

BIZEPSMUSKULATUR

Wohl keine andere Körperpartie steht derart synonym für Kraft und Stärke wie eine kräftig entwickelte Oberarmmuskulatur. Woran denken Sie, wenn Sie aufgefordert werden, Ihre Muskeln zu zeigen? Sicher nicht an das Präsentieren Ihres Oberschenkels – eher werden Sie dieser Aufforderung durch das Anspannen Ihrer Bizepsmuskulatur nachkommen. Hier sind die besten Übungen zum Aufbau imposanter Bizepsmuskeln.

**Langhantelcurl stehend –
für volle, massive Bizepsmuskeln
Bewegungsbeschreibung**
Fassen Sie die Langhantel mit ca. schulterbreitem Griff. Strecken Sie die Arme vollständig, so daß die Hantel Ihre Oberschenkel berührt. Beugen Sie die Arme so weit, bis das Gewicht Kontakt mit Ihrem Hals bekommt. Schwingen Sie während der Aufwärtsbewegung nicht mit dem Oberkörper, da sonst ein Großteil der Belastung auf den unteren Rückenmuskel und die vorderen Schultermuskeln verlagert wird. Halten Sie die Ellenbogen möglichst dicht am Körper und die Handgelenke gerade. Senken Sie die Hantel kontrolliert wieder bis zur vollen Streckung der Oberarme herab. Bei der Aufwärtsbewegung atmen Sie aus, beim Herunterlassen ein.

Variation
- **Veränderung der Griffbreite**
  Durch Veränderungen der Griffbreite belasten Sie unterschiedliche Bereiche der Bizepsmuskulatur. Ein enger Griff trainiert besonders gut den äußeren Bizepsbereich, während ein weiter als schulterbreiter Griff einen sehr guten Trainingseffekt auf die inneren Bizepsmuskeln zeigt.

Weitere Empfehlung
- **Kontraktion in der Endphase der Bewegung**
  Spannen Sie Ihre Bizepsmuskeln in der Endposition, das heißt, wenn sich die Hantel in Höhe Ihres Halses befindet, stark an.

Kurzhantelcurl sitzend – gezieltes einarmiges Training der Bizepsmuskulatur

Bewegungsbeschreibung
Setzen Sie sich an das Ende einer Trainingsbank. Halten Sie in jeder Hand eine Kurzhantel, die Handflächen zeigen leicht nach außen. Strecken Sie die Arme vollständig. Ziehen Sie nun eine Hantel so weit nach oben, bis sich diese ca. auf Schulterhöhe befindet. Schwingen Sie nicht mit dem Oberkörper, halten Sie die Handgelenke gerade und spannen Sie die Bizepsmuskulatur in der Endposition stark an. Senken Sie den angebeugten Arm wieder bis zur vollen Streckung herab. Sobald dieser Arm gestreckt ist, beginnen Sie die Curlbewegung mit dem anderen Arm.
Beim Anbeugen des Armes atmen Sie aus, während des Herablassens ein.

Variationen
- **Drehung des Handgelenks**
  Sie erreichen eine besonders intensive Kontraktion der Bizepsmuskeln, wenn die Handgelenke am Endpunkt der Bewegung, wenn sich die Hantel ca. auf Schulterhöhe befindet, so gedreht werden, daß der kleine Finger in Richtung Schulter zeigt.

- **Hammer Curls**
  Bei dieser Übungsvariante machen Sie eine Bewegung, als würden Sie einen Hammer in der Hand halten und einen Nagel in ein Brett schlagen. Die Finger befinden sich bei dieser Übung nicht parallel zum Boden, sondern in senkrechter Position. Durch diese Handhaltung werden besonders gut der untere Bizepsbereich und die Unterarmmuskulatur trainiert.

TRIZEPSMUSKULATUR

Gut entwickelte rückwärtige Oberarmmuskeln sind für eine imposante Armentwicklung von großer Bedeutung. Immerhin macht der Trizeps ca. zwei Drittel des Oberarmumfangs aus und ist damit größer als der Bizeps.

Engbankdrücken –
nur massive Trizepsmuskulatur

Bewegungsbeschreibung
Die Bewegung ist prinzipiell dieselbe wie beim Bankdrücken mit der Langhantel (siehe Seite 65).
Im Vergleich zum Bankdrücken mit ca. schulterbreitem Griff gibt es zwei grundsätzliche Unterschiede: Beim Engbankdrücken wird ein engerer als schulterbreiter Griff gewählt und die Arme während der Bewegung möglichst dicht seitlich am Körper geführt.

Dips mit Gewicht –
Gerader Oberkörper für optimale
Trizepsstimulation

Eine hervorragende Übung zum Masseaufbau im gesamten Oberkörper (siehe Seite 69). Der Trizeps profitiert am meisten, wenn der Oberkörper möglichst gerade zwischen den Holmen bewegt wird.

Trizepsdrücken sitzend «French Press» – eine weitere massebildende Übung

Bewegungsbeschreibung

Setzen Sie sich an das Ende einer Trainingsbank. Fassen Sie eine Langhantel mit engerem als schulterbreitem Griff und strecken Sie die Arme über dem Kopf. Beugen Sie die Ellenbogen und senken Sie das Gewicht kontrolliert so weit wie möglich hinter Ihrem Kopf herab. Durch tiefes Herabsenken der Hantel erzielen Sie eine ausgezeichnete Dehnung Ihrer Trizepsmuskulatur. Vom tiefsten Punkt der Bewegung bringen Sie das Gewicht durch den Einsatz Ihrer Trizepsmuskulatur wieder so weit nach oben, daß die Arme vollständig gestreckt sind. Beim Hochdrücken des Gewichts atmen Sie aus, beim Heruntersenken ein.

Variationen

- **Hantelform**

    Trizepsdrücken kann auch mit einer sogenannten SZ-Stange trainiert werden. Durch Verwendung dieser gebogenen Langhantelstange werden die Handgelenke weniger stark belastet als beim Training mit der geraden Hantel. Einarmiges Trizepsdrücken mit der Kurzhantel bietet ebenfalls einen ausgezeichneten Trainingseffekt.

- **Körperposition**

    Trizepsdrücken kann mit oder ohne Rückenlehne trainiert werden. Die Rückenlehne erlaubt durch eine Stabilisierung des Oberkörpers generell die Verwendung von höheren Gewichten als das Training ohne Stütze. Wenn mit Rückenlehne gearbeitet wird, empfiehlt es sich, Variationen in der Schrägeinstellung zu wählen, um die Trizepsmuskeln aus verschiedenen Winkeln zu belasten.

Eine weitere Möglichkeit zur Übungsdurchführung ist das Training in flach liegender Körperposition.

Weitere Empfehlung
- **Ellenbogenstellung**

  Die Ellenbogen sollten während der Bewegung stets möglichst dicht am Kopf gehalten werden, um die Trizepsmuskeln optimal zu stimulieren. Ein Driften der Ellenbogen nach außen ist zu vermeiden und läßt darauf schließen, daß das verwendete Gewicht zu schwer ist.

BAUCHMUSKULATUR

Starke Bauchmuskeln sind zur Vermeidung von Verletzungen, insbesondere des unteren Rückenbereichs, sehr wichtig.
Der Umfang des gezielten Bauchmuskeltrainings kann im Vergleich zum Training anderer Muskelpartien geringer ausfallen. Bauchmuskeln werden bereits bei so gut wie jeder Übung zur Körperstabilisierung angespannt und erhalten so einen indirekten Trainingsreiz.

Beinheben – Training des unteren Bauchbereichs

Diese Übung trainiert besonders gut den unteren Bauchbereich, auch wenn so mancher Theoretiker davon überzeugt ist, die Hüftbeugemuskeln würden von dieser Bewegung am stärksten profitieren. Das starke Brennen im unteren Bauchbereich während der Übungsdurchführung zeigt jedoch in der Praxis die intensive Belastung der Bauchmuskulatur.

Bewegungsbeschreibung
Legen Sie sich auf eine Trainingsbank. Halten Sie sich mit den Händen am Kopfende der Bank fest. Heben Sie die Beine mit leicht angewinkelten Knien bis in eine ca. senkrecht zum Boden befindliche Position. Vermeiden Sie eine starke Hohlkreuzbildung des Rückens und halten Sie den Körper bzw. den unteren Rückenbereich möglichst flach auf der Bank.
Der Kopf sollte entspannt auf der Brust liegen. Beim Lehnen des Kopfes nach hinten wird die Halswirbelsäule unnötig stark strapaziert. Senken Sie die Beine kontrolliert bis unterhalb der Bankhöhe ab. Beim Anheben der Oberschenkel atmen Sie aus, beim Absenken ein.

Variationen
- **Zusätzliches Gewicht**
  Bauchmuskeln sprechen generell sehr gut auf höhere Wiederholungszahlen pro Satz an (zwischen 30 und 50). Um wirklich starke und kompakte Bauchmuskeln zu entwickeln, empfiehlt sich gelegentlich die Verwendung eines Zusatzgewichtes, z. B. in Form einer Kurzhantel, die zwischen den Füßen gehalten wird.

- **Beinheben hängend**
  Diese Übungsvariante ist die anspruchsvollste des Beinhebens (siehe auch Seite 163).

Weitere Empfehlungen
- **Handhaltung**
  Statt die Hände am Kopfende zu halten, können Sie diese auch flach unter Ihr Gesäß legen. Diese Variante entlastet den unteren Rückenbereich.

- **Winkelstellung der Beine**
  Je weiter die Beine angewinkelt werden, um so einfacher ist die Übungsausführung.

- **Anheben des Gesäßes**
  In der Position, in der sich die Beine senkrecht zum Boden befinden, kann durch leichtes Anheben des Gesäßes eine zusätzliche Kontraktion der Bauchmuskeln erreicht werden.

Bauchpressen – Training der oberen Bauchmuskeln
Während Beinheben in erster Linie den unteren Bauchbereich trainiert, profitieren vom Bauchpressen besonders die oberen Bauchmuskeln.

Bewegungsbeschreibung
Legen Sie sich auf eine Trainingsbank. Heben Sie die Oberschenkel so weit an, bis diese sich in senkrechter Position zum Boden befinden. Winkeln Sie die Oberschenkel an und überkreuzen Sie die Füße. Halten Sie die Hände seitlich am Kopf. Bewegen Sie den Oberkörper in einem kurzen Radius nach vorne und spüren Sie die Anspannung der oberen Bauchmuskeln. Senken Sie den Oberkörper langsam nach unten, ohne den Kopf auf die Bank aufzulegen, um ständige Spannung in den Bauchmuskeln zu halten. Halten Sie den Rücken während der Bewegung flach auf der Bank. Beim Hochziehen des Oberkörpers atmen Sie aus, beim Absenken ein.

Variationen
- **Bewegung auch in den Beinen**
  Wenn Sie bei dieser Übung auch die Oberschenkel bewegen, so erreichen Sie einen zusätzlichen Trainingseffekt für Ihre unteren Bauchmuskeln. Beim Anheben des Oberkörpers ziehen Sie gleichzeitig

die Knie in Richtung Brustkorb, bis die Ellenbogen Kontakt mit den Oberschenkeln bekommen. Beim Absenken des Oberkörpers bringen Sie dann die Oberschenkel über die senkrechte Position zum Boden hinaus in Richtung Bankende. Senken Sie die Beine nur einige Zentimeter weiter herab, als bei der Übungsvariation mit stillgehaltenen Oberschenkeln. Durch eine derartige Übungstechnik trainieren Sie kombiniert die untere und die obere Bauchmuskulatur.

- **Seitliches Drehen des Oberkörpers**
  Durch Drehung des Oberkörpers während der Aufwärtsbewegung werden auch die seitlichen Bauchmuskeln (Sägezahnmuskeln) trainiert.

Weitere Empfehlung
- **Handhaltung**
  Für den Fall, daß Sie im Nacken verkrampfen, halten Sie die Hände hinter dem Kopf und stützen Sie so den Nackenbereich.

WADENMUSKULATUR

Gut entwickelte Wadenmuskeln werden auch als die «Diamanten des Bodybuilders» bezeichnet.
Es gibt wohl kaum eine andere Muskelgruppe, die so widerspenstig ist wie die Waden. Einige, von der Natur bevorteilte Bodybuilder, haben gute Waden in die Wiege gelegt bekommen. Andere müssen wirklich hart daran arbeiten, um diese Muskelgruppe zufriedenstellend zu entwickeln. Disziplin und Durchhaltevermögen im Training sind die wesentlichen Voraussetzungen für die Verbesserung der Wadenmuskulatur.

Wadenheben stehend – Grundübung für die Waden

Die wichtigste Übung für den Aufbau von Muskelmasse im gesamten Wadenbereich ist das stehende Wadenheben. Hier können Sie viel Gewicht verwenden und gleichzeitig hohe Wiederholungszahlen pro Satz absolvieren. Dadurch stimulieren Sie Ihre Waden zu wirklichem Wachstum.
Bitte bedenken Sie, daß die Waden allein beim täglichen Gehen Ihr Körpergewicht tragen müssen. Daher sollten Sie beim Wadenheben stehend mit mindestens dem Zweifachen Ihres Körpergewichts für 20 bis 30 Wiederholungen pro Satz trainieren.

Bewegungsbeschreibung

Stellen Sie sich in die Wadenmaschine. Die Fußspitzen haben Kontakt mit dem Fußbrett, die Zehen zeigen geradeaus. Senken Sie die Füße so weit wie möglich nach unten und fühlen Sie die Streckung in Ihren Wadenmuskeln. Drücken Sie den Körper so weit wie möglich nach oben, indem Sie sich auf die Zehenspitzen erheben. Während der Bewegungsdurchführung sollten die Knie leicht gebeugt sein, um die Druckbelastung im unteren Rücken zu reduzieren.

Variationen

- **Fußstellung**
  Mit nach innen gerichteten Zehen trainieren Sie besonders effektiv die Außenseite der Wadenmuskeln, mit nach außen gerichteten Zehen verstärken Sie den inneren Bereich der Wadenmuskeln.

- **Einbeiniges Wadenheben**
  Bei dieser Übungsvariation stellen Sie sich auf ein Holzbrett, winkeln einen Fuß an, so daß Sie nur mit einem Bein Kontakt zum Brett haben. Halten Sie mit gestreckten Armen eine Kurzhantel an der Körperseite, an der Sie die Waden trainieren möchten.

Trainingspläne

Grundlagenprogramm Kraft- und Masseaufbau

Das Training des ganzen Körpers an zwei bis drei Tagen pro Woche empfiehlt sich in der Anwendung als circa sechswöchiges Grundlagenprogramm und dient dem Aufbau von Körperkraft und Muskeldichte. Bevor dieses Programm zum Einsatz kommt, sollten einige Wochen Training mit höheren Wiederholungszahlen und entsprechend leichteren Gewichten absolviert worden sein. Im Anschluß an das Grundlagenprogramm kann dann zum Split-Programm gewechselt werden (siehe Seite 98). Ganzkörpertrainingsprogramme sind heutzutage zwar nicht mehr so populär wie in den sechziger und siebziger Jahren, einen Versuch aber allemal wert.

Pro Muskelgruppe wird eine Übung mit drei bis fünf Sätzen zu sechs bis acht Wiederholungen trainiert (Waden zwei bis drei Sätze mit acht bis 15 Wiederholungen, Bauch zwei Sätze mit bis zu 50 Wiederholungen).

Ganzkörpertraining Kraft- und Masseaufbau

Muskelgruppe	Übung	Sätze	WH	Methode
Oberschenkel	Kniebeuge	3–5	6–8	Pyramide
Brust	Bankdrücken	3–5	6–8	Pyramide
Rücken	Kreuzheben oder Rudern vorgebeugt	3–5	6–8	Pyramide
Schulter	Nackendrücken	3–5	6–8	Pyramide
Trizeps	Dips	3	6–8	eventuell Zusatzgewicht
Bizeps	Langhantelcurl	3	6–8	Pyramide
Waden	Wadenheben stehend	2–3	8–15	gleiches Gewicht
Bauch	Crunch	2	30–50	

Tips zum Grundlagenprogramm
- Vor den schweren Sätzen unbedingt gründlich aufwärmen (siehe Seite 40).
- Die Pause zwischen den Sätzen sollte drei bis fünf Minuten betragen.
- Im letzten Satz einer Übung empfiehlt sich die Anwendung von Intensivwiederholungen.
- Herz-Kreislauf-Training sollte zur Ergänzung des Programms zwei bis drei Mal wöchentlich jeweils 20 bis 30 Minuten absolviert werden. Wenn Sie ein ektomorpher Typ sind, beobachten Sie bitte, ob Sie trotz des aeroben Trainings Muskelmasse aufbauen. Wenn Sie feststellen, daß die Fortschritte der Aufbauphase nicht zufriedenstellend sind, schränken Sie das aerobe Training ein oder verzichten Sie zeitweise ganz darauf.
- Manche Athleten erzielen aufgrund der längeren Regenerationszeiten mit zwei wöchentlichen Trainingseinheiten die besten Erfolge.

Split-Programm – eine Muskelgruppe pro Trainingseinheit

«To split» bedeutet teilen. Das nachfolgende Split-Programm ist dadurch gekennzeichnet, daß pro Training eine Muskelgruppe mit zwei bis drei Übungen belastet wird. Nach einem Trainingstag folgt ein Ruhetag. Dadurch wird jede Muskelgruppe einmal innerhalb von sieben bis zehn Tagen gezielt trainiert. Aufgrund der großzügig bemessenen Regenerationszeit eignet sich dieses Programm besonders für das Training in der ersten Hälfte der Aufbauphase (siehe auch Jahresplanungen, Seite 198 ff.).

Nach ca. sechs bis acht Wochen sollte dann zu einem der auf den folgenden Seiten beschriebenen Split-Programme gewechselt werden.

Sechs bis acht Sätze für kleinere (Bizeps, Trizeps) und acht bis zwölf Sätze für größere Muskelpartien (Beine, Rücken, Brust, Schulter) genügen vollauf, um das Muskelwachstum anzuregen, die erforderliche Intensität natürlich vorausgesetzt. Pro Satz sind Wiederholungszahlen zwischen sechs und zehn empfehlenswert.

Split-Programm: eine Muskelgruppe pro Trainingseinheit

Tag	Muskelgruppe	Übung	Sätze	WH
1	Brust	Bankdrücken	3–4	6–8
		Fliegende auf der Schrägbank	2–3	8–10
		Schrägbanddrücken	3–4	6–8
2	Pause			
3	Oberschenkel	Beincurl	2–3	10
		Kniebeuge	3–4	6–8
		Beinpresse	3–4	8–10
4	Pause			
5	Schulter	Nackendrücken	3–4	6–8
		Rudern stehend	3–4	8–10
		Schulterheben	2–3	6–8
6	Pause			
7	Rücken	Rudern vorgebeugt	3–4	8–10
		Einarmiges Rudern	2–4	8–10
		Klimmzüge	4	8–10
8	Pause			
9	Arme	Kurhantelcurl sitzend	3	8–10
		Langhantelcurl	3–4	6–8
		Dips	3–4	6–8
		French Press	3–4	8–10
10	Pause			

Bauch- und Wadenmuskeln sollten 2–3mal innerhalb von 10 Tagen mit 1–2 Übungen zu 2–3 Sätzen à 30–50 Wiederholungen trainiert werden.

Körpertypgerechte Trainingspläne

Die folgenden Programme dienen als Leitfaden für körpertypgerechte Split-Programme in der Aufbauphase.

Aufbauphase
Trainingsprogramm 1
Körpertyp: ektomorph
Woche 11 bis Woche 16 der Jahresplanung (siehe Seite 198)

Tag	Muskelgruppe	Übung	Sätze	WH	Methode
Montag	Oberschenkel	Kniebeuge	4	6–8	Pyramide, Intensivwh.
		Beinpresse	3	8–10	Pyramide
	Brust	Bankdrücken	4	6–8	Pyramide, Intensivwh.
		Fliegende, Flachbank	3	8–10	gleiches Gewicht
Dienstag	Pause				
Mittwoch	Schulter	Nackendrücken	4	6–8	Pyramide, Intensivwh.
		Rudern stehend	3	8–10	gleiches Gewicht
	Rücken	Klimmzüge	4	Maxi.	
		Rudern vorgebeugt	3	6–10	Pyramide
Donnerstag	Pause				
Freitag	Trizeps	Engbankdrücken	3	8–10	Pyramide
		Dips	3	8–10	evtl. Zusatzgewicht
	Bizeps	Langhantelcurl	3	6–8	Pyramide, Intensivwh.
		Kurzhantelcurl, sitzend	3	6–8	gleiches Gewicht
Sonnabend	Pause				
Sonntag	Pause				

Tip: Bauch- und Wadenmuskeln können an jedem Trainingstag mit 1–2 Übungen zu 2–3 Sätzen à 20–50 Wiederholungen trainiert werden.

Aufbauphase
Trainingsprogramm 2
Körpertyp: mesomorph
Woche 23 bis Woche 28 der Jahresplanung (siehe Seite 200)

Tag	Muskelgruppe	Übung	Sätze	WH	Methode
Montag	Oberschenkel	Beincurl	3	8	Pyramide
		Kniebeuge	3	6–8	Pyramide, Intensivwh.
		Beinpresse	3	8	Pyramide
	Brust	Bankdrücken	3	6–8	Pyramide, Intensivwh.
		Schrägbankdrücken	3	6–8	Pyramide
	Trizeps	Dips	3	8	evtl. mit Zusatzgewicht
		French Press	3	8	Pyramide
Dienstag	aerobes Training, 20–30 Minuten, Dauermethode				
Mittwoch	Rücken	Klimmzüge	3	6–8	evtl. mit Zusatzgewicht
		Kreuzheben	3	6–8	Pyramide
		Frontziehen	3	8	Pyramide, Intensivwh.
	Schulter	Nackendrücken	3	6–8	Pyramide, Intensivwh.
		Rudern stehend	3	8	Pyramide
Donnerstag	Bizeps	Langhantelcurl	3	6–8	Pyramide, Intensivwh.
		Kurzhantelcurl, sitzend	3	6–8	Pyramide
	Trizeps	Engbankdrücken	3	6–8	Pyramide
		Dips	3	8	evtl. mit Zusatzgewicht
		French Press, einarmig	3	8	gleiches Gewicht
Freitag	aerobes Training, 20–30 Minuten, Dauermethode				
Sonnabend	Pause				
Sonntag	wie Montag				
Montag	Pause				
Dienstag	wie Mittwoch				

Tips: Bauch- und Wadenmuskeln sollen 2–4mal pro Woche trainiert werden, Bauchmuskeln: 2 Übungen zu 2–3 Sätzen à 30–50 Wiederholungen, Wadenmuskeln: 2–3 Übungen zu 2–3 Sätzen à 8–20 Wiederholungen.

Aufbauphase
Trainingsprogramm 3
Körpertyp: endomorph
Woche 13 bis Woche 18 der Jahresplanung (siehe Seite 202)

Tag	Muskelgruppe	Übung	Sätze	WH	Methode
Montag	Brust	Schrägbankdrücken	3	8–10	Pyramide
		Fliegende, flach	3	8–10	Pyramide
		Bankdrücken	3	8–10	Pyramide, Intensivwh.
	Rücken	Klimmzüge	3	Maxi	
		Rudern vorgebeugt	3	8	Pyramide
		Schulterheben	3	10	Pyramide
	Trizeps	Dips	3	8–10	evtl. mit Zusatzgewicht
		Frenche Press	3	8–10	Pyramide
Dienstag	aerobes Training, 25 bis 35 Minuten, Dauermethode				
Mittwoch	Oberschenkel	Kniebeuge	3	8–10	Pyramide, Intensivwh.
		Beinpresse	3	10	Pyramide
		Beincurl	3	10	gleiches Gewicht
	Schulter	Nackendrücken	3	8–10	Pyramide, Intensivwh.
		Kurzhantel Frontdrücken	3	8–10	Pyramide
		Rudern stehend	3	8	Pyramide
	Bizeps	Kurzhantelcurl sitzend	3	8	gleiches Gewicht
		Langhantelcurl	3	8–10	Pyramide, Intensivwh.
Donnerstag	aereobes Training, 25 bis 35 Minuten, Dauermethode				
Freitag	Rücken	Kreuzheben	3	8	Pyramide
		Rudern vorgebeugt	3	8–10	Pyramide
		Rudern sitzend	3	8–10	gleiches Gewicht
	Brust	Bankdrücken	3	8	Pyramide
		Fliegende, schräg	3	8–10	Pyramide
		Schrägbankdrücken	3	8–10	Pyramide, Intensivwh.
	Trizeps	Dips	3	8	evtl. mit Zusatzgewicht
		French Press	3	8–10	Pyramide
Sonnabend	aerobes Training 25 bis 35 Minuten, Dauermethode oder Ruhetag				
Sonntag	Pause				
Montag	wie Mittwoch				

Tips: Bauchmuskeln sollen 3x wöchentlich mit 2 Übungen zu 2–3 Sätzen à 25–35 WH trainiert werden, Wadenmuskeln sollen 2–3x wöchentlich mit 2 Übungen zu 2–3 Sätzen à 15–25 WH trainiert werden.

Ernährung in der Aufbauphase

Die richtige, bedarfsangepaßte Ernährung ist für erfolgreiches Bodybuilding von allergrößter Bedeutung. Training und Ernährung sind Partner. Wird einer von beiden vernachlässigt, so leidet der andere darunter. Bei mangelhafter Ernährung können Sie sich im Studio noch so anstrengen, Ihr volles Bodybuilding-Potential werden Sie nicht erreichen. Das wäre doch schade – Sie arbeiten mit hohem Einsatz an den Gewichten, machen zusätzliches aerobes Training und verhindern durch eine Ernährung, die Ihren Ansprüchen als Bodybuilder nicht genügt, bestmögliche Trainingsergebnisse. Auf der anderen Seite kann durch die Korrektur nicht bodybuildinggerechter Ernährung oftmals ein Entwicklungssprung in der Körperentwicklung verzeichnet werden. Aus eigener Erfahrung und durch zahlreiche Gespräche mit Sportkollegen kann ich sagen, daß die Ernährung 60 bis 70 Prozent des Trainingserfolges ausmacht.

Die Ernährungszusammensetzung, also die Auswahl der Lebensmittel und die jeweils verzehrten Mengen, unterscheidet sich innerhalb der einzelnen Trainingsphasen. Während der Aufbauphase dient die Ernährung dazu, dem Körper die für den Energiehaushalt und den Muskelaufbau so dringend benötigten Brenn- und Baustoffe zu liefern. Daher ist für die Aufbauphase eine kohlenhydrat- und eiweißreiche, fettreduzierte Ernährung sinnvoll. Durch gezielte Ernährungsumstellung in der Definitionsphase wird überschüssiges Körperfett abgebaut und gleichzeitig die Muskelmasse gehalten (siehe Seiten 107 ff.). Nach dem Training fördert die bedarfsgerechte Ernährung entscheidend den Regenerationsprozeß (siehe Seite 47 f.).

Trotz des hohen Stellenwerts der Ernährung für den Trainingserfolg gibt es zahlreiche Bodybuilder, die sich durch eine nicht sportartgerechte Lebensmittelauswahl um die Früchte ihres Trainings bringen. Welches könnten die Gründe für ein derartiges Verhalten sein?

Motive zur Lebensmittelauswahl

Warum essen Sie das, was Sie essen? Vielleicht erscheint Ihnen diese Fragestellung zunächst etwas merkwürdig. Aber haben Sie sich wirklich schon einmal gefragt, welches die Gründe dafür sind, warum einige Lebensmittel fester Bestandteil Ihres Speiseplans sind und andere nicht? Das Überdenken dieser Frage gibt Ihnen die Chance, Ihre Ernährungsgewohnheiten kritisch zu überprüfen. Die richtige Bodybuilding-Ernährung beginnt im Kopf. Nur wenn Sie sich der Beweggründe bewußt sind, die Ihr Ernährungsverhalten bestimmen, können Sie gegebenenfalls Korrekturen treffen und durch eine Ernährungszusammenstellung, die den Anforderungen des Bodybuildingtrainings gerecht wird, Ihren Trainingserfolg optimieren.

Hunger oder Appetit

Hunger und Appetit sind primäre Motive der Nahrungsaufnahme. Der Ernährungsplan des ambitionierten Bodybuilders beinhaltet allerdings selten bzw. gar nicht kleine Appetithäppchen wie z. B. Süßigkeiten. Vielmehr ist es so, daß die Ernährung in erster Linie der Versorgung des durch das Training geforderten Organismus mit Nährstoffen dient. Dabei muß eine gesunde, vollwertige Ernährung nicht öde oder fad schmecken. Verwenden Sie für die Zubereitung Ihrer Speisen eine Vielzahl von Gewürzen oder verzichten Sie ganz auf die Zugabe von Würzmitteln und entdecken Sie den typischen Eigengeschmack der Lebensmittel. Wenn Sie wirklich dazu entschlossen sind, das Beste aus Ihrer Körperentwicklung zu machen, dann essen Sie nach der Uhr. Alle zwei bis drei Stunden sollten Sie eine Kleinigkeit essen. Geben Sie Ihrem Körper die Nährstoffe, die er für die reibungslose Funktion der Stoffwechselvorgänge benötigt. Auch wenn Sie keinen Hunger verspüren.

Häufig macht es die Gewohnheit

Wer es gewohnt ist, morgens Brötchen, Butter, Marmelade und Aufschnitt zu essen, sollte als Bodybuilder diese traditionelle Gestaltung des Frühstücks hinterfragen. Eine derartige Lebensmittelauswahl ist für den Beginn eines erfolgreichen Bodybuildingtages weniger geeignet als zum Beispiel leckere, nahrhafte Vollkornhaferflockenwaffeln (siehe Seite 113).

Ebbe im Portemonnaie

Eine Ernährung, die Ihren Ansprüchen als Bodybuilder gerecht wird, muß nicht unbedingt teurer sein als die normale Ernährung. Sollte Ihr Geldbeutel nicht immer prall gefüllt sein, so ist es empfehlenswert, auf preiswerte und dennoch ernährungsphysiologisch wertvolle Lebensmittel wie Haferflocken, Reis, Kartoffeln etc. zurückzugreifen. Der Blick für Sonderangebote, z. B. beim Geflügelfleischeinkauf, hilft dabei, das Budget nicht über die Maße zu strapazieren. Größere Mengen günstig eingekaufter Lebensmittel können in kleinen Portionen sehr gut eingefroren werden.

Lebensmittel als «Seelentröster»

Manchmal werden Lebensmittel auch als «Seelentröster» eingesetzt. Bestes Beispiel ist der Verzehr von Schokolade in persönlichen Krisensituationen. Anstatt zu Süßigkeiten zu greifen, gehen Sie lieber ins Studio und machen eine gute Trainingseinheit. Hinterher sieht die Welt schon ganz anders aus.

Situationen, in denen man schlecht nein sagen kann

Wer kennt nicht die Situation, in der man sich in gemütlicher Runde beim Essen befindet, wo allerlei leckere Sachen aufgetischt werden. Zwar ist generell nichts gegen den gelegentlichen Verzehr von Kuchen, Pizza, Eiscreme und ähnlichem in der Aufbauphase einzuwenden. Wenn Sie sich jedoch in der Definitionsphase befinden, sind derartige Speisen nicht dazu geeignet, Sie Ihrem Trainingsziel näher zu bringen. Das sollten Sie auch Ihren Mitmenschen klarmachen, die es gut mit Ihnen meinen und Sie mehr oder weniger hartnäckig zum Lockern Ihrer Diät auffordern («ein Stück Kuchen wird doch nichts schaden»).

Gesundheitliche Überlegungen

Ernährung ist für die Gesunderhaltung des Organismus von großer Bedeutung. Daher sollte Ihre Lebensmittelauswahl förderlich für die Gesunderhaltung des Körpers und des Geistes sein. Besonders im Anschluß an die mehrwöchige Definitionsphase, die einen hohen Anteil an tierischen Eiweißträgern beinhaltet, empfiehlt es sich, für einige Zeit überwiegend pflanzliche, fettarme Lebensmittel wie z. B. gedünstetes Gemüse oder frisches Obst zu verzehren. Dadurch werden die während der Definitionsphase stark belasteten inneren Organe wie Leber und Nieren entlastet.

Persönliche Verträglichkeit

Sie haben sicher schon festgestellt, welche Lebensmittel Ihnen guttun und welche Sie nicht vertragen. Wählen Sie nur die Lebensmittel aus, nach deren Verzehr Sie sich gut fühlen. Bekommen Sie nach dem Verzehr von Vollkornbrot Magen- oder Darmprobleme? Versuchen Sie es mit Haferflocken. Macht eine kohlenhydratreiche Ernährung Sie schläfrig? Erhöhen Sie den Eiweißanteil Ihrer Kost.

Mythen und Halbwahrheiten

Oftmals wird die Entscheidung, zu dem einen oder anderen Lebensmittel zu greifen, auch von Halbwahrheiten beeinflußt. Als Beispiel sei hier der Verzicht auf den Verzehr von Eiern genannt, da diese schlecht für den Cholesterinspiegel seien (siehe Seite 182 f.).

Bequemlichkeit als fortschritthemmender Faktor
Die bodybuildinggerechte Ernährung nimmt einige Zeit und Überlegung in Anspruch. Das Einkaufen und Zubereiten der Lebensmittel kostet Zeit und das Abwaschen erledigt sich auch nicht von allein. Manch einer hat einfach nicht die erforderliche Disziplin, um die Ernährung eines Bodybuilders in den Alltag einzugliedern. Anstatt sich morgens oder am Vorabend in die Küche zu stellen und die Mahlzeiten für den Tag vorzubereiten, gehen zahlreiche Sportkollegen lieber den weniger mühsamen Weg zum Bäcker oder zum Schnellimbiß um die Ecke. Wie sich derartige Ernährungsgewohnheiten auf die Trainingsfortschritte auswirken, bedarf keiner näheren Erklärung.

Aufbauphase als Alibifunktion
Auch heute noch scheint es bei vielen Bodybuildern üblich zu sein, während der Aufbauphase alles Eßbare in der näheren Umgebung in sich hineinzustopfen. Wahre Exzesse in der Nahrungsaufnahme sind eher die Regel als die Ausnahme. Riesige Mengen an Lebensmitteln, darunter Süßigkeiten, Brot, Wurst etc. finden den Weg in den Verdauungstrakt. Die Folge sind aufgedunsene, aufgequollene, fette Körper, die eher an einen weichen, glatten Pfannkuchen denn an einen muskulösen Athleten erinnern. Solche Sportkollegen entschuldigen ihre fehlende Disziplin in der Nahrungsaufnahme oftmals damit, daß Sie sich ja schließlich in der Aufbauphase befänden.

Fazit: Als ehrgeiziger Bodybuilder sind Sie sich der Zusammenhänge von Ernährung und Leistung bewußt. Alles theoretisch erworbene Wissen wird Ihnen jedoch nichts nützen, wenn es an der Umsetzung in die Praxis scheitert. Um sich über die Motive bewußt zu werden, die Ihr eigenes, individuelles Ernährungsverhalten bestimmen, betreiben Sie Introspektion, das heißt, hinterfragen Sie, warum Sie zu einem gegebenen Zeitpunkt gerade zu diesem oder jenem Lebensmittel greifen. Durch die möglichst ehrliche Beantwortung dieser Frage können Sie dann diejenigen Motive zur Lebensmittelauswahl erkennen, die Ihrem bestmöglichen Erfolg im Körperaufbautraining entgegenstehen. Anschließend haben Sie die Möglichkeit für entsprechende Korrekturen.

Bestandteile der Ernährung

Ob Sie einen frischen Apfel, ein saftiges Steak oder ein leckeres Müsli verzehren – immer, wenn Sie Nahrung zu sich nehmen, versorgen Sie Ihren Körper mit Nährstoffen. Jedes Nahrungsmittel verfügt über eine eigene, spezifische Nährstoffzusammensetzung.

Protein, Wasser und Mineralstoffe dienen primär zum Aufbau und Erhalt der Körpersubstanz, zum Beispiel der Muskulatur. Obwohl Protein einen Brennwert von 4,1 kcal/g hat, sind die bevorzugten Energielieferanten des Körpers Kohlenhydrate (4,1 kcal/g) und Fette (9,2 kcal/g).

Rund 65 Prozent des menschlichen Körpers besteht aus Wasser. Wasser ist damit der mengenmäßig größte Baustoff des Organismus, es erfüllt darüber hinaus wichtige Lösungs- und Transportfunktionen für die Nährstoffe im Körper. Mineralstoffe dienen als Baustoffe, wie z. B. Calcium als Bestandteil der Knochensubstanz, und als Wirkstoffe. Wirkstoffe, zu denen auch die Vitamine zählen, enthalten keine Kalorien und somit keinen Brennwert, sondern regulieren verschiedene Stoffwechselfunktionen. Vitamin B6 ist zum Beispiel unentbehrlich für den Eiweißstoffwechsel, Kalium wird für die reibungslose Funktion der Nerven- und Muskelzellen benötigt. Zu den bioaktiven Substanzen zählen Ballaststoffe und sekundäre Pflanzenstoffe. Diese Nahrungsbestandteile dienen nicht zum Aufbau von Körpersubstanz, erfüllen aber wichtige Funktionen im Körper. Ballaststoffe wirken regulierend auf die Verdauungstätigkeit, sekundäre Pflanzenstoffe wirken sich unter anderem günstig auf die Vorbeugung von Arteriosklerose aus und stärken das Immunsystem. Genußmittel sind Stoffe, die eine anregende Wirkung entfalten, dabei aber keinen oder fast keinen Nährwert besitzen, wie z. B. Kaffee oder Tee. Einzige Ausnahme ist der Alkohol, der mit ca. 7 kcal/g auf die Kalorienzufuhr anzurechnen ist. Wasser, Vitamine, Mineralstoffe, acht Amino- und einige Fettsäuren sind für die Aufrechterhaltung der Lebensfunktionen unentbehrlich. Da der Körper diese essentiellen Nahrungsbestandteile nicht selber bilden kann, ist die Aufnahme durch die Ernährung lebensnotwendig.

Bestandteile der Ernährung

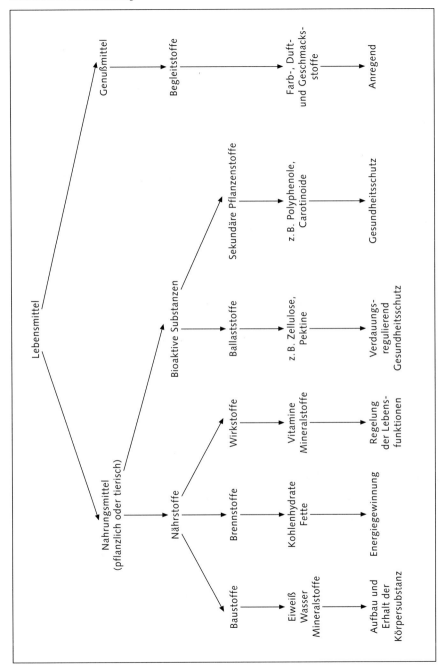

Kohlenhydrate: Energielieferant Nummer eins

Kohlenhydrate sind chemische Verbindungen, die aus Kohlenstoff (C), Wasserstoff (H) und Sauerstoff (O) bestehen und im Stoffwechsel wichtige Aufgaben erfüllen. Kohlenhydrate sind die bevorzugte Energiequelle des Körpers. Organe und Gewebe, z. B. Muskulatur und Gehirn, können Kohlenhydrate besonders ökonomisch verwerten. Der ausreichende Verzehr von Kohlenhydraten ist für schwere und intensive Trainingseinheiten von großer Bedeutung. Bei sehr kohlenhydratarmer (unter 100 g pro Tag) und gleichzeitig fettreduzierter Ernährung steigt die Wahrscheinlichkeit, daß sowohl Nahrungsproteine als auch Muskelsubstanz zur Energieversorgung des Körpers herangezogen wird. In einem solchen Fall wird Eiweiß seiner eigentlichen Funktion als Baustoff «beraubt» und als Brennstoff «verpulvert», indem der Körper Aminosäuren in Glucose umwandelt (Gluconeogenese). Während der Aufbauphase sollte die Ernährung deshalb reich an Kohlenhydraten sein, je nach Körpertyp zwischen 50 und 60 Prozent der täglichen Kalorienaufnahme. In der Definitionsphase hingegen muß jeder die für sich persönlich geltende Kohlenhydratschwelle herausfinden (siehe Seite 170 ff.).

Kohlenhydrate liefern Ballaststoffe in Form von unverdaulichen Bestandteilen pflanzlicher Zellen (Obst, Gemüse, Getreide). Sie sind wichtig für eine geregelte Verdauung und zeigen auch eine positive Wirkung bei der Senkung hoher Blutfett- und Cholesterinwerte.

Einteilung und Vorkommen der Kohlenhydrate

Kohlenhydrat	Vorkommen
Einfachzucker (Monosaccharide)	
Traubenzucker (Glucose)	Honig, Süßwaren
Fruchtzucker (Fructose)	Obst, Fruchtsaft
Zweifachzucker (Disaccharide)	
Rüben- oder Rohrzucker (Saccharose)	Haushaltszucker, Süßigkeiten
Milchzucker (Lactose)	Milch- und Milchprodukte
Vielfachzucker (Polysaccharide)	
Stärke	Getreide
	Kartoffeln
	Gemüse
	Reis
	Nudeln
Zellulose	Pflanzenzellwände

Kohlenhydrate sind nicht gleich Kohlenhydrate

Je nach Molekülaufbau der Kohlenhydrate wird zwischen Einfach-, Zweifach- und Vielfachzuckern unterschieden.

Einfachzucker (Monosaccharide)

Sind die kleinsten Bausteine der Kohlenhydrate (Glucose). Sie gelangen schnell ins Blut und liefern für kurze Zeit rasch Energie.

Zweifachzucker (Disaccharide)

Verbindung von zwei Glucose-Molekülen. Zweifachzucker werden durch Enzyme schnell gespalten, gelangen schnell ins Blut und liefern rasch Energie.

Vielfachzucker (Polysaccharide)

Vielfachzucker oder auch komplexe Kohlenhydrate bestehen aus langen Ketten von Glucose-Molekülen. Um im Dünndarm aufgenommen (resorbiert) werden zu können, müssen diese Ketten bis in die kleinsten Bausteine, sprich Einfachzucker, gespalten werden. Vielfachzucker werden langsam zu Glucose abgebaut und liefern dem Körper über einen Zeitraum von bis zu einigen Stunden konstant Energie.

Die besten Kohlenhydratlieferanten für den Speiseplan des Bodybuilders

Zucker ist nicht gleich Zucker. Wenn von Zucker die Rede ist, dann ist häufig der weiße Haushaltszucker gemeint. Es ist jedoch wichtig, sich klarzumachen, daß z. B. auch Gemüse oder Haferflocken Zucker (Kohlenhydrate) enthalten. Unterschiede bestehen in der Aufnahmegeschwindigkeit der Kohlenhydrate durch den Organismus, die auf den Molekülaufbau des jeweiligen Kohlenhydratträgers zurückzuführen ist. Weißer Zucker steht als Disaccharid dem Körper sehr schnell über einen Zeitraum von circa bis zu einer Stunde nach dem Verzehr als Energielieferant zur Verfügung. Allerdings sinkt nach einem rapiden Anstieg des Blutzuckerspiegels derselbige rasch wieder ab, oftmals sogar noch unter das Ausgangsniveau. Dann verlangt der Körper nach mehr bzw. nach erneutem Verzehr. So lassen sich auch gelegentlich auftretende «Freßattacken» von Süßigkeiten erklären, worüber sich natürlich besonders die Fettzellen freuen, da jedes Zuviel an Kohlenhydraten in Körperfett umgewandelt wird (siehe auch Seite 171).

Leidtragende des heutzutage hohen Verzehrs an Weißzucker und Süßigkeiten sind neben der Figur auch die Zähne. Der Werbespruch der Zuckerindustrie «mit Zucker lacht das Leben» kann daher nicht unbedingt wörtlich genommen werden. Weißer Zucker liefert außer Kalorien keine Ballaststoffe, Vitamine oder Mineralstoffe. Daher wird er auch als «leerer Energieträger» bezeichnet, der außer einem Brennwert von 4,1 kcal/g und einem süßen Geschmack nichts zu bieten hat. Unter wirklich ambitionierten Bodybuildern gilt Haushaltszucker tatsächlich als «weißes Gift». Um den Körper über einige Stunden konstant mit Energie zu versorgen, rapide Schwankungen des Blutzuckerspiegels zu vermeiden und gleichzeitig Ballaststoffe, Vitamine, Mineralstoffe und sekundäre Pflanzenstoffe aufzunehmen, empfiehlt sich daher der Verzehr von komplexen Kohlenhydraten. Nachfolgend sollen die für die Bodybuildingküche am empfehlenswertesten Kohlenhydratlieferanten kurz vorgestellt werden.

Getreide- und Getreideerzeugnisse

Getreide ist ein wesentlicher Bestandteil der menschlichen Ernährung. Das volle Korn verschiedener Getreidesorten ist besonders als vitamin- (B und E), mineralstoff- (Calcium und Eisen) und ballaststoffreiche Kohlenhydratquelle von Interesse.

Vollkornbrot – Kohlenhydrate für die Aufbauphase

Die Herstellung von Brot in Mitteleuropa läßt sich über mindestens 7000 Jahre zurückverfolgen. In Deutschland haben sich im Laufe der Zeit Weizen und Roggen als wesentliche Brotgetreidesorten herausgebildet. In geringerem Maße werden auch Getreide wie Hafer, Dinkel und Gerste zur Brotherstellung verarbeitet.

Wir können hierzulande mittlerweile, je nach Zutaten und Herstellungsverfahren, zwischen 300 Brot- und 1200 Kleingebäcksorten wie z. B. Brötchen, Hörnchen etc. wählen. Die Grundzutaten zur Brotherstellung sind Mehl oder Schrot, Wasser, Sauerteig oder Hefe und Salz. Aus dieser Zutatenliste wird ersichtlich, daß Brot für die Aufbauphase durchaus empfehlenswert ist. Vorzugsweise sollte Vollkornbrot verzehrt werden. Nur Vollkornbrot enthält neben dem stärkereichen Mehlkörper auch den an Vitaminen und Mineralstoffen reichen Getreidekeim. Die im Vollkornbrot mitverarbeiteten ballaststoffreichen Randschichten des Getreidekorns verzögern den Übertritt der Kohlenhydrate ins Blut. Dadurch ist der glykämische Index von Vollkornbrot niedriger als der von Weißbrot, was für die Ernährung des Bodybuilders vorteilhaft ist (siehe auch Seite 175).

Während der Definitionsphase ist vom Brotverzehr eher abzuraten oder es sind sogenannte Spezialbrote zu bevorzugen, wie zum Beispiel natriumarmes Brot, das im Reformhaus erhältlich ist.

Küchentip: Sollten Sie Ihr Brot selber backen, so empfiehlt sich die Verwendung von Mehl mit hohem Ausmahlungsgrad. Je höher der Ausmahlungsgrad, das heißt, die Typenzahl (z. B. Typ 1700), um so mehr Mineralstoffe sind im Mehl enthalten.

*Längsschnitt durch ein Getreidekorn
aus: aid, Bonn*

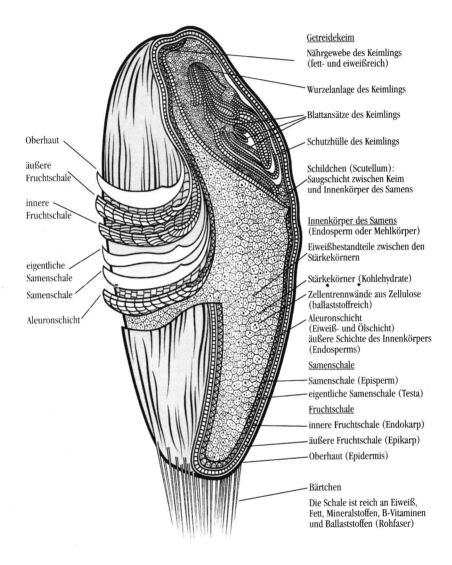

Haferflocken – 100 Prozent volle Energie
Im Mittelalter diente Hafergrütze in Europa, besonders bei ärmeren Bevölkerungsschichten, als Grundlage der täglichen Ernährung. Hafer bietet exzellente ernährungsphysiologische Qualitäten und sollte eine tragende Rolle bei der Kohlenhydratversorgung des Bodybuilders spielen. Mit gut 65 Prozent langkettigen Kohlenhydraten (Stärke), rund sieben Prozent Fett (überwiegend mehrfach ungesättigte Fettsäuren wie z. B. Linolsäure), ca. zehn Prozent qualitativ hochwertigem Eiweiß, viel Vitaminen (besonders B-Complex und E), Mineralstoffen (Calcium- und Eisen) und Spurenelementen (Zink und Mangan) ist das Haferkorn ein gebündeltes energielieferndes Kraftpaket. Machen Sie deshalb Haferflocken zu einem festen Bestandteil Ihres Ernährungsfahrplans. Haferflocken bieten vielfältige und wohlschmeckende Zubereitungsmöglichkeiten aus 100 Prozent Vollkorn, ohne Zusatz von Salz, Mehl, Backtriebmitteln und Wasser.

Rezeptvorschlag für ein leckeres «Power-Frühstück»:
80 bis 100 Gramm feine Haferflocken
4 bis 6 Eier (davon ca. 2 Eigelb)
2 bis 3 Teelöffel Sonnenblumenkerne
1 kleine Handvoll Trockenfrüchte (z. B. Rosinen, Datteln, Feigen)
Diese Zutatenliste bietet eine Vielzahl an Variationsmöglichkeiten. Lassen Sie Ihrer Phantasie freien Lauf.

Zubereitung: Haferflocken und Eier zu einem Brei verrühren. Dann die restlichen Zutaten hinzugeben. Die Masse portionsweise auf ein Waffeleisen geben oder in einer Pfanne in etwas Butter braten. Die fertigen Waffeln bzw. den Pfannkuchen nach Geschmack eventuell mit Honig oder Konfitüre bestreichen. Guten Appetit!

Reis – das Brot Asiens
Bodybuilder essen traditionell mit Vorliebe Reis. Ich erinnere mich noch gut an ein Zusammentreffen mit Albert Beckles, einem bis ins hohe Alter erfolgreichen Profi-Bodybuilder («The ageless wonder»). Nach seinem Gastauftritt bei einer Bodybuildingmeisterschaft bekam ich bei einem gemeinsamen Essen der Athleten die Möglichkeit, neben Mr. Beckles zu sitzen. Der Ort der Zusammenkunft war ein recht gutes italienisches Restaurant mit einer Vielzahl an leckeren Gerichten. Albert Beckles bestellte jedoch lediglich gekochte Hühnerbrust ohne Salz und Haut, dazu frische Ananas und Reis. Er bemerkte hierzu, daß seine Ernährung das ganze Jahr überwiegend aus Huhn, Reis und frischer Ananas besteht!

Tatsächlich bietet Reis, der ca. um 1000 n. Chr. nach Europa gebracht wurde, eine Fülle an wertvollen Inhaltsstoffen. Reis enthält ca. 79 Prozent langkettige Kohlenhydrate, sieben Prozent Eiweiß und ist praktisch fettfrei. Ebenso wie beim Brotverzehr ist darauf zu achten, das volle Korn, mit Keimling und Randschichten, zu essen. Nur so kommen Sie in den Genuß der reichlich enthaltenen B-Vitamine, die im Reis enthalten sind. Vollkornreis ist zu bevorzugen, weißer Reis enthält weder Randschichten noch Keim. Für den Reisverzehr spricht auch das günstige Kalium-Natrium-Verhältnis. 100 g Reis enthalten 150 mg Kalium und lediglich zehn mg Natrium. Kalium schwemmt Wasser aus – Natrium bindet Wasser im Körper. Dies ist sicherlich auch ein Grund, warum so viele Wettkampfathleten in ihrer Meisterschaftsvorbereitung Reis zu ihrem hauptsächlichen Kohlenhydratlieferanten machen.

Küchentip: Langkornreis bleibt beim Kochen locker und wird gerne als Beilage zu Fisch oder Geflügel oder auch als Hauptgericht, z. B. als Reispfanne mit Gemüse, verzehrt. Rundkornreis wird beim Kochen weich und breiig und eignet sich daher besonders für die Zubereitung von leckeren Süßspeisen wie z. B. Milchreis mit Früchten.

Kartoffel – tolle Knolle mit Power

Der Beginn des Kartoffelanbaus in Deutschland geht auf das 17. Jahrhundert zurück. Heute zählen Kartoffeln zu den Grundnahrungsmitteln und sind auch für den Tisch des Bodybuilders sehr empfehlenswert. Kartoffeln bestehen größtenteils aus Wasser (ca. 78 Prozent). Der Nährwertgehalt liegt bei etwa 18 Prozent Kohlenhydraten in Form von Stärke, zwei Prozent sehr hochwertigem pflanzlichen Eiweiß und nahezu keinem Fett. Kartoffeln sind kalorienarm (100 g Kartoffeln entsprechen 68 Kalorien) und vitamin- (z. B. C) und mineralstoffreich (z. B. Kalium).

Küchentip: Festkochende Kartoffeln eigenen sich besonders gut zur Herstellung von Pell- und Bratkartoffeln, mehlig festkochende Kartoffeln werden zur Zubereitung von Püree, Puffer oder Eintopfgerichten verwendet. Werden Kartoffeln gekocht, sollte man sie stets mit Schale kochen und nicht lange wässern, sondern in das kochende Wasser legen, damit insbesondere der Vitamin- und Mineralstoffgehalt während der Zubereitung möglichst hoch erhalten bleibt.

Nudeln – kohlenhydratreich und fettarm

Teigwaren sind kohlenhydratreiche und fettarme Lebensmittel und für den Speiseplan des Bodybuilders gut geeignet. Grundgetreide für die Nudelherstellung ist Weizen, es werden aber auch andere schmackhafte Sorten wie z. B. Dinkel- oder Sojanudeln angeboten. Neben Getreide wird in der Nudelherstellung zum Anteigen ca. 13 Prozent Wasser und maximal ein Prozent Salz verwendet. Auch bei Nudeln sind Erzeugnisse aus dem vollen Korn zu bevorzugen. Vollkornteigwaren enthalten im Gegensatz zu «Weißmehl-Nudeln» wesentlich mehr Vitamine und Mineralstoffe. Manche Nudelsorten werden unter Verwendung von Eiern hergestellt. Für die Definitionsphase empfehlen sich kohlenhydratreduzierte und natriumarme Nudeln.

Hülsenfrüchte – oftmals im Nährwert unterschätzt

Hülsenfrüchte wie Bohnen, Erbsen oder Linsen sind wertvolle Lebensmittel, die mit rund 65 Prozent komplexen Kohlenhydraten, zwei bis drei Prozent Fett und ca. 25 bis 30 Prozent Eiweiß (dieses allerdings nicht so hochwertig wie Kartoffel- oder Hafereiweiß) für die Bodybuilding-Küche durchaus empfehlenswert sind. Allerdings sind Hülsenfrüchte durch den hohen Ballaststoffgehalt und die spezifische Kohlenhydratzusammensetzung schwer verdaulich und können bei manchen Menschen zu Magen-Darm-Problemen (Blähungen) führen.

Küchentip: Viele Hülsenfrüchte enthalten giftige oder gesundheitsschädigende Substanzen, die jedoch hitzelabil sind und während der Zubereitung neutralisiert werden. Deshalb sollten z. B. Bohnen und Erbsen niemals roh verzehrt werden. Hülsenfrüchte werden ca. 20 bis 30 Minuten in Wasser gegart. Die Garzeit kann durch das Einweichen in Wasser über mehrere Stunden (über Nacht) verkürzt werden. Das Einweich- bzw. Kochwasser sollte aufgrund der Konzentration von potentiell gesundheitsschädlichen Substanzen weggeschüttet werden.

Soja – die pflanzliche Eiweißbombe

Die Sojabohne gehört ebenfalls zu den Hülsenfrüchten. Sie ist sehr reich an Vitaminen des B-Komplex und Vitamin E und enthält viele Mineralstoffe wie z. B. Kalium, Magnesium, Eisen und Calcium. Erwähnenswert ist auch die hohe Qualität des in der Sojabohne reichhaltig enthaltenen Eiweißes (ca. 34 Prozent) und der hohe Gehalt an ernährungphysiologisch hochwertigem Fett (ca. 18 Prozent), welches sich überwiegend aus mehrfach ungesättigten Fettsäuren zusammensetzt. Im Vergleich zu anderen Hülsenfrüchten enthält Soja nur wenig Kohlenhydrate, rund sechs Prozent.

Küchentip: Sojamehl eignet sich auch zum Backen. Sojaschrot und Sojaflocken sind empfehlenswerte Zutaten für Müslizubereitungen.

Gemüse – wichtiger Eckpfeiler der Kohlenhydratversorgung

Gemüse ist ein wichtiger Eckpfeiler innerhalb der Bodybuilding-Ernährung. Mit ca. 75 bis 95 Prozent Wassergehalt, einem hohen Ballaststoffanteil und nahezu ohne Fett gehört Gemüse zu den äußerst kalorienarmen Lebensmitteln. Dabei liefern die verschiedenen Gemüsesorten beachtliche Mengen an Vitaminen (C und Provitamin A, Carotin) und Mineralstoffen (Kalium und Calcium). Der im Gemüse enthaltene Kohlenhydratanteil von ca. drei bis sechs Prozent besteht aus Stärke. Gemüse versorgt den Körper deshalb längerfristig mit Energie, ohne große Schwankungen in der Höhe des Blutzuckerspiegels auszulösen.

Küchentip: Gemüse eignet sich sehr gut als kalorienarmer, nährstoffreicher Snack, roh genossen, als Beilage zu Fisch oder Fleischgerichten sowie als Hauptgericht (Gemüsepfanne oder Auflauf). Um das im Gemüse enthaltene Carotin (Vorstufe von Vitamin A) gut verwerten zu können, empfiehlt sich nach der Zubereitung die Hinzugabe von etwas Fett, beispielsweise in Form von kaltgepreßtem Pflanzenöl. Gemüse sollte erst kurz vor dem Verzehr zerkleinert werden. Wird Gemüse gedünstet, dann empfiehlt es sich, das Wasser mitzuverwenden, da sich dort dann höhere Mengen an Vitaminen und Mineralstoffen befinden.

Gemüsesaft besteht aus 100 Prozent Gemüse, der Zusatz von Salz ist nicht erlaubt. Gemüsetrunk muß lediglich einen Gemüsesaftanteil von vierzig Prozent aufweisen.

Obst – erfrischend und gesund
Frisches Obst besteht hauptsächlich aus Wasser (85 bis neunzig Prozent), enthält ca. zehn bis 15 Prozent Kohlenhydrate in Form von Einfachzucker (Fruchtzucker, Fructose) und Ballaststoffe und ist praktisch fett- und eiweißfrei. Frisches Obst ist ein idealer kalorienarmer Pausensnack. Die einzige Ausnahme bilden Avocados mit ihrem hohen Fettanteil. Die schnell verwertbaren Kohlenhydrate im Obst liefern rasch verfügbare Energie, auch noch kurz vor einer Trainingseinheit. Fruchtzucker gehört aufgrund seiner Molekülstruktur zu den Einfachzuckern. Große Blutzuckerschwankungen mit hohen Blutzuckerspitzen werden aber durch den Obstgenuß dennoch nicht ausgelöst, da Fructose bis zu einer Menge von ca. dreißig Gramm (entspricht etwa zwei Stücken Obst) weitestgehend insulinunabhängig verwertet wird. Die im Obst enthaltenen Fruchtsäuren beleben und erfrischen den Organismus.

Trockenfrüchte, wie zum Beispiel Rosinen oder Aprikosen, enthalten nur sehr wenig Wasser, dafür um so konzentriertere Kohlenhydrate und sind dementsprechend richtige Energiebomben.

Wahrscheinlich mag es den einen oder anderen verwundern, daß auch Nüsse zu den Obstsorten zählen, genauer gesagt zum sogenannten Schalenobst. Sie enthalten grundsätzlich viel Fett, wenig Kohlenhydrate und einen beachtlichen Eiweißanteil. Nüsse liefern darüber hinaus viele Mineralstoffe (Kalium) und B-Vitamine und sind aufgrund der leichten Mitnahmemöglichkeit besonders gut als kraftspendender Snack zwischendurch geeignet.

Obstsaft – am besten frisch gepreßt
Fruchtsaft liefert konzentrierte Energie und besteht zu 100 Prozent aus der Frucht. Im Vergleich hierzu müssen Fruchtnektar nur mindestens 25 Prozent und Fruchtsaftgetränke sogar lediglich sechs Prozent Fruchtsaftanteil aufweisen. Der Rest kann mit Wasser gestreckt und mit Zucker gesüßt werden. Von derartigen «Zuckerwassern» sollten Sie als Bodybuilder die Finger lassen. Wählen Sie lieber «flüssiges Obst», 100prozentige Fruchtsäfte, am besten frisch gepreßt.

Eiweiß – unentbehrlich für das Muskelwachstum

Eiweiß erfüllt wichtige Funktionen im Körper. Die kontraktilen Elemente der Muskulatur (Aktin und Myosin), der für den Sauerstofftransport wichtige rote Blutfarbstoff Hämoglobin, einige Hormone (z. B. Insulin) und das zelluläre Immunsystem setzen sich aus Eiweißbausteinen zusammen.

Für Bodybuilder von besonderem Interesse ist die muskelbildende Eigenschaft von Eiweiß. Muskeln können nur durch Eiweiß aufgebaut und erhalten werden – nicht durch Kohlenhydrate und auch nicht durch Fett. Sie können sich im Studio noch so anstrengen – wenn Sie nicht genügend Protein verzehren, werden Sie keine Fortschritte im Aufbau von Kraft- und Muskelmasse verzeichnen. Training resultiert zunächst in einer abbauenden (katabolen) Stoffwechsellage. Das heißt, Nährstoffe werden zur Energiegewinnung verbraucht und körpereigenes Protein (Muskulatur) verschlissen. Um die im Training gesetzten überschwelligen Reize auch tatsächlich in Muskelwachstum umsetzen zu können und in eine aufbauende (anabole) Stoffwechsellage zu kommen, ist der Körper neben der ausreichenden Zeit zur Regeneration (siehe Seite 44) auf eine bedarfsangepaßte Ernährung und insbesondere auf die Zufuhr von genügend großen Eiweißmengen angewiesen.

Empfehlungen zur Eiweißzufuhr
In der Studiopraxis gibt es auf die Frage, welche Proteinmenge für ein optimales Muskelwachstum angemessen sei, noch keine einhellige Meinung. Der eine sagt, er ernähre sich «ganz normal», der andere betreibt wahre Eiweißmast durch den Verzehr von einer Menge an Lebensmitteln pro Tag, die ausreichen würden, um eine fünfköpfige Familie zu ernähren, und kippt zusätzlich noch einen Eiweiß-

shake nach dem anderen herunter. Nun, beide Ernährungsphilosophien sind sicher nicht richtig, um optimale Fortschritte im Körperaufbau zu erzielen. Weder zuviel noch zuwenig des einzig muskelbildenden Nährstoffes sind dazu geeignet, optimale Trainingsergebnisse zu erzielen.

Die Verunsicherung vieler Bodybuilder bei der Frage, wieviel Eiweiß pro Tag verzehrt werden sollte, hat seinen Ursprung sicher auch in den sehr unterschiedlichen Zufuhrempfehlungen, die sich in der Literatur zum Thema befinden. Während die täglichen Eiweißzufuhrempfehlungen für Nichtsportler bei einheitlich 0,8 bis 1,0 g Eiweiß pro Kilogramm Körpergewicht liegen, gibt es für den Kraftsportler Verzehrsempfehlungen zwischen 1,5 und 4,0 g Eiweiß pro Kilogramm Körpergewicht am Tag. Einigkeit besteht also lediglich darin, daß nur durch einen Eiweißüberschuß ein Muskelzuwachs erreicht werden kann. Die entscheidende Frage lautet daher: Welche Menge an Eiweiß benötigt der Organismus für den Muskelerhalt und darüber hinaus für den Aufbau neuer Muskelmasse?

Um diesbezügliche Empfehlungen für Bodybuilder auszusprechen, muß neben individuellen Stoffwechselunterschieden auch die jeweilige Trainingsphase des Athleten berücksichtigt werden. Die Ernährung in der Aufbauphase unterscheidet sich bezüglich der Nährstoffrelation von Kohlenhydraten, Eiweiß und Fett erheblich im Vergleich von der Definitionsphase. Während der Aufbauphase ist der Energiebedarf des Körpers durch kohlenhydratbetonte Basiskost mit einem hohen Anteil an Reis, Nudeln, Vollkorngetreideprodukten, Obst und Gemüse gesichert. In dieser Trainingsphase dürften ca. zwei Gramm Eiweiß pro Kilogramm Körpergewicht vollauf genügen, um die Neusynthese körpereigener Proteine bzw. die Erneuerung der im katabolen Stoffwechsel betroffenen Muskelzellen zu ermöglichen. Etwas anders sieht es allerdings in der Definitionsphase aus, wo die Eiweißzufuhr erheblich erhöht und die Kohlenhydrataufnahme gesenkt wird (siehe Seite 170 ff.).

Das richtige Timing der Proteinzufuhr

Kleinere, häufigere Mahlzeiten, die jeweils ca. dreißig bis vierzig Gramm Eiweiß enthalten, sind empfehlenswert. Der Körper ist nicht in der Lage, größere Mengen an Protein optimal zu verstoffwechseln. Daher rührt die Empfehlung, lieber häufiger, das heißt im Zwei- bis Dreistundentakt zu essen, als täglich zwei bis drei sehr reichhaltige Mahlzeiten zu verzehren. Die Umsetzung dieses Mahlzeitenrhythmus und die Beschaffung von proteinreichen Snacks ist im Berufsleben oftmals nicht leicht.

Dazu ein Tip: Wenn Sie an bestmöglichen Trainingsergebnissen interessiert sind, bereiten Sie Ihre Außer-Haus-Verpflegungsration im voraus zu und nehmen

Eiweiß/Fett Verhältnis in Lebensmitteln (Herstellerangaben)
(aus: Elmadfa et al.: Die große GU Nährwerttabelle. München 1995)

Lebensmittel (je 100 g verzehrbarer Anteil)	Eiweißgehalt g	Fettgehalt g
Hühnerei, Gesamtinhalt	12,9	11,7
Eiklar, 1 Stück	3,6	0,1
Eigelb, 1 Stück	3,1	6,1
Rinderfilet	21,2	4,0
Rinderleber	20,3	2,1
Schweinefilet	21,5	2,0
Schweinekotelett	20,3	7,6
Scheinsbratwurst	9,8	28,8
Leberwurst, grob	15,9	29,2
Salami	18,5	33,0
Schinken, geräuchert	16,9	35,0
Schinken, gekocht	19,5	12,8
Putenbrust	24,1	1,0
Hühnerbrust, mit Haut	22,2	6,2
Geflügelwurst, mager	16,2	4,8
Hasenfilet	21,6	3,0
Lammfilet	20,4	3,4
Kabeljaufilet	17,0	–
Rotbarschfilet	18,2	3,6
Garnelen	18,6	1,4
Lachs	19,9	13,6
Vollmilch, 3,5 % Fett	3,3	3,5
Fettarme Milch, 1,5 % Fett	3,4	1,5
Entrahmte Milch, 0,1 % Fett	3,5	0,1
Buttermilch	3,5	0,5
Speisequark, 40 % Fett i. Tr.	11,1	11,4
Speisequark, 20 % Fett i. Tr.	10,5	5,1
Speisequark, mager	13,5	0,3
Joghurt, 1,5 % Fett	3,4	1,5
Schlagsahne, 30 % Fett i. Tr.	2,4	31,7
Hüttenkäse	13,6	2,9
Edamer, 45 % Fett i. Tr.	24,8	28,3
Camembert, 60 % Fett i. Tr.	16,8	33,2
Harzer	30,0	0,7
Kartoffeln, gekocht (mit Schale)	2,0	0,1
Pommes frites	4,2	14,5
Haferflocken (Vollkorn)	12,3	8,0
Vollkornreis	7,4	2,2
Vollkornnudeln	15,0	3,0
Sojabohnen	33,7	18,1
Erbsen	23,0	1,4
Linsen	23,5	1,4
Vollkornbrot, Roggen	6,8	1,2
Mandeln	19,0	54,0
Sonnenblumenkerne	22,5	49,0

Magenverweildauer der Speisen
(aus: Hamm / Weber: Sporternährung praxisnah. Weil der Stadt 1988)

Zeit	Nahrungsmittel
bis zu 30 Minuten	Honig, Traubenzucker (bei normaler Konzentration), Alkohol
½ bis 1 Stunde	Tee, Mineralwasser, Mineralgemische mit Oligosacchariden, fettarme Brühe ohne Zusätze, ungezuckerter Kaffee, Buttermilch
1 bis 2 Stunden	Milch, Kakao, Kaffee, Schwedenmilch, Joghurt, Dickmilch, fettarmer Weichkäse, Weißbrot, helle Brötchen, weichgekochte Eier, Kochfisch, gekochter Reis, Kartoffelpüree, Obstkompott
2 bis 3 Stunden	Pellkartoffeln, Salzkartoffeln, Rührei, Omelett, gekochtes mageres Fleisch, Gemüse wie Spinat, gekochte Möhren u. ä., Bananen, Beefmett (Tatar)
3 bis 4 Stunden	Huhn, gegrilltes Kalbfleisch, Schwarzbrot, Käse, die meisten rohen Obstsorten, gedünstetes Gemüse, grüner Salat, Beefsteak, Bratkartoffeln, Schinken, gegrilltes Filet
4 bis 5 Stunden	gebratenes Steak (250 g), Braten, Hering, Rauchfleisch, Erbsen, Linsen, Schnittbohnen
etwa 6 Stunden	Gurkensalat, Thunfisch in Öl, Speck, Schweinebraten, geräucherter Lachs, in Fett Gebackenes wie Spritzkuchen, Pilze
bis zu 8 Stunden	Fettes Fleisch (z. B. Schweinshaxe), Gänsebraten, Grünkohl, Ölsardine

diese mit zur Arbeit. Damit ist der wichtigste Schritt schon getan. Jetzt müssen Sie sich nur noch Zeit nehmen, um Ihre Bodybuilding-Snacks auch zu verzehren.

Neben der Aufnahme von häufigeren, kleineren Mahlzeiten ist die zeitliche Nähe der Eiweißzufuhr zum Training von Bedeutung. Um den Trainingsreiz optimal nutzen zu können, empfiehlt sich eine leichte, kohlenhydrat- und proteinbetonte Mahlzeit ca. 1,5 bis zwei Stunden vor dem Studiobesuch. Dabei ist bei der Auswahl der Lebensmittel vor dem Training auf einen niedrigen Fettgehalt zu achten. Fett liegt nach dem Verzehr für längere Zeit im Magen (siehe Übersicht oben), beschäftigt die Verdauungsorgane und mindert so die Leistung im Training. Wer bereits die Erfahrung gemacht hat, kurze Zeit nach einer reichhaltigen Fleischmahlzeit (z. B. Rindfleisch) zu trainieren, der weiß, wovon ich spreche. Zahlreiche Proteinquellen enthalten gleichzeitig auch einen beachtlichen Fettanteil, wie aus der Übersicht auf Seite 199 zu sehen ist. Wählen Sie insbesondere für Ihren Snack vor dem Training daher fettarme Proteinträger mit Kohlenhydratbeilage wie z. B. Puten- oder Hühnchenbrust mit Reis oder verzehren Sie beispielsweise Rührei mit wenig Eigelb (Verhältnis Eigelb zu Eiweiß: eins zu vier) auf Vollkornbrot oder mit gekochten Kartoffeln.

Nach dem Training sollte innerhalb von circa einer bis 1,5 Stunden eine proteinreiche Mahlzeit auf dem Speisezettel stehen, damit Ihre Muskeln das benötigte Baumaterial erhalten.

Ist Protein gleich Protein?

Wer beim Stichwort Protein an Fleisch, Eier, Fisch, Milch- und Milcherzeugnisse denkt, hat nicht unrecht. Tierische Lebensmittel enthalten viel Eiweiß und sind zur Bedarfsdeckung an diesem Nährstoff für den hart trainierenden Bodybuilder unentbehrlich. Zwar ist in pflanzlichen Lebensmitteln neben komplexen (Ausnahme: Obst) Kohlenhydraten auch ein gewisser Anteil an Protein vorhanden, mengenmäßig jedoch ist der Eiweißgehalt im Vergleich zu tierischen Lebensmitteln sehr gering.

Für optimale Proteinversorgung des Körpers ist jedoch nicht allein die Menge, sondern auch die Qualität des aufgenommenen Proteins von Bedeutung. Eine Möglichkeit zur Beurteilung der Proteinqualität ist die sogenannte biologische Wertigkeit (BW). Die biologische Wertigkeit gibt die Menge an Körpereiweiß an, die aus 100 g Nahrungseiweiß gebildet werden kann. Wie erhält man die Werte der BW? Bausteine des Proteins sind 20 Aminosäuren. Davon sind acht essentiell, das heißt, sie müssen mit der Nahrung aufgenommen werden, da der Körper sie nicht selbst bilden kann. Die Aminosäuren sind zu langen Ketten verbunden und bilden so das Eiweiß. Jedes Eiweiß hat sein spezielles Aminosäurenmuster, also eine bestimmte Aneinanderreihung der Aminosäuren untereinander. Und eben dieses Aminosäuremuster ist entscheidend für die Bestimmung der biologischen Wertigkeit. Je ähnlicher das Nahrungseiweiß in der Aminosäurenzusammensetzung dem Körpereiweiß ist, um so höher ist dessen biologische Wertigkeit. Vollei-Protein hat einen nahezu identischen Aminosäurenaufbau wie menschliches Eiweiß (BW = 100) und dient als Vergleichswert für andere Proteinlieferanten. Wie hoch die biologische Wertigkeit tatsächlich ist, wird immer von der Höhe des Anteils der sogenannten limitierenden Aminosäure bestimmt. Das ist die essentielle Aminosäure, welche im Verhältnis zum Ei-Protein im jeweiligen Vergleichsprotein am geringsten enthalten ist und daher den Aufbau von körpereigenem Eiweiß limitiert. Bei Getreide ist dies z. B. die Aminosäure Lysin, bei Hülsenfrüchten die Aminosäure Methionin.

Wie aus der Übersicht auf Seite 122 ersichtlich, haben pflanzliche Lebensmittel mit Ausnahme von Kartoffeln eine niedrigere BW als tierisches Protein. Dennoch sind pflanzliche Proteine ernährungsphysiologisch wertvoll. In der Ernäh-

Biologische Wertigkeit (aus: Worm, N.: Gesund mit Fleisch, München 1990)

Nahrungsprotein	Biologische Wertigkeit
Weizenmehl	57
Bohnen	73
Reis	82
Soja	85
Milch	90
Rindfleisch	92
Kartoffel	99
Vollei	100
Proteingemische	**Biologische Wertigkeit**
Bohnen / Mais	99
Vollei / Mais	114
Milch / Kartoffel	114
Vollei / Milch	119
Milch / Weizenmehl	125
Lactalbumin / Kartoffel	134
Vollei / Kartoffel	136

rungspraxis werden zudem in der Regel nicht einzelne Proteine, sondern Proteinmischungen aufgenommen. Die Eiweiße ergänzen sich deshalb in ihrem Aminosäurenprofil, die biologische Wertigkeit ist höher, als beim alleinigen Verzehr eines Lebensmittels. So kann zum Beispiel das lysinreiche Milcheiweiß den niedrigen Lysingehalt des Weizenproteins ausgleichen und so zu einer besseren Eiweißverwertbarkeit im Organismus führen.

Sie müssen günstige Eiweißkombinationen nicht zeitgleich zu sich nehmen, sondern können bis zu einem Zeitraum von sechs Stunden die Ergänzungswirkung der Aminosäuren nutzen. Auch durch diese Ergänzungswirkung der verschiedenen Eiweißträger wird die Empfehlung unterstrichen, eine möglichst abwechslungsreiche Aufbaukost zu verzehren.

Präferenzliste zur Lebensmittelauswahl

Leitfaden zur Lebensmittelauswahl in der Aufbauphase

regelmäßig	selten	nie
Kohlenhydrate		
Haferflocken	Obstkuchen	Sahnetorte
Gemüse	Weißbrot	
Vollkornbrot	Konfitüre	
Kartoffeln	Honig	
Vollkornreis	Schokolade	
Vollkornnudeln		
Obst		
Trockenfrüchte		
Fruchtschnitten		
Eiweiß		
Rindfleisch	Wurst	sehr fettes
Fisch	Fischkonserven	Fleisch
Geflügel	Räucherfisch	
Eier		
Quark (20/40 % Fett)		
Milch (3,5 % Fett)		
Käse		
Geflügelaufschnitt		
Fette		
Sonnenblumenkerne	Sahne	Currywurst
Nüsse	Pommes frites	
Butter	Pizza	
Nußmus		
Öle, kaltgepreßt		
Getränke		
Wasser	Diät-Getränke	
Kaffee	(z. B. Cola, Soft-Drinks)	
Tee	Cola	
Fruchtsäfte	Alkohol	

Tagesvorschläge Aufbauphase

Die folgenden Ernährungsvorschläge dienen als Leitfaden für die Ernährung während der Aufbauphase.

Tagesvorschlag Aufbauphase Training vormittags

Mahlzeit	Vorschlag A	Vorschlag B
1	10–12 EL Haferflocken 6–8 Eiklar 1–2 Eigelb 2–3 EL Sonnenblumenkerne 1–2 EL Rosinen	6–8 Eiklar 2–4 Eigelb 2–3 Scheiben Vollkornbrot Konfitüre oder Honig 1 Becher Joghurt
	Training	
2	250–350 g Rinderhack 2–4 Eier 1–2 Stück Obst	Proteinshake: ½ Liter Vollmilch 2–3 EL Eiweißpulver 1 Banane 4–5 EL Haferflocken 2–3 EL Weizenkeime evtl. Süßstoff
3	1–2 Hühnerbrust gemischter Salat mit Öl	300–350 g Putensteak gemischter Salat mit Öl
4	2–3 Scheiben Vollkornbrot mit Butter Käse, Schinken oder Geflügelwurst	2 Scheiben Vollkornbrot Nußmus ½ Liter Vollmilch
5	250–300 g Fisch Kartoffeln Gemüse	250–300 g Fleisch Reis Gemüse
6	Proteinshake: ½ Liter Vollmilch 2–3 EL Proteinpulver 4–6 EL Haferflocken	250 g Quark 1–2 Stück Obst

Tagesvorschlag Aufbauphase Training abends

Mahlzeit	Vorschlag A	Vorschlag B
1	10–12 EL Haferflocken 6–8 Eiklar 1–2 Eigelb 2–3 EL Sonnenblumenkerne 1–2 EL Rosinen	6–8 Eiklar 2–4 Eigelb 2–3 Scheiben Vollkornbrot Konfitüre oder Honig 1 Becher Joghurt
2	2–3 Scheiben Vollkornbrot Nußmus ½ Liter Milch	2–3 Bananen ½ Liter Milch
3	Vollkornnudeln Salat 1 Dose Thunfisch	Reis Gemüse 1–2 Hühnerbrust
4	1–2 Stück Obst	2–3 Scheiben Knäckebrot Bananenscheiben
	Training	
5	300–350 g Fleisch oder Geflügel Kartoffeln Gemüse Butter oder Öl	300–350 g Fleisch oder Fisch Reis Gemüse Butter oder Öl
6	½ Liter Milch 2–3 EL Proteinpulver 1 Handvoll Nüsse	½ Liter Milch 2–3 Scheiben Vollkornbrot Nußmus

Definitionsphase – jetzt erreichen Sie Top-Form

Training in der Definitionsphase

Mit dem Ergebnis der Aufbauphase können Sie zufrieden sein. Durch das schwere Training in den vorausgegangenen Monaten haben Sie massive, dichte Muskulatur aufgebaut, das Markenzeichen jedes guten Bodybuilders. Auch Ihre Körperkraft ist beeindruckend. Jetzt sind Sie bereit für die Definitionsphase. Die hart erarbeitete Muskelmasse soll den letzten Schliff erhalten. Sie haben eine genaue Vorstellung davon, wie Sie nach Abschluß der Definitionsphase aussehen möchten – eben richtig «definiert», so daß sich die einzelnen Muskelgruppen klar voneinander abgrenzen und in ihrer Struktur deutlich zu erkennen sind. Dazu müssen Sie durch Umstellung Ihres Trainings- und Ernährungsprogramms überflüssiges Körperfett abbauen und gleichzeitig darauf achten, daß kein Muskelgewebe verlorengeht. Diese Gratwanderung ist nicht einfach. Einer erfolgreich verlaufenden Definitionsphase stellen sich einige Hindernisse in den Weg.

Tips für eine erfolgreiche Definitionsphase

Trainingshäufigkeit
Ein Kardinalfehler von zahlreichen Bodybuildern in der Definitionsphase ist der übermäßige Trainingseinsatz. Damit ist nicht so sehr die Trainingsintensität, sondern vielmehr die Trainingshäufigkeit und -dauer gemeint. Achten Sie darauf, daß die einzelnen Muskelgruppen jeweils nicht mehr als zweimal in einer Woche trainiert werden. Andernfalls könnte es sein, daß Ihr Körper nicht genügend Ruhephasen bekommt, um die im Training gesetzten Reize auch in Muskelwachstum umsetzen zu können (siehe auch Superkompensation, Seite 43).

Trainingsdauer
Durch stundenlages Training im Studio, das vielleicht noch durch ebensolanges Ausdauertraining «ergänzt» wird, können Sie fast schon zusehen, wie Ihre Muskelmasse abbaut. Machen Sie nicht den Fehler, zu denken, daß die Erhöhung der Satzzahl auf 20 bis 30 pro Muskelgruppe für Ihre körperliche Entwicklung för-

derlicher ist als eine moderate Anzahl von Sätzen pro Muskelgruppe. Denken Sie immer daran: *Im Gewichtstraining heißt es: Intensität vor Dauer!* Beschränken Sie daher Ihre Satzzahl auf neun bis zwölf für kleinere Muskelgruppen (Bizeps/Trizeps) und zwölf bis maximal 16 für größere Muskelgruppen (Beine, Brust, Rücken, Schulter). Wenn Sie nicht gerade ein genetisches Wunderkind sind oder Ihrer Regenerationsfähigkeit durch den Einsatz von Steoriden auf die Sprünge helfen, dann sind 75 bis 90 Minuten die zeitliche Obergrenze für produktive Gewichtstrainingseinheiten. Für das Ausdauertraining gilt, daß Trainingseinheiten mit einer Dauer zwischen mindestens 25 und maximal 60 Minuten (je nach Körpertyp) am effektivsten für den Körperfettabbau sind. Das soll nun aber nicht bedeuten, daß Ihre Waldläufe oder Ihre Einheiten auf dem Fahrrad-Ergometer allzu gemütlich trainiert werden. Strengen Sie sich an, kommen Sie ins Schwitzen und atmen Sie so tief wie möglich ein und aus, um möglichst viel Sauerstoff in Ihre Lunge zu bekommen.

Übertraining – davor sollten Sie sich hüten

Trainieren Sie zu häufig und/oder zu lange und schränken Sie gleichzeitig Ihre Nahrungsaufnahme zu drastisch ein, dann ist es nur eine Frage der Zeit, bis sie anstatt einer Verbesserung Ihrer körperlichen Erscheinung eine Verschlechterung feststellen. Wenn Sie Ihrem Körper nicht die notwendigen Ruhezeiten und Nährstoffe zum Muskelaufbau geben, sind Trainingsfortschritte nicht möglich. Sie geraten in den Zustand, der als Übertraining bezeichnet wird. Trotz des hohen Trainingsvolumens bauen Sie nicht auf, sondern ab, das heißt, Sie verlieren an Muskelsubstanz und Körperkraft. Dieser Zustand ist äußerst frustrierend. Daher lassen Sie es am besten gar nicht erst zum Übertraining kommen!

Neben Trainings- und Ernährungsfehlern kommen meist noch weitere Faktoren bei der Entstehung des Übertrainings hinzu, die ihren Ursprung in der Lebenssituation des Sportlers haben.

Zuwenig Schlaf, Probleme in der Partnerschaft oder im Beruf (ständige Unter- oder Überforderung) sowie auch zum Beispiel finanzielle Engpässe wirken sich negativ auf den Trainingsfortschritt aus bzw. führen zu einer Verschlechterung der sportlichen Leistung. Folgende Symptome im physischen und psychischen Bereich weisen darauf hin, daß Sie übertrainiert sein könnten:

- Abbau von Muskelsubstanz
- Kraftverlust
- Verletzungsanfälligkeit
- ständige Muskelschmerzen
- Trainingsunlust

- Stimmungsschwankungen
- innere Unruhe
- Gleichgültigkeit
- Depression
- Verlust des Selbstwertgefühls
- Schwächung des Immunsystems

Wenn Sie in das Übertraining gekommen sind, dann sollten Sie nicht versuchen, durch eine Steigerung der Trainingsintensität dagegen anzugehen. Dadurch machen Sie alles nur noch schlimmer und sind besonders verletzungsgefährdet. Verringern Sie statt dessen für eine bis zwei Wochen den Trainingsumfang und die Trainingsintensität. Setzen Sie die Satzzahl auf vier bis sechs pro Muskelgruppe herab und trainieren Sie mit Gewichten, die Ihnen ohne größere Anstrengung ca. 15 Wiederholungen pro Satz erlauben. Oder pausieren sie für eine bis zwei Wochen vollständig mit dem Gewichtstraining. Beschränken Sie Ihre sportlichen Aktivitäten während dieses Zeitraumes auf leichtes aerobes Training, z. B. Waldläufe von 20- bis 30minütiger Dauer in gemächlichem Tempo. Reichlich Schlaf (ca. acht bis neun Stunden pro Nacht) und Dehnübungen beschleunigen zusätzlich den körperlichen und geistigen Regenerationsprozeß.

Überdenken Sie Ihren Trainings- und Ernährungsaufbau. Planen Sie nötige Veränderungen, damit Sie nicht erneut in das Übertraining geraten. Bitte bedenken Sie: Nachdem die Muskeln mit ausreichender Intensität stimuliert wurden, ist es Zeit, das Studio zu verlassen, genügend Ruhe zu bekommen und die richtige Nahrung aufzunehmen. So werden Sie die Fortschritte erzielen, die Sie sich durch Ihren Trainingseinsatz verdient haben!

Wenn möglich, korrigieren Sie auch eventuelle Störfaktoren in Ihrem Berufs- oder Privatleben, die Sie davon abhalten, optimale Fortschritte zu machen. Nur wenn Sie möglichst störungsfrei trainieren und sich bodybuildinggerecht ernähren können, werden Sie Ihr volles Bodybuildingpotential erreichen können.

Extreme Ernährungsumstellungen
Oben war bereits die Rede davon, daß Fehler in der Ernährung bei der Entstehung des Übertrainingszustandes beteiligt sind.

Die Ernährung in der Aufbauphase ist durch den reichhaltigen Verzehr von Kalorien gekennzeichnet. Vier bis sechs tägliche Mahlzeiten, unter weitestgehendem Verzicht auf «Junk-Food» wie Süßigkeiten und sehr fettreiche Lebensmittel, sind die Grundlage des Speiseplans in der Aufbauphase. Leider neigen viele Bodybuilder zu Extremen – im Training wie auch in der Ernährung. Häufig wird die

Nahrungsaufnahme bzw. Kalorienzufuhr in der Definitionsphase abrupt drastisch gesenkt in der Furcht, bloß keine Kalorie zuviel zu verzehren. Dadurch verlangsamt sich der Stoffwechsel. Der Körper schaltet aufgrund des plötzlichen, hohen Kalorienentzugs sozusagen auf Sparflamme und verbrennt einfach weniger Kalorien. Eine solche «Sparpolitik» wirkt sich natürlich negativ auf den Fettabbau aus. Zwar muß es zu einem Defizit in der Energieaufnahme kommen, damit Körperfett abgebaut wird. Wichtig ist hierbei aber die schrittweise Verringerung der Kalorienzufuhr.

Anhand einer genauen Beobachtung Ihrer körperlichen Reaktionen, also durch die Veränderung Ihres Spiegelbildes, können Sie die ungefähre Kalorienmenge und die für Ihren Körpertyp passende Relation in der Aufnahme von Kohlenhydraten, Eiweiß und Fett ermitteln, damit Ihre Muskelmasse erhalten bleibt und Sie gleichzeitig Fett abbauen. Das heißt, wenn Sie bei der Überprüfung Ihrer Form vor dem Spiegel den Eindruck bekommen, daß Sie zu schnell an Gewicht und damit auch an Muskelsubstanz verlieren, erhöhen Sie einfach die Kalorienaufnahme.

Freie Gewichte
Sie haben in der Aufbauphase sehr gute Ergebnisse mit Lang- und Kurzhanteln erzielt. Es gibt also keinen Grund dafür, freien Gewichten in der Definitionsphase den Rücken zu kehren. Wenn Sie am Erhalt Ihrer Muskelmasse interessiert sind, dann muß der Schwerpunkt Ihres Trainings weiterhin die Arbeit mit freien Gewichten bleiben. Wer in dieser Phase bereits einmal Kniebeugen gegen Beinstrecken ausgetauscht hat, der weiß, wie schnell die Oberschenkel schrumpfen können. Ist nicht das Gefühl eines schweren Trainings mit freien Gewichten viel befriedigender als ein Training an Maschinen? Das Maschinentraining ist aber nicht überflüssig. Der Vorteil der Maschinen bzw. Kabelzüge liegt darin, daß einzelne Muskelgruppen optimal isoliert werden können. Das ist für den Zeitraum der letzten Wochen der Definitionsphase wichtig. So werden beispielsweise die Einschnitte in den Brustmuskel durch Kabelzüge über Kreuz mit höheren Wiederholungszahlen maximal herausgearbeitet. Dennoch ist Maschinentraining für jeden ernsthaften Bodybuilder immer nur eine Ergänzung des Trainings mit freien Gewichten. Trainieren Sie eine Muskelgruppe erst dann isoliert, wenn Sie mindestens zwei Grundübungen mit freien Gewichten gemacht haben. Wenn Lang- und Kurzhanteln weiterhin die Grundlage Ihres Trainings bleiben, dann steigt die Chance, daß Sie die Definitionsphase mit dem größtmöglichen Erhalt und idealerweise mit dem Neuaufbau zusätzlicher Muskelmasse beenden werden.

Schweres Training

Viele Bodybuilder scheinen der Ansicht zu sein, daß wenig Wiederholungen mit schwerem Gewicht Masse aufbaut und viele Wiederholungen mit leichteren Gewichten die Definition optimal ausprägt. Das ist ein Irrtum! Gute Definition bzw. ein möglichst geringer Körperfettanteil ist in erster Linie eine Frage der entsprechenden (kohlenhydratarmen) Ernährung und des aeroben Trainings.

Die Gefahr, welche darin besteht, ausschließlich mit hohen Wiederholungszahlen bzw. mit leichten Gewichten zu trainieren, liegt im Verlust von Muskelmasse und Dichte (siehe auch Seite 36 ff.). Also Vorsicht! Behalten Sie auch in der Definitionsphase eine oder zwei Übungen pro Muskelgruppe in Ihrem Programm, die mit Wiederholungszahlen von sechs bis maximal zehn trainiert werden. Dazu eignen sich besonders Grundübungen mit freien Gewichten. Um bestmögliche Einschnitte in Ihrer Muskulatur herauszuarbeiten, sollten Sie anschließend eine oder zwei Übungen vorzugsweise an Maschinen bzw. Seilzügen mit zwölf bis 20 Wiederholungen pro Satz trainieren.

Intensitätssteigernde Maßnahmen

Das Training in der Definitionsphase zeigt im Vergleich zur Aufbauphase einige deutliche Unterschiede. Jetzt kommt es darauf an, daß Sie bis an die Grenzbereiche Ihrer körperlichen Leistungsfähigkeit gehen. Die Trainingsintensität ist nach wie vor entscheidend, aber nun wird auch das Trainingsvolumen erhöht. Sie werden häufiger trainieren und mit intensitätssteigernden Trainingsmethoden arbeiten, die wirklich alles von Ihren Muskeln fordern. Wenn Sie dazu bereit sind, sich wirklich anzustrengen, dann werden Sie – in Verbindung mit der entsprechenden Ernährung und ausreichenden Ruhephasen – eine körperliche Entwicklung erreichen, die Ihre kühnsten Erwartungen übertrifft.

Üblicherweise werden für die Definitionsphase je nach Körpertyp und Körperfettanteil 12 bis 16 Wochen vorgesehen. Es liegt allein an Ihnen, was Sie in dieser Zeit erreichen. Vorweg nur soviel: Stellen Sie sich auf harte Belastungen ein ...

Nachfolgend einige Vorschläge zur Umstellung des Trainingsprogramms in der Definitionsphase.

Erhöhung der Trainingshäufigkeit

Während in der Aufbauphase jede Muskelgruppe alle fünf bis sieben Tage trainiert wird, empfiehlt es sich für den Zeitraum der Definitionsphase, jede Muskelgruppe ca. alle drei bis vier Tage zu belasten. Dafür müssen Sie entsprechende Veränderungen im Trainingsaufbau vornehmen.

Beispiel: Wenn Sie während der Aufbauphase nach einem Vier-Tage-Split-Programm trainiert haben, ist jetzt die Ausweitung des Trainings auf ein Fünf- bzw. Sechs-Tage-Split-Programm empfehlenswert. Um den Stoffwechsel so richtig anzukurbeln, sollte das für den Körperfettabbau wichtige aerobe Training (Waldläufe, Radfahren etc.) nun vier- bis sechsmal anstatt zwei- bis dreimal wöchentlich absolviert werden.

Erhöhung der Satzzahl pro Muskelgruppe

Generell wird in der Aufbauphase mit Satzzahlen trainiert, die im Bereich von sechs bis neun für kleinere Muskelgruppen (Bizeps, Trizeps, Waden) und neun bis zwölf für größere Muskelgruppen (Beine, Brust, Rücken, Schulter) liegen. In der Definitionsphase steigern Sie die Zahl der Sätze auf neun bis zwölf für kleinere und zwölf bis 16 für größere Muskelgruppen.

Verkürzung der Pausen zwischen den Sätzen

Eine weitere intensitätssteigernde Maßnahme ist die Verkürzung der Pausen zwischen den Sätzen. Das Trainingstempo der Aufbauphase ist eher gemächlich. Hier sind Pausen zwischen den Sätzen von bis zu fünf Minuten (je nach Übung) empfehlenswert. In der Definitionsphase wird die Pausenlänge zwischen den Sätzen auf 30 bis 90 Sekunden reduziert. So überschreiten Sie trotz der höheren Satzzahl nicht die empfehlenswerte Länge einer Gewichtstrainingseinheit von maximal 90 Minuten. Als Richtwert für ein zügiges Training gilt die Ausführung von mindestens 30 Sätzen innerhalb einer Stunde.

Erhöhung des Gewichts / Steigerung der Wiederholungszahlen

Während diese beiden Trainingsziele in der Aufbauphase höchste Priorität haben, dürfte es Ihnen aufgrund der kohlenhydratreduzierten Ernährung und der häufigeren Trainingsfrequenz schwerfallen, während der Definitionsphase die Gewichte für einzelne Übungen bzw. die Wiederholungszahlen pro Satz zu erhöhen. Zerbrechen Sie sich darüber nicht den Kopf. Versuchen Sie, für den Erhalt von Muskelmasse und Dichte mit größtmöglichem Gewicht für die jeweilige Übung die angestrebte Wiederholungszahl pro Satz zu erreichen.

Trainingsmethoden

Umgekehrte abgestumpfte Pyramide

Wärmen Sie sich durch einen oder zwei Sätze zu 12 bis 15 Wiederholungen der entsprechenden Übung und ein anschließend ca. fünfminütiges Dehnen der Muskulatur auf. Dann sind Sie bereit zur intensiven Attacke auf Ihre Muskelfasern. Beginnen Sie im eigentlichen ersten Satz, also nach den Aufwärmsätzen, mit dem für die angestrebte Wiederholungszahl schwerstmöglichen Gewicht. Nach einer Pause zwischen einer und maximal 2,5 Minuten folgt der nächste Satz mit etwas reduzierter Gewichtsbelastung. Verringern Sie in den Folgesätzen die Gewichtsbelastung so, daß es Ihnen nur mit größter Anstrengung möglich ist, Ihr «Wiederholungsziel» zu erreichen. Der große Pluspunkt dieser Form des Pyramidentrainings im Vergleich zur abgestumpften Pyramide (siehe Seite 53) liegt darin, daß Sie mit dem schwersten Gewicht beginnen, wenn Sie körperlich und geistig am frischesten sind. Dadurch können Sie mit schwererem Gewicht höhere Wiederholungszahlen trainieren und erreichen so eine ausgezeichnete Stimulation der Muskulatur.

Umgekehrte abgestumpfte Pyramide

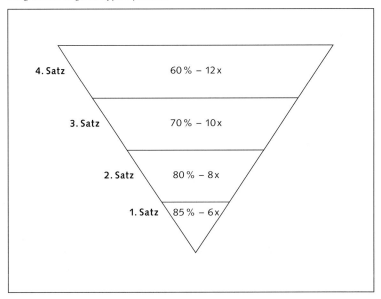

Abnehmende Sätze

Abnehmende Sätze sind eine Form des Trainings der umgekehrten, abgestumpften Pyramide. Wenn Sie abnehmende Sätze trainieren, dann beginnen Sie nach dem Aufwärmen, ebenso wie bei der umgekehrten Pyramide, im ersten Satz mit dem schwerstmöglichen Gewicht. Anstatt aber nach dem ersten Satz zu pausieren, reduzieren Sie oder Ihr Trainingspartner das Gewicht, und es folgt sofort der zweite Satz. Nach Beendigung des zweiten Satzes wird das Gewicht erneut reduziert, und es folgt ohne Pause der dritte und, nach einer weiteren Gewichtsverringerung, eventuell der vierte Satz.

Abnehmende Sätze sind meines Erachtens die beste Möglichkeit, um Muskelhärte zu erreichen. Wenn Sie bereits Erfahrungen mit dieser Trainingsmethode gemacht haben, werden Sie mir zustimmen, daß abnehmende Sätze zu den intensivsten Methoden des Bodybuildingtrainings gehören. Wer daran zweifelt, dem sei ein Kniebeugetraining nach diesem Prinzip empfohlen.

Beispiel zur Durchführung eines abnehmenden Satzes:

Übung: Kniebeuge
1 Satz: 60 Kilo, 20 Wiederholungen (aufwärmen)
2 Satz: 80 Kilo, 15–20 Wiederholungen (aufwärmen)
3 Satz: 150 Kilo, 6–8 Wiederholungen, ohne Pause
4 Satz: 130 Kilo, 6–8 Wiederholungen, ohne Pause
5 Satz: 110 Kilo, 6–8 Wiederholungen, ohne Pause
6 Satz: 90 Kilo so oft wie möglich

Supersätze

Supersätze sind eine weitere ausgezeichnete Möglichkeit, die Trainingszeit zu verkürzen und dadurch die Trainingsintensität zu erhöhen. Kombinieren Sie zwei Übungen miteinander, so daß Sie nach dem Satz der ersten Übung direkt, ohne zu pausieren, die zweite Übung anschließen. Erst nachdem Sie die zweite Übung beendet haben, machen Sie eine Pause von 30 bis 90 Sekunden. Wiederholen Sie dann diese Vorgehensweise, bis Sie drei oder vier Supersätze, also insgesamt sechs bzw. acht Sätze trainiert haben. Besonders empfehlenswert ist dabei das kombinierte Training von zwei unterschiedlichen Muskelgruppen, wie zum Beispiel Brust und Rücken. Es ist auch möglich, Supersätze für eine Muskelgruppe zu trainieren (siehe Beispiel Nr. 2, Seite 134).

Beispiele für Supersatztraining

(1) Übung: Bankdrücken / Klimmzüge
1. Satz Bankdrücken	10 – 12 Wiederholungen, ohne Pause
1. Satz Klimmzüge	so oft wie möglich
Pause	(30 bis 90 Sekunden)
2. Satz Bankdrücken	10 – 12 Wiederholungen, ohne Pause
2. Satz Klimmzüge	so oft wie möglich
Pause	

... noch einen oder zwei Supersätze anschließen

(2) Übung: Fliegende Bewegung / Bankdrücken
1. Satz Fliegende Bewegung	10 – 12 Wiederholungen, ohne Pause
1. Satz Bankdrücken	8 – 10 Wiederholungen
Pause	(30 bis 60 Sekunden),

... noch einen oder zwei Supersätze anschließen

Das zweite Beispiel wird auch als «Vorermüdungsprinzip» bezeichnet. Dabei wird die jeweilige Muskelgruppe zuerst durch eine Isolationsübung und anschließend sofort mit einer Grundübung trainiert. In diesem Beispiel werden die Brustmuskeln durch die fliegende Bewegung bereits gezielt vorermüdet, so daß beim nachfolgenden Bankdrücken die Bewegung auch tatsächlich durch die Ermüdung der Brustmuskeln beendet werden muß und nicht, weil die Trizeps- oder vordere Schultermuskulatur die kraftlimitierenden Muskelgruppen sind.

Probieren Sie beide Formen des Supersatztrainings aus und entscheiden Sie dann, ob Supersätze zu einem Bestandteil Ihres Trainings werden.

Teilwiederholungen

Teilwiederholungen eignen sich ebenfalls hervorragend, um Ihren Muskeln «den letzten Kick» zu geben, sie können auch sehr gut ohne Partnerhilfe durchgeführt werden.

Beispiel: Sie trainieren Ihren Bizeps mit Langhantelcurls. Nach sieben Wiederholungen fühlen Sie, daß keine weitere Wiederholung möglich ist. Aber Sie beenden den Satz noch nicht. Statt dessen senken Sie die Hantel aus der gebeugten Position (Hantelstange am Kinn) nur so weit ab, daß sich Ihre Unterarme etwa parallel zum Boden befinden. Dann bringen Sie das Gewicht unter Einsatz

Ihrer Bizepsmuskulatur wieder auf Kinnhöhe. Machen Sie zwei bis vier Teilwiederholungen zum Abschluß eines Satzes und Ihre Muskeln werden brennen!

Höchstkontraktion («Peak Contraction»)

Durch Anwendung dieses Prinzips erzielen Sie tiefe Einschnitte in Ihrer Muskulatur. Die einzelnen Muskelgruppen werden sich messerscharf unter der Haut abzeichnen. Die Trainingsmethode der Höchstkontraktion ist besonders gut an Maschinen anzuwenden.

Beispiel: Kabelzüge über Kreuz (siehe Seite 145)
Wenn Sie die Position erreicht haben, in der sich Ihre Hände berühren, dann halten Sie diesen Punkt etwa zwei bis drei Sekunden. Spannen Sie die Brustmuskeln dabei so stark wie möglich an. Erst dann folgen weitere Wiederholungen.

Ich empfehle Ihnen, die Anwendung von Höchstkontraktionen für die letzten drei bis fünf Wiederholungen eines Satzes. Für unser Beispiel bedeutet das, daß ca. zehn Wiederholungen ohne Haltepunkt trainiert werden und sich dann drei bis fünf Wiederholungen nach dem Prinzip der Höchstkontraktion anschließen, so daß der gesamte Satz aus insgesamt 13 bis 15 Wiederholungen besteht.

Posing

Sehr effektiv für das Erreichen optimaler Muskelhärte ist das Anspannen der jeweils trainierten Muskelgruppen zwischen den Sätzen. Wenn Sie beispielsweise die Brust trainieren, dann kontrahieren Sie nach Beendigung eines Satzes die Brustmuskeln, indem Sie die «Most-Muscular»-Pose (siehe Umschlagseite dieses Buches) einnehmen. Spannen Sie die Muskeln für zehn bis 20 Sekunden stark an. Lockern Sie dann die Pose, kontrahieren Sie nach einigen Sekunden erneut die Brustmuskeln oder machen Sie den nächsten Satz der aktuellen Übung. Posing eignet sich hervorragend zur Ausprägung von Muskelhärte. Außerdem üben Sie die Ausführung der verschiedenen Posen. Wenn Sie Wettkampfbodybuilder sind oder Bühnenambitionen haben, erlernen Sie durch das wiederholte Posing eine optimale Bühnenpräsentation.

Instinktivprinzip

Für fortgeschrittene Bodybuilder ist das Instinktivprinzip sehr empfehlenswert. Nach einigen Jahren Trainingserfahrung haben Sie bereits mit zahlreichen Trainingsmethoden experimentiert. Sie haben ein feines Gespür für die Reaktion Ihres Körpers entwickelt und können unterscheiden, welche Trainingshäufigkeit und -methode am besten für Ihren Körpertyp geeignet ist.

Es ist durchaus möglich, daß Sie festgestellt haben, daß für Ihre Beinentwicklung eine höhere Wiederholungszahl effektiver ist, während Ihre Brustmuskeln besser auf niedrigere Wiederholungszahlen ansprechen. Es gibt große Unterschiede zwischen Bodybuildern in bezug auf die beste Trainingshäufigkeit, die optimalen Satz- und Wiederholungszahlen und die Effektivität in der Anwendung der zahlreichen Trainingsmethoden. Beobachten Sie aufmerksam Ihre körperlichen Reaktionen, lernen Sie diese zu deuten und treffen Sie dementsprechende Maßnahmen in der Gestaltung Ihres Trainingsprogramms.

Aerobes Training zum Körperfettabbau

Die Beschreibung der zahlreichen positiven Auswirkungen des aeroben Trainings lesen Sie bitte im Kapitel motorische Hauptbeanspruchungsformen (Seite 22 ff.) nach.

Nun soll es um die Frage gehen, wie Sie als Bodybuilder den größtmöglichen Nutzen aus dem aeroben Training ziehen. Während in der Aufbauphase, je nach Körpertyp, zwei oder drei wöchentliche Trainingszeiten von zehn- bis 30(40)-minütiger Dauer empfehlenswert sind, müssen in der Definitionsphase Veränderungen bezüglich Häufigkeit, Dauer und Intensität des aeroben Trainings vorgenommen werden.

Trainingshäufigkeit

Die Trainingshäufigkeit variiert aufgrund der unterschiedlichen Stoffwechselsituation der einzelnen Körpertypen.

Der schlanke ektromorphe Typ hat mit großer Wahrscheinlichkeit auch in der Aufbauphase kaum Fett angesetzt. Sollten Sie schwerpunktmäßig zu diesem Typ tendieren, sind zwei wöchentliche aerobe Einheiten in der Definitionsphase genug, um Ihren ohnehin geringen Körperfettanteil zu minimieren. Der athletische mesomorphe Typ wird am ehesten von zwei- bis viermaligem aeroben Training pro Woche profitieren. Der dickliche endomorphe Typ muß seinen Stoffwechsel stark ankurbeln, damit es zum Fettabbau kommt. Daher sind für diesen Typ mindestens vier bis sechs wöchentliche aerobe Trainingseinheiten empfehlenswert.

Trainingsdauer

Trainieren Sie weniger als 20 Minuten, dann stärken Sie primär Ihr Herz-Kreislauf-System, vorausgesetzt natürlich, Sie trainieren mit der notwendigen Intensität (70 bis 85 Prozent der maximalen Herzfrequenz).

Um wirklich Körperfett abzubauen, das heißt, Depotfett als Energiequelle zu verbrennen, sollte das aerobe Training mindestens 25 Minuten andauern. In den ersten 20 bis 25 Minuten Ihrer Waldläufe oder Radtouren werden nämlich in erster Linie die Kohlenhydratspeicher in der Leber und in den Muskeln entleert (Glykolyse). Erst nach ca. 25 Minuten aerober Belastung beginnt der Körper damit, überwiegend Fette als Energielieferanten abzubauen (ß-Oxidation).

Der schlanke ektomorphe Sportler benötigt ca. 20 bis maximal 30 Minuten aerobes Fettabbautraining, der athletische mesomorphe Sportler 30 bis 45 Minuten und der dickliche endomorphe Sportler sollte mindestens 45 Minuten bis eine Stunde für seine aeroben Trainingseinheiten einplanen. Aber Vorsicht! Wenn das aerobe Training länger als eine Stunde andauert, dann verbrennt der Körper vermehrt Proteine (magere Muskelmasse) als Energieträger. Damit würden Sie in eine katabole Stoffwechsellage kommen und mühsam erarbeitete Muskelsubstanz verlieren. Das aerobe Training soll daher immer nur eine Ergänzung des muskelaufbauenden, schweren Gewichtstrainings sein. Grundsätzlich gilt: *Durch das Training mit Gewichten bauen Sie Muskeln auf, mittels Ausdauertraining reduzieren Sie Ihr Körperfett.*

In diesem Zusammenhang muß auch erwähnt werden, daß die besten Fettverbrenner Muskeln sind. Je höher der Anteil an magerer Muskelsubstanz ist, um so höher ist auch Ihr Kalorienverbrauch in Ruhe, der Stoffwechselgrundumsatz. Ein weiterer Grund also, möglichst intensiv mit Gewichten zu arbeiten.

Trainingsintensität

Strengen Sie sich auch im Ausdauertraining richtig an. Das soll nun nicht heißen, daß Ihnen bereits nach zehn Minuten die Puste ausgeht. Wie bereits erwähnt, sollte das aerobe Training mindestens 25 Minuten andauern. Das wird nicht möglich sein, wenn Sie Ihren Waldlauf im Tempo eines 400-Meter-Laufes angehen oder beim Fahrradergometer gleich von Beginn an einen zu hohen Schwierigkeitsgrad einstellen. Eine gute Richtlinie dafür, daß Ihr aerobes Training die richtige Intensität hat, ist eine vertiefte Atmung. Das heißt, wenn Sie kräftig ein- und

Anteil der Energie liefernden Substanzen bei körperlicher Belastung mit unterschiedlicher Dauer sowie die jeweils maximale Leistungsfähigkeit

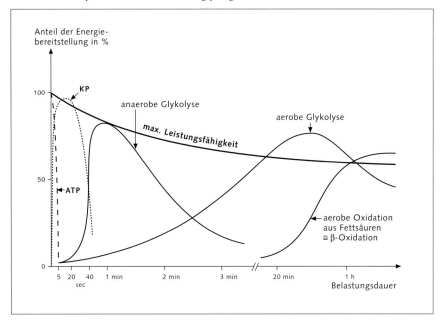

ausatmen und trotzdem noch sprechen können, zum Beispiel mit Ihrem Laufpartner, dann liegen Sie gut im Rennen. Selbstverständlich gehört zu einer guten aeroben Trainingseinheit auch, daß Sie richtig ins Schwitzen kommen. Machen Sie es sich nicht zu einfach, aber übertreiben Sie es auch nicht.

Experimentieren Sie z. B. mit verschiedenen Laufgeschwindigkeiten und entdecken Sie dabei das für Sie richtige Lauftempo. Denjenigen, die es genau wissen wollen, ist ein Pulsmeßgerät zu empfehlen: Die optimale Herzfrequenz zur Fettverbrennung liegt zwischen 55 und 65 Prozent der maximalen Herzfrequenz (220 – Lebensalter). Bei höherer Herzfrequenz, das heißt, zwischen 70 und 85 Prozent der maximalen Herzleistung, profitiert in erster Linie das Herz-Kreislauf-System. Für den Fettabbau ist es empfehlenswert, lieber länger, das heißt mindestens 25 Minuten mit mittlerer Herzfrequenz und 55 bis 65 Prozent der maximalen Herzfrequenz zu trainieren.

Altersbezogener Herzfrequenzbereich für das aerobe Training

Alter	maximale Herzfrequenz	55 % der max. Herzfrequenz	65 % der max. Herzfrequenz	75 % der max. Herzfrequenz	85 % der max. Herzfrequenz
20	200	110	130	150	170
25	195	107	127	146	165
30	190	105	124	143	160
35	185	102	120	139	155
40	180	99	117	135	150
45	175	96	114	131	145
50	170	94	111	128	140
55	165	91	107	124	135

Methodik

Das aerobe Training kann als Dauer- oder Intervalltraining absolviert werden.

Dauertraining bedeutet gleichbleibende Intensität und damit eine relativ konstante Herzfrequenz. Wenn Sie nach dieser Methode trainieren, laufen Sie z. B. Ihre Runden bei gleichbleibendem Tempo um den Sportplatz oder treten Sie mit konstantem Schwierigkeitsgrad in die Pedale. Diese Methodik eignet sich besonders für Beginner im Ausdauertraining.

Beim Intervalltraining wechseln sich Phasen niedriger Intensität mit Phasen höherer Intensität ab. Das geschieht zum Beispiel, wenn Sie durch unebenes Gelände laufen und Sie auf Ihren Parcours einige Steigungen zu bewältigen haben oder wenn Sie beim Training auf dem Fahrradergometer das Intervallprogramm wählen bzw. eine manuelle Einstellung des Schwierigkeitsgrades vornehmen. Das Intervalltraining ist besonders für bereits aerob trainierte Personen zu empfehlen und ist der Dauermethode in bezug auf den fettabbauenden Trainingseffekt überlegen.

Tageszeit

Absolvieren Sie Ihr aerobes Training idealerweise auf nüchternen Magen, zum Beispiel vor dem Frühstück. Die Glykogenreserven sind während einer kohlenhydratreduzierten Diät über Nacht für die Aufrechterhaltung der sogenannten vitalen Funktionen (Atmung, Stoffwechsel, Gehirntätigkeit) nahezu entleert worden. Aufgrund fehlender Nahrungsaufnahme vor dem Ausdauertraining bleibt dem Körper gar nichts anderes übrig, als auf Fettverbrennung zu schalten.

Tip: Die Fettverbrennung können Sie zusätzlich dadurch anregen, daß Sie vor der Ausdauerbelastung eine bis zwei Tassen schwarzen Kaffee trinken. Das im Kaffee enthaltene Koffein fördert die Lipolyse, das heißt, den Abbau von Triglyceriden (Speicherform von Fett) zu freien Fettsäuren, die damit zur Hauptquelle der Energieversorgung des Körpers werden. Im übrigen schlagen Sie mit dem frühmorgendlichen aeroben Training gleich «zwei Fliegen mit einer Klappe». Neben der Aktivierung der Fettverbrennung fühlen Sie sich nach der anschließenden Dusche einfach großartig und sind auch psychisch in Hochform. Damit haben Sie die beste Voraussetzung für einen schönen Tag geschaffen.

Sollten Sie sich entschließen, das aerobe Training mit Ihrer Gewichtstrainingseinheit zu kombinieren, so empfiehlt es sich, besonders im Anschluß an die Arbeit an Hanteln und Maschinen, für 25 bis 45 (maximal 60) Minuten in die Pedale zu treten, einen Waldlauf zu machen oder Treppen zu steigen. Ausgedehnte aerobe Aktivitäten vor dem Hanteltraining kosten Energie, die Sie für das Widerstandstraining an Hanteln und Maschinen benötigen.

Definitionsphase:
der Autor mit 85 Kilogramm Körpergewicht
(siehe im Vergleich hierzu Seite 56)

Übungen für die Definitionsphase

Trainieren Sie auch in der Definitionsphase für jede Muskelgruppe mindestens zwei Grundübungen. Die nachfolgend beschriebenen Übungen ergänzen die Grundübungen der Aufbauphase.

OBERSCHENKELMUSKULATUR

Beinstrecken – für messerscharfe Einschnitte

Beinstrecken ist eine hervorragende Übung, um den vorderen Bereich der Oberschenkel zu trainieren. Besonders die Muskalpartie direkt über dem Kniegelenk profitiert von dieser Bewegung.

Bewegungsbeschreibung

Setzen Sie sich auf die Beinstreckmaschine und halten Sie sich mit den Händen an den seitlich dafür angebrachten Griffen fest. Die Rollen sollten am unteren Ende der Schienbeine anliegen und die Kniegelenke mit dem Ende der Trainingsbank abschließen. Die meisten heutigen Geräte verfügen über eine verstellbare Rückenlehne, so daß die o. g. Knieposition individuell, je nach Länge der Oberschenkel, eingestellt werden kann. Die Füße zeigen geradeaus. Bewegen Sie die Beine bis zur vollständigen Streckung des Kniegelenks nach oben. Vermeiden Sie während der Aufwärtsbewegung das

Anheben des Gesäßes. Konzentrieren Sie sich ausschließlich auf die Spannung in Ihren Oberschenkelmuskeln. Senken Sie das Gewicht so weit kontrolliert herab, daß Sie nicht die ruhenden Gewichtsscheiben zu berühren, um die Oberschenkelmuskeln ständig unter Spannung zu halten. Beim Hochdrücken der Beine atmen Sie aus, beim Herunterlassen ein.

Variationen
- **Einbeiniges Beinstrecken**
Eine gute und effektive Übungsvariation zum gezielten isolierten Training eines Oberschenkels zur Zeit.

- **Variation der Fußstellung**
Nach innen zeigende Fußspitzen belasten besonders den äußeren Bereich der Oberschenkel. Nach außen gerichtete Fußspitzen verstärken die Belastung der inneren Oberschenkel.

Weitere Empfehlungen
- **Höchstspannung**
Als Kabelübung eignet sich das Beinstrecken sehr gut zur Anwendung des «Peak-Contraction»-Prinzips (siehe Seite 135). Verharren Sie für ca. zwei bis drei Sekunden in der Position mit gestreckten Beinen und Ihre Muskeln werden brennen! Durch diese Methode bekommen Sie eine messerscharfe Teilung in die Beinmuskulatur.

Ausfallschritte – Training des gesamten Oberschenkels

Eine sehr effektive Übung, um ein hohes Maß an Muskelteilung im gesamten Oberschenkel- und Gesäßbereich zu entwickeln.

Bewegungsbeschreibung

Halten Sie eine Langhantel im Nacken. Stehen Sie aufrecht mit dicht beieinandergestellten Füßen. Heben Sie ein Bein an und setzen Sie es nach vorne. Dabei soll der Rücken gerade gehalten werden. Der Fuß des nach vorne gesetzten Beins setzt voll auf dem Boden auf, das heißt, die Ferse berührt zuerst den Boden. Gehen Sie so weit in die Hocke, daß Sie mit dem Knie des passiven zweiten Beins ganz kurz den Boden berühren. Ziehen Sie das nach vorne gesetzte Bein dann wieder nach hinten, bis die Ausgangsposition erreicht ist. Anschließend wiederholen Sie die Bewegung mit dem anderen Bein. Beim «Nach-vorne-Setzen» der Beine atmen Sie ein und beim Zurückziehen aus.

Variation
- **Verwendung von Kurzhanteln**
  Bei dieser Übungsvariante halten Sie mit gestreckten Armen in jeder Hand eine Kurzhantel seitlich am Körper.

Weitere Empfehlung
- **Schrittweite**
  Je weiter Sie die Füße nach vorne setzen, um so mehr profitiert Ihre Gesäßmuskulatur von dieser

Übung. Kürzere Ausfallschritte trainieren hauptsächlich den vorderen Oberschenkelbereich direkt über dem Knie.

Treppenlaufen
Das Treppenlaufen ist eine hervorragende Art des aeroben Trainings und hat, neben einem fettabbauenden Effekt (bei mindestens 20 Minuten Belastung) auch eine gute Trainingswirkung auf die Oberschenkel- und Gesäßmuskulatur.

Empfehlung
- Wenn Sie die Stufen nur mit den Fußballen kontaktieren, dann erreichen Sie einen sehr guten Trainingseffekt für Ihre Wadenmuskulatur. Setzen Sie den ganzen Fuß auf, werden verstärkt Gesäß und Oberschenkel trainiert.

BRUSTMUSKULATUR

**Kabelziehen über Kreuz –
für die gestreiften Brustmuskeln**
Diese Übung ist ein hervorragender Abschluß des Brustprogramms, um die Muskelfasern auszureizen und sie «streifig» zu bekommen.

Bewegungsbeschreibung
Fassen Sie die Griffe des Kabelzugs und knien Sie sich so weit auf den Boden, daß Ihr Gesäß Kontakt mit den Fersen bekommt. Führen Sie die Griffe mit leicht gebeugten Ellenbogen direkt vor Ihren Körper. Machen Sie während der Bewegung keinen runden Rücken, sondern halten Sie ihn durchgedrückt. Bewegen Sie die Griffe kontrolliert wieder in die Startposition zurück und fühlen Sie dabei die Streckung in den Brustmuskeln.
Beim Herunterziehen atmen Sie aus und beim Zurücklassen der Griffe ein.

Variationen
- **Kabelzüge über Kreuz im Stehen**
  Die Gefahr des Schwingens mit dem Oberkörper ist bei dieser Übungsvariante erhöht.

- **Einarmiges Kabelziehen**
  Zur gezielten isolierten Belastung eines Brustmuskels.

Weitere Empfehlung
- **Höchstkontraktion**
  Zur Erzeugung einer besonders hohen Spannung in den Brustmuskeln halten Sie die Position, in der sich die Griffe vor Ihrem Körper befinden, für ca. zwei bis drei Sekunden.

Butterfly – trainiert besonders die inneren Brustmuskeln

Ebenso wie Kabelzüge über Kreuz eignet sich diese Übung sehr gut zur Teilung der Brustmuskulatur und sollte zum Abschluß des Brusttrainings absolviert werden.

Bewegungsbeschreibung

In der Sitzposition sollen sich Ihre Ellenbogen in einer Linie mit den Schultern befinden. Jede gute Butterfly-Maschine bietet die Möglichkeit zur individuellen Einstellung der Sitzhöhe. Die Unterarme und die Ellenbogen werden auf die Polsterung gedrückt. Führen Sie nun die Arme so weit vor Ihre Brust, daß sich die seitlichen Griffplatten berühren. Beim Nach-vorne-Ziehen des Gewichts vermeiden Sie es, den Rücken von der Lehne abzuheben. Drücken Sie Ihre Schultern immer an die Rückenlehne. Ebenso sollen Ihre Ellenbogen und die Hände stets in Kontakt mit den Griffplatten bleiben. Senken Sie das Gewicht wieder herab, ohne Kontakt mit den «ruhenden» Gewichtsscheiben auf dem Schlitten zu bekommen. Dadurch bleiben die Brustmuskeln ständig unter Spannung. Beim Zusammendrücken atmen Sie aus und beim Heruntersenken des Gewichts ein.

Weitere Empfehlungen

- **Höchstkontraktion**
  Halten Sie die Griffplatten in nach vorne geführter Position für ca. zwei bis drei Sekunden, um eine sehr hohe Kontraktion der Brustmuskulatur zu erreichen.

RÜCKENMUSKULATUR

Frontziehen –
Ergänzungsübung für Klimmzüge

Zugübungen am Turm ergänzen sehr gut freie Klimmzüge. Für Bodybuilder, die noch Schwierigkeiten bei Klimmzügen haben, eignet sich das Frontziehen ausgezeichnet, um den breiten Rückenmuskel zu trainieren.

Bewegungsbeschreibung

Greifen Sie die Zugstange etwas weiter als schulterbreit. Setzen Sie sich auf eine Trainingsbank. Dabei sollten die Beine leicht nach hinten angewinkelt sein. Aus der vollen Streckung der Arme ziehen Sie nun die Stange so weit nach unten, bis sie Kontakt mit Ihren oberen Brustmuskeln bekommt. Drücken Sie die Brust heraus und machen Sie keinen Rundrücken. Beim Herunterziehen lehnen Sie den Körper leicht zurück, bringen die Ellenbogen möglichst weit nach hinten und ziehen die Schulterblätter zusammen. Dadurch kommt es zu einer starken Kontraktion der Rückenmuskeln. Nachdem die Zugstange Ihren Brustkorb berührt hat, strecken Sie die Arme bis zur Ausgangsposition. Bevor Sie das Gewicht erneut nach unten ziehen, lehnen Sie sich etwas nach vorne, um die Rückenmuskulatur optimal zu strecken. Beim Herunterziehen atmen Sie aus und beim Zurücklassen der Zugstange ein.

Variationen

- **Unterschiedliche Griffpositionen**
  Das Frontziehen kann auch im Untergriff mit engem Handabstand oder mit speziellen Griffen, die z. B. eine sehr enge, parallele Handhaltung ermöglichen, trainiert werden. Jede Übungsvariante belastet in unterschiedlichem Maße spezielle Muskelbereiche des Rückens.

- **Nackenziehen**
  Das Ziehen der Stange zum Nacken ermöglicht durch besonders weites Nach-hinten-Bringen der Ellenbogen hohe Kontraktionen des breiten Rückenmuskels.

Weitere Empfehlungen

- Ein starkes Schwingen des Oberkörpers sollte unbedingt vermieden werden.

Überzüge – Kombinationsübung für Rücken und Brust

Durch Überzüge erreichen Sie einen großartigen Dehneffekt in Ihren Rücken-, Brust- und Bauchmuskeln. Überzüge können sowohl im Rücken- als auch im Brusttraining gemacht werden und sind quasi so etwas wie eine Kombinationsübung für beide Muskelgruppen.

Bewegungsbeschreibung

Sie liegen quer zu einer Trainingsbank. Die Schultern liegen auf, der Kopf wird leicht nach hinten gebeugt und befindet sich eben über dem Bankende, so daß er durch die Polsterung der Bank gestützt wird. Fassen Sie die Kurzhantel so, daß sich Ihre Hände überkreuzen und die Handflächen flach gegen das Gewicht gedrückt sind. Senken Sie das Gesäß so weit wie möglich nach unten und drücken Sie die Brust gleichzeitig nach oben. Beim Absenken des Gewichts sollten Sie diese Körperposition stets beibe-

halten. So wird der gesamte Oberkörper sehr gut gestreckt. Am tiefsten Punkt der Bewegung (bei guter Flexibilität der Schultergelenke erreichen Sie in der Endposition den Boden) ziehen Sie die Kurzhantel durch den Einsatz der Brust- und Rückenmuskeln wieder nach oben. Sobald sich die Hantel auf Augenhöhe in der Senkrechten befindet, stoppen Sie die Bewegung und spannen die Muskeln stark an. Beim Herunterlassen des Gewichts atmen Sie tief ein und beim Hochziehen kräftig aus.

Variationen
- **Körperposition**
  Sie können Überzüge auch in einer Position trainieren, in der sich Ihr Körper nicht quer, sondern längsseits auf einer Trainingsbank befindet. Diese Übungsversion ist etwas leichter und der Dehneffekt der Rücken- und Brustmuskulatur ist nicht so intensiv wie bei der Version mit quergelegtem Oberkörper.

- **Überzüge mit der Langhantel**
  Ebenfalls eine gute Version der Übungsausführung sind Überzüge mit der Langhantel.

Weitere Empfehlungen
- **Winkelstellung der Ellenbogen**
  Stark gebeugte Ellenbogen trainieren besonders die Rückenmuskeln, leicht angewinkelte Ellenbogen vorwiegend die Brust- und Zwischenrippenmuskulatur.

SCHULTERMUSKULATUR

Langhantel-Frontdrücken – Variation des Nackendrückens

Diese Übung kann auch als primäre Aufbauübung angesehen werden. Sie ist hier unter den Definitionsübungen eingeordnet, weil durch diese Bewegung in erster Linie gezielt die vordere Schultermuskulatur trainiert wird.

Bewegungsbeschreibung

Der Bewegungsablauf ähnelt dem des Nackendrückens (siehe Seite 83), nur daß beim Frontdrücken die Hantel nicht hinter den Nacken geführt wird, sondern vor das Kinn, bis auf den vorderen Brustbereich.

Variation

- **Kurzhantel Frontdrücken**
  Die Verwendung von Kurzhanteln erlaubt zum einen ein tieferes Herabsenken der Gewichte seitlich neben den Oberkörper und bietet auch die Möglichkeit für etwas freiere Bewegungsabläufe, z. B. durch das Drehen der Handflächen.

Weitere Empfehlung

- Beim Frontdrücken besteht die Gefahr, während des Nach-oben-Drückens ein starkes Hohlkreuz zu machen und dadurch die Lendenwirbelsäule sehr hoher Belastung auszusetzen. Achten Sie darauf, Ihren Rücken nur leicht nach vorne zu drücken und stets die Bauchmuskulatur anzuspannen.

Seitheben stehend – gezieltes Training der seitlichen Schultermuskeln

Diese Übung eignet sich hervorragend zum gezielten Training der seitlichen Schultermuskulatur.

Bewegungsbeschreibung
Stehen Sie mit leicht vorgebeugtem Oberkörper und angewinkelten Knien. Halten Sie in jeder Hand seitlich am Körper zwei Kurzhanteln. Heben Sie die Gewichte mit angewinkelten Ellenbogen seitlich so weit nach oben, bis sich die Kurzhanteln ungefähr auf Augenhöhe befinden.
Ein Nach-hinten-Lehnen oder starkes Schwingen im Oberkörper sollte unbedingt vermieden werden. Dadurch wird ein Großteil der Belastung von den Schultermuskeln auf den unteren Rückenbereich verlagert und die Verletzungsgefahr der Lendenwirbelsäule erhöht. Senken Sie die Hanteln dann wieder kontrolliert seitlich am Körper herab. Beim Hochziehen der Gewichte atmen Sie aus und beim Absenken der Gewichte ein.

Variationen
- **Seitheben sitzend**
  Bei dieser Übung sitzen Sie am Ende einer Trainingsbank. Durch die sitzende Position verringern Sie die Wahrscheinlichkeit des Schwingens mit dem Oberkörper. Allerdings müssen Sie sich auch bei dieser Übungsvariante sehr genau auf die gezielte Belastung der seitlichen Schultermuskeln konzentrieren, um den größtmöglichen Trainingseffekt zu erreichen.

- **Seitheben einarmig**
  Einarmiges Seitheben, sei es mit der Kurzhantel oder am Kabelzug, ermöglicht sehr gezieltes, isoliertes Training einer Schulter zur Zeit.

Weitere Empfehlung
- **Drehung der Handgelenke**
  Wenn Sie die Handgelenke in der höchsten Position der Bewegung so drehen, daß sich der kleine Finger höher als der Daumen befindet (in etwa so, als wenn Sie eine Tasse Wasser ausgießen würden), dann trainieren Sie neben den seitlichen auch sehr effektiv die hinteren Schultermuskeln.

Frontheben – gezieltes Training der vorderen Schultermuskulatur
Frontheben trainiert gezielt den vorderen Bereich der Schultermuskulatur und eignet sich gut dazu, das Schultertraining in der Definitionsphase zu komplettieren.

Bewegungsbeschreibung
Stehen Sie aufrecht mit leicht gebeugten Knien und halten Sie in jeder Hand eine Kurzhantel so vor den Oberschenkeln, daß Ihre Handflächen sich in paralleler Position zum Boden befinden. Ziehen Sie einen Arm bis auf Augenhöhe nach oben, der andere Arm bleibt in der Ausgangsposition.

Während des Nach-oben-Ziehens vermeiden Sie starkes Nach-hinten-Lehnen des Oberkörpers, um den unteren Rückenbereich nicht unnötig stark zu belasten und um den größtmöglichen Trainingseffekt für die vordere Schultermuskulatur zu erzielen.
Die Ellenbogen sollten während der Bewegung leicht angewinkelt sein, um diese nicht zu überlasten. Senken Sie das Gewicht wieder kontrolliert bis zu Ihrem Oberschenkel herab und beginnen Sie dann die Ausführung der Bewegung mit dem anderen Arm. Beim Hochziehen der Kurzhantel atmen Sie aus und beim Herunterlassen ein.

Variationen

- **Frontheben mit der Langhantel**
  Eine sehr gute Übungsvariante des Fronthebens, die beide Schultern gleichzeitig trainiert. Experimentieren Sie mit unterschiedlichen Griffbreiten. Üblicherweise wird bei dieser Übung ein etwas engerer als schulterbreiter Griff gewählt.

- **Frontheben am Kabelzug**
  Diese Form der Übungsausführung gleicht der des Fronthebens mit der Langhantel. Der Kabelzug eignet sich besonders gut, um ständige Spannung in den vorderen Schultermuskeln zu erzeugen.

BIZEPSMUSKULATUR

**Bizepscurl am Kabelzug –
Höchstspannung für den Bizeps**
Der Kabelzug ermöglicht in ausgezeichneter Weise, Curlbewegungen unter ständiger Spannung zu trainieren und die Bizepsmuskulatur dadurch intensiv zu belasten.

Variationen
- **Kabelcurl stehend**
  Der Bewegungsablauf ist prinzipiell derselbe wie beim Langhantelcurl (siehe Seite 86).

- **Kabelcurl einarmig**
  Bei dieser Übungsvariante trainieren Sie sehr gezielt einen Bizeps zur Zeit.

- **Scott-Curl**
  Diese Bewegung ist nach Larry Scott, dem ersten Mr. Olympia, benannt, der für seine vollen, langgezogenen Bizepsmuskeln bekannt geworden ist. Zwar kann keine Übung die genetisch vorgegebene Muskelform, also z. B. die Länge, verändern, Scott-Curls eignen sich jedoch in hohem Maße für das Training des unteren Bizepsbereichs.

Bewegungsbeschreibung Scott-Curl
Setzen Sie sich auf eine Schrägbank und fassen Sie die Zugstange etwas enger als schulterbreit. Das Bankende befindet sich genau unterhalb Ihrer Achselhöhlen. Der Rücken ist mög-

lichst gerade, machen Sie keinen Rundrücken. Die Ellenbogen liegen auf der Polsterung auf. Strecken Sie die Arme ganz durch und fühlen Sie die Dehnung der Bizepsmuskulatur. Ziehen Sie die Stange so weit nach oben, bis diese Kontakt mit Ihrem Kinn bekommt. Vermeiden Sie es, bei der Aufwärtsbewegung die Ellenbogen von der Polsterung abzuheben. Am höchsten Punkt der Bewegung spannen Sie die Bizepsmuskeln stark an. Senken Sie die Zugstange wieder bis zur vollen Streckung der Arme nach unten. Beim Hochziehen des Gewichts atmen Sie aus, beim Herunterlassen ein.

Variationen
- **Scott-Curls einarmig**
  Zum gezielten isolierten Training eines Bizeps zur Zeit.

- **Gebogene Zugstange**
  Bei Verwendung einer sogenannten SZ-Stange werden die Handgelenke weniger belastet als beim Training mit der geraden Stange.

- **Griffbreite**
  Ein sehr enger Griff trainiert besonders den äußeren Bizepsbereich, ein weiter als schulterbreiter Griff dagegen mehr den inneren Bizepsbereich.

Weitere Empfehlungen
- Wie im Grunde alle Übungen am Kabelzug sollten auch Bizepscurls mit höheren Wiederholungszahlen pro Satz (zwischen zwölf bis 20) trainiert werden. Dadurch erreichen Sie in Verbindung mit dem Training der Grundübungen mit niedrigeren Wiederholungszahlen (sechs bis zehn pro Satz) und schweren Gewichten eine sehr effektive Muskelwachstumsstimulation.

Konzentrationscurl – isolieren Sie Ihren Bizeps

Konzentrationscurls gehören zu den Übungen, bei denen Sie nicht mit schweren Gewichten trainieren sollten. Konzentrieren Sie sich ganz besonders auf das Muskelgefühl.

Bewegungsbeschreibung

Setzen Sie sich auf das Ende einer Trainingsbank. Beugen Sie den Oberkörper nach vorne und greifen Sie eine Kurzhantel. Der Ellenbogen liegt auf der Innenseite des Oberschenkels auf. Ihre freie Hand oder den Ellenbogen des nicht trainierten Armes stützen Sie auf dem anderen Oberschenkel ab. Ziehen Sie das Gewicht so weit wie möglich an die Schulter heran. Vermeiden Sie dabei ein Schwingen des Oberkörpers. Spannen Sie den Bizeps in der Endposition stark an und senken Sie dann die Hantel bis zur vollständigen Streckung des Armes nach unten.

Variationen
- **Position des Ellenbogens**
  Sie können den Ellenbogen auch frei hängen lassen, anstatt ihn auf dem Oberschenkel abzustützen. Dadurch wird die Bewegung etwas schwerer. Bei voller Übungskontrolle, das heißt, wenn die Position des Ellenbogens während des gesamten Bewegungsablaufes unverändert bleibt und ein Schwingen des Oberkörpers vermieden wird, erreichen Sie so eine sehr hohe Kontraktion der Muskulatur.

- **Konzentrationscurl mit der Langhantel**
  Bei dieser Übungsvariante hocken Sie sich in die Knie und verwenden eine Langhantel für die Bewegungsausführung. Die Ellenbogen liegen auf den Knien auf.

TRIZEPSMUSKULATUR

Trizepsdrücken am Kabelzug – für ein geschliffenes «Hufeisen»

Druckübungen am Kabelzug vervollständigen ein auf optimale Form angelegtes Trainingsprogramm der Trizepsmuskeln und geben den Armstreckern das gemeißelte Aussehen von der Form eines Hufeisens.

Kabeldrücken nach unten

Bewegungsbeschreibung

Fassen Sie die Zugstange etwas weniger weit als schulterbreit. Bringen Sie die Ellenbogen in eine Position, in der Sie Kontakt mit dem Oberkörper bekommen. Drücken Sie nun die Stange so weit nach unten, bis sie die Oberschenkel berührt. Beim Herunterdrücken vermeiden Sie es, einen Rundrücken zu machen. Halten Sie die Ellenbogen möglichst konstant am Körper, das heißt, bewegen Sie sie nicht nach vorne oder nach hinten. Um einen möglichst stabilen Stand zu bekommen, sollten Sie die Knie leicht gebeugt halten und ein Bein nach vorne stellen. Drücken Sie die Arme in der Endposition ganz durch, um eine möglichst hohe Kontraktion des Trizeps zu erreichen. Bewegen Sie die Zugstange so weit zurück, daß sich diese auf einer Höhe mit dem unteren Brustansatz befindet. Spüren Sie die Streckung in den Trizepsmuskeln. Trainieren Sie das Trizepsdrücken so, daß sich Ihre Handgelenke möglichst nah in Richtung Oberkörper bewegen. Beim Herunterdrücken der Zugstange atmen Sie aus, beim Zurücklassen ein.

Variationen

- **Griffposition**

    Experimentieren Sie mit unterschiedlichen Griffbreiten, das heißt, mit sehr weitem (mehr als schulterbreit) oder sehr engem Griff (so daß sich die Hände fast berühren). Dadurch trainieren Sie unterschiedliche Bereiche der Trizepsmuskeln. Oder wählen Sie einen Untergriff, um besonders intensiv den inneren Trizepskopf zu trainieren.

- **Einarmiges Trizepsdrücken im Untergriff**

    Zum gezielten isolierten Training eines Arms. Diese Übung eignet sich besonders gut als Abschlußübung, um den Trizeps noch einmal richtig gut zu durchbluten.

- **Verwendung eines Seiles**

    Ein Seil eignet sich gut dazu, diese Übung gegenüber der Übungsausführung an der Zugstange mit engem Griff aus einem unterschiedlichen Winkel zu trainieren.

Kurzhanteldrücken nach hinten – «Kickbacks» für optimale Form
Eine sehr gute Übung, um einen Trizeps zur Zeit zu trainieren.

Bewegungsbeschreibung
Greifen Sie eine Kurzhantel und beugen Sie sich mit dem Oberkörper nach vorn. Ziehen Sie den Ellenbogen nach oben und halten Sie diesen in Kontakt mit Ihrem Oberkörper. Stützen Sie sich mit der freien Hand auf Ihrem Oberschenkel ab. Drücken Sie den gebeugten Arm bis zur vollständigen Streckung nach hinten, spüren Sie dabei die Kontraktion des Trizeps. Senken Sie das Gewicht wieder nach unten ab. Achten Sie während der Bewegung darauf, den Ellenbogen möglichst hoch zu halten. Je tiefer die Position des Ellenbogens, um so einfacher ist die Übungsausführung. Beim Hochdrücken der Kurzhantel atmen Sie aus und beim Herunterlassen ein.

WADENMUSKULATUR

Wadenheben an der Beinpresse – für starke äußere Wadenmuskeln

Eine sehr gute Übung, um den äußeren Bereich der Wadenmuskulatur zu trainieren.

Bewegungsbeschreibung

Sie liegen auf der Beinpresse. Positionieren Sie Ihre Füße so, daß die Fußspitzen Kontakt mit der Geräteplatte haben, der Rest des Fußes nicht. Die Fußspitzen sollten enger als schulterweit auf der Platte anliegen. Drücken Sie die Oberschenkel nicht ganz bis zur vollständigen Streckung durch. Senken Sie die Fußspitzen so weit wie möglich in Richtung Ihrer Schienbeine. Spüren Sie dabei die Dehnung in den Wadenmuskeln. Vom tiefsten Punkt der Bewegung drücken Sie die Fußspitzen möglichst weit nach oben, bis Ihre Waden voll kontrahieren. Beim Hochdrücken des Gewichts atmen Sie aus, beim Herunterlassen ein.

Variation
- **Zehenstellung**

  Nach innen gedrehte Zehen trainieren besonders gut den äußeren Wadenbereich. Nach außen gedrehte Zehen entwickeln vorrangig die inneren Wadenmuskeln.

Weitere Empfehlung
- **Einnehmen der Ausgangsposition**

  Wenn Sie mit schweren Gewichten trainieren, kann es Probleme bereiten, in die Ausgangsposition zu kommen. Setzen Sie in diesem Fall zuerst mit dem ganzen Fuß weiter oben an der Platte auf und drücken Sie mit der Kraft Ihrer Oberschenkel das Gewicht nach vorne. Dann setzen Sie einen Fuß nach dem anderen so tief nach unten, bis nur noch die Fußspitzen Kontakt mit der Plattform haben.

Wadenheben sitzend – Komplettierung für das Wadentraining

Eine gute Übung für die Waden, bei der Sie nicht soviel Gewicht bewegen können wie beim Wadenheben im Stehen oder an der Beinpresse, die aber dennoch einen sehr guten Trainingseffekt für die Wadenmuskulatur hat.

Bewegungsbeschreibung

Die Polsterung der Wadenmaschine liegt auf Ihren Oberschenkeln, kurz oberhalb der Knie auf. Die Fußspitzen haben Kontakt mit der Fußablage, die Fersen sind frei beweglich. Senken Sie die Füße so weit wie möglich nach unten und erzielen Sie so eine hohe Streckung der Wadenmuskulatur. Heben Sie die Fußspitzen möglichst weit nach oben an. Beim Hochdrücken der Fußspitzen atmen Sie aus, beim Heruntersenken ein.

Variation
- **Zehenstellung**

  Auch bei dieser Wadenübung trainieren Sie mit nach innen gerichteten Zehen überwiegend den äußeren und mit nach außen gerichteten Zehen den inneren Bereich der Wadenmuskulatur.

Weitere Empfehlung
- **Körperposition**

  Während des Hochdrückens der Fußspitzen können Sie den Oberkörper leicht nach hinten lehnen. So sind Sie in der Lage, mit mehr Gewicht als bei der Übungsausführung mit ganz gerade gehaltenem Oberkörper zu trainieren.

BAUCHMUSKULATUR

Beinheben hängend – für Bauchmuskeln wie Granit

Eine sehr gute Übung, um besonders dem unteren Bereich der Bauchmuskulatur alles abzuverlangen. Hier gilt der gleiche Hinweis wie beim Beinheben liegend (siehe Seite 92 ff.): Beinheben trainiert in erster Linie den unteren Bauchbereich und erst an zweiter Stelle den Hüftbeugemuskel. Probieren Sie diese Übung, und Ihre Bauchmuskeln werden brennen!

Bewegungsbeschreibung

Sie hängen mit ca. schulterbreitem Griff an der Klimmzugstange. Die Beine sind voll gestreckt, ohne daß die Fußspitzen den Boden berühren. Heben Sie die Knie so weit wie möglich nach oben in Richtung Brust. Vermeiden Sie beim Anheben der Oberschenkel ein Schwingen des Körpers. Senken Sie die Beine bis zur vollen Streckung nach unten herab.

Variationen

- **Beinheben mit gestreckten Beinen**
  Besonders fortgeschrittene Bodybuilder können die Übung noch intensivieren, indem die Beine bei der Bewegung fast ganz gestreckt bleiben.

- **Beinheben mit Zusatzgewicht**
  Eine weitere Möglichkeit zur Intensivierung dieser Übung ist das Hal-

ten einer Kurzhantel zwischen den Füßen, um den Widerstand zu erhöhen.

Weitere Empfehlungen
- **Drehen des Oberkörpers**
  Durch seitliches Drehen des Oberkörpers werden die äußeren, schrägen Bauchmuskeln sehr effektiv trainiert.

- **Verwendung von Handgelenksschlaufen («Straps»)**
  Bei dieser Übung besteht die Gefahr, daß sich der Griff löst, bevor die Bauchmuskeln wirklich austrainiert worden sind. Handgelenksschlaufen können hier Abhilfe schaffen.

UNTERARMMUSKULATUR

Die Unterarme werden bereits bei vielen Übungen indirekt mittrainiert, wie z. B. beim Bizepscurl oder bei Klimmzügen. Für den Fall, daß diese Muskelpartie zu Ihren Schwachpunkten gehören sollte, empfiehlt es sich, eine oder zwei direkte Übungen für diesen Bereich in das Training miteinzuplanen.

Reserve Curl stehend – Basisübung für die Unterarme

Bewegungsbeschreibung
Der Bewegungsablauf ist prinzipiell derselbe wie beim Langhantelcurl stehend (siehe Seite 86). Durch die Verwendung des Obergriffs werden aber beim Reserve Curl die Unterarme viel intensiver trainiert.

**Handgelenkscurl –
Isolationsübung für die Unterarme**
Diese Bewegung minimiert im Vergleich zum Reserve Curl die Beteiligung der Bizepsmuskulatur.

Bewegungsbeschreibung
Setzen Sie sich an das Ende einer Trainingsbank und beugen Sie den Oberkörper so weit nach vorne, bis Ihre Unterarme auf der Bank aufliegen. Fassen sie die Langhantel so, daß Ihre Handgelenke sich über dem Ende der Trainingsbank befinden. Strecken Sie die Hände so weit wie möglich nach unten. Dabei sollten die Unterarme nicht von der Polsterung abgehoben werden, sondern in ständigem Kontakt mit der Bank bleiben. Ziehen Sie das Gewicht so weit wie möglich nach oben. Beim Hochziehen der Hantel atmen Sie aus, beim Herunterlassen der Hantel ein.

Variationen
- **Handgelenkscurl im Obergriff**
Diese Übungsvariante trainiert besonders gut die vorderen oberen Unterarmmuskeln.

- **Position der Ellenbogen**
Sie können die Ellenbogen, anstatt sie auf der Trainingsbank aufzulegen, auch auf den Oberschenkeln positionieren.

Weitere Empfehlungen
- **Erhöhung des Bewegungsumfanges**
In der Endposition, das heißt, bei voll gestreckten Handgelenken, lassen Sie die Langhantel bis zu Ihren Fingerspitzen abrollen, bevor Sie die Handgelenke nach oben anbeugen. Dies ist eine gute Variante, um die Unterarmmuskeln voll auszureizen.

Körpertypgerechte Trainingspläne

Die folgenden Programme dienen als Leitfaden für körpertypgerechte Split-Programme in der Definitionsphase.

Definitionsphase
Trainingsprogramm 1 • Körpertyp: ektomorph • Woche 37 bis Woche 42 der Jahresplanung (siehe Seite 198)

Tag	Muskelgruppe	Übung	Sätze	WH	Methode
Montag	Oberschenkel	Beinstrecken	2–3	12–15	Höchstkontraktion
		Kniebeugen	3	8–10	Pyramide, Intensivwh.
		Beinpresse	2–3	10–12	gleiches Gewicht
	Bizeps	Kurzhantelcurl, sitzend	2–3	6–8	Pyramide, Intensivwh.
		Langhantelcurl	2–3	8–10	abnehmende Sätze
Dienstag	Brust	Bankdrücken	3	6–8	umgekehrte Pyramide
		Fliegende, flach	2–3	12–15	gleiches Gewicht
		Schrägbankdrücken	2–3	8–10	Pyramide, Intensivwh.
	Trizeps	Dips	3	8–10	evtl. Zusatzgewicht
		Cable-Pushdown	3	10–12	Pyramide
Mittwoch	aerobes Training 20–30 Minuten, Intervallmethode				
Donnerstag	Rücken	Klimmzüge	3	8–10	evtl. Zusatzgewicht
		Kreuzheben	3	6–8	Pyramide
		Rudern vorgebeugt	2–3	8–10	Pyramide
	Schulter	Nackendrücken	3	6–8	abnehmende Sätze
		Rudern stehend	2–3	10–12	gleiches Gewicht
		Kurzhanteldrücken, sitzend	2–3	8–10	umgekehrte Pyramide
Freitag	Pause				
Sonnabend	Oberschenkel	Beincurl	3	12–15	Höchstkontraktion
		Beinstrecken	3	12–15	Höchstkontraktion
		Kniebeuge	3	6–10	Pyramide
	Trizeps	Engbankdrücken	2–3	6–8	Pyramide
		Dips	2–3	8–10	evtl. Zusatzgewicht
	Bizeps	Langhantelcurl	2–3	6–8	Pyramide, Intensivwh.
		Scott-Curl	2–3	10–12	gleiches Gewicht, Teilwiederholungen
Sonntag	aerobes Training 20–30 Minuten, Intervallmethode				
Montag	wie Dienstag				

Tip: Bauch und Wadenmuskeln können an jedem Trainingstag mit 2–3 Übungen zu 2–3 Sätzen à 15–20 WH (Waden) bzw. à 30–50 WH (Bauch) trainiert werden.

Definitionsphase
Trainingsprogramm 2 • Körpertyp: mesomorph • Woche 46 bis Woche 49 der Jahresplanung (siehe Seite 200)

Tag	Muskelgruppe	Übung	Sätze	WH	Methode
Montag	aerobes Training, 35–45 Minuten, Intervallmethode				
	Brust	Schrägbankdrücken	3	6– 8	abnehmende Sätze, Intensivwh.
		Schrägbankfliege	3	12–15	gleiches Gewicht
		Bankdrücken	3	8–10	umgekehrte Pyramide
		Cable-Crossover	3	12–15	gleiches Gewicht, Höchstkontraktion
	Trizeps	Dips	3–4	12–15	
		Cable-Pushdown	3–4	12–15	Pyramide
Dienstag	Oberschenkel	Beincurl	3–4	15	Pyramide
		Kniebeuge	3	8–10	umgekehrte Pyramide, Intensivwh.
		Beinstrecken	3–4	12–15	gleiches Gewicht, Höchstkontraktion
		Frontkniebeuge	3	10–15	gleiches Gewicht
	Bizeps	Kurzhantelcurl, sitzend	3	8–10	Pyramide
		Langhantelcurl	3	6–10	umgekehrte Pyramide, Intensivwh.
		Cable-Curl oder Konzentrationscurl	3	12–15	gleiches Gewicht, Höchstkontraktion
Mittwoch	aerobes Training 35–45 Minuten, Intervallmethode				
	Schulter	Nackendrücken	3	6– 8	abnehmende Sätze, Intensivwh.
		Seitheben	3	12–15	gleiches Gewicht
		Rudern stehend	3	8–10	Pyramide
		Seitheben, vorgebeugt	3	12–15	gleiches Gewicht oder abnehmende Sätze
	Rücken	Überzüge	3	15	Pyramide
		Klimmzüge	3–4	Maxi	Intensivwh.
		Rudern vorgebeugt	3–4	8–10	Pyramide
		Rudern sitzend	3	12–15	gleiches Gewicht oder abnehmende Sätze
Donnerstag	Pause				
Freitag	wie Montag oder nach Gefühl ein weiterer Ruhetag, evtl. aerobes Training 20–30 Minuten, Dauermethode				
Sonnabend	Falls Training am Freitag, wie Dienstag. Wenn Freitag nicht trainiert wird, wie Montag.				
Sonntag	je nach Trainingsrhythmus wie Montag bzw. Dienstag				

Tips: • Nach 3 aufeinanderfolgenden Trainingstagen folgen 1–2 Ruhetage. An einem Tag sollte vollständig ausgeruht werden, am zweiten Ruhetag kann aerob trainiert werden (je nach Körpergefühl)
• Bauch und Wadenmuskeln sollen 4–6x pro Woche trainiert werden, Bauchmuskeln: 2–3 Übungen zu je 2–3 Sätzen à 30–50 Wiederholungen Wadenmuskeln: 2–3 Übungen zu je 3–4 Sätzen à 12–15 Wiederholungen

Definitionsphase

Trainingsprogramm 3 • Körpertyp: endomorph • Woche 45 bis Woche 48 der Jahresplanung (siehe Seite 202)

Tag	Muskelgruppe	Übung	Sätze	WH	Methode
Montag	aerobes Training, 45–60 Minuten, Dauermethode				
	Brust	Schrägbankdrücken	3–4	8	umgekehrte Pyramide, Intensivwh.
		Schrägbankfliege	3	12–15	gleiches Gewicht
		Bankdrücken	2–3	8–10	umgekehrte Pyramide
		Cable-Crossover	2–3	15–20	gleiches Gewicht, Höchstkontraktion
	Trizeps	Dips	3	12–20	
		Trizeps Kickback	2–3	15–20	gleiches Gewicht
		Cable-Pushdown	3	12–15	gleiches Gewicht
Dienstag	Oberschenkel	Beinstrecken	2–3	12–16	Höchstkontraktion
		Kniebeuge	3–4	8–10	Pyramide
		Beincurler	3–4	12–20	gleiches Gewicht
		Beinpresse	3	15–20	Pyramide
	Bizeps	Cable-Curl	2–3	12–16	Höchstkontraktion
		Langhantelcurl	3	8–10	Pyramide, Intensivwh.
		Scott-Curl, einarmig	2	12–15	gleiches Gewicht, Teilwiederholungen
Mittwoch	aerobes Training, 45–60 Minuten, Intervallmethode				
	Schulter	Nackendrücken	3–4	8	umgekehrte Pyramide, Intensivwh.
		Frontheben	3	12–15	gleiches Gewicht
		Seitheben	3	10–12	abnehmende Sätze
		Seitheben Kabelzug, einarmig	2–3	15–20	gleiches Gewicht
	Rücken	Seitheben, vorgebeugt	3	8–10	abnehmende Sätze
		Überzüge	3	8–10	gleiches Gewicht
		Rudern vorgebeugt	3–4	8–10	Pyramide
		Frontziehen	3–4	15–20	gleiches Gewicht
		Rudern vorgebeugt	3–4	8–10	Pyramide
		Rudern sitzend	3	12–15	gleiches Gewicht oder abnehmende Sätze
Donnerstag	Pause oder aerobes Training 45–60 Minuten, Dauermethode				
Freitag	aerobes Training 45–60 Minuten, Dauermethode				
	Brust	Schrägbankdrücken	2–3	8	abnehmende Sätze, Intensivwh.
		Fliegende, flach	3	12–15	gleiches Gewicht
		Bankdrücken	3–4	8–10	umgekehrte Pyramide, Intensivwh.
		Cable-Crossover oder Butterfly	3	15–20	Höchstkontraktion
	Trizeps	Engbankdrücken	2–3	8–10	Pyramide
		Cable-Pushdown	3	12–16	gleiches Gewicht
		Cable-Pushdown, einarmig reverse	2–3	12–16	gleiches Gewicht
Sonnabend	Oberschenkel	Beincurl	3	15–20	Höchstkontraktion
		Beinstrecken	3	15–20	Höchstkontraktion, Supersätze
		Kniebeuge	3–4	12–20	umgekehrte Pyramide
		Frontkniebeuge	3–4	10–12	gleiches Gewicht
	Bizeps	Kurzhantelcurl, sitzend	2–3	8	Pyramide
		Langhantelcurl	3	8–10	Pyramide, Intensivwh.
		Konzentrationscurl	2–3	12–16	abnehmende Sätze
Sonntag	aerobes Training 45–60 Minuten, Dauermethode				
	Rücken	Frontziehen	3–4	15–20	gleiches Gewicht
		Rudern vorgebeugt	3–4	8–10	Pyramide
		Seitheben, vorgebeugt	3	12–15	gleiches Gewicht
		Rudern einarmig	3	12–15	Pyramide
	Schulter	Nackendrücken	3–4	8–10	umgekehrte Pyramide, Intensivwh.
		Frontdrücken, Kurzhantel	3	8	umgekehrte Pyramide
		Seitheben	3–4	12–15	gleiches Gewicht
		Rudern stehend	3–4	12–16	gleiches Gewicht

Tips:
- Nach 3 Trainingstagen 1 Ruhetag, dann wieder mit Tag 1 beginnen
- Bauchmuskeln: 4–5x pro Woche mit 3 Übungen zu 2–3 Sätzen à 25 bis 50 WH trainieren
- Wadenmuskeln: 3–4x pro Woche mit 2–3 Übungen zu 3–4 Sätzen à 12–20 WH trainieren

Ernährung in der Definitionsphase

Kohlenhydratarme Ernährung für messerscharfe Definition

Die Ernährung des Bodybuilders in der Definitionsphase unterscheidet sich insbesondere im Verhältnis der Aufnahme von Kohlenhydraten, Fetten und Eiweiß ganz wesentlich gegenüber der Aufbauphase. Das Ziel der Definitionsphase ist die Reduzierung des Körperfettgehaltes auf ein Minimum, bei gleichzeitig größtmöglichem Erhalt der während der Aufbauphase gebildeten Muskelmasse. Die ideal verlaufende Definitionsphase ist dadurch gekennzeichnet, daß Fett reduziert und Muskeln aufgebaut werden. Die Ernährung ist dabei der entscheidende Faktor. Natürlich müssen auch gewisse Umstellungen im Trainingsaufbau erfolgen (siehe Seiten 126 ff.), die Ernährung für die Realisierung eines muskulösen, scharf definierten Körpers macht aber meines Erachtens bis zu 70 Prozent aus. Der Aufnahme von Kohlenhydraten kommt dabei so etwas wie eine Schlüsselrolle zu. Sowohl die Menge als auch die Art und der Zeitpunkt der Kohlenhydratzufuhr haben wesentlichen Einfluß auf eine erfolgreich verlaufende Definitionsphase.

Wie viele Kohlenhydrate sollten täglich verzehrt werden?

Kohlenhydrate gelten zu Recht als das «Muskelbenzin» des Körpers. Der Organismus verwertet Kohlenhydrate besonders ökonomisch als Energiequelle und greift im Training bevorzugt auf diesen Supertreibstoff zurück. Für den Bodybuilder sind während der Aufbauphase daher Reis, Nudeln, Kartoffeln, Getreide, Obst und Gemüse wichtige Hauptbestandteile seines Ernährungsfahrplans. Durch den reichhaltigen Verzehr dieser Kohlenhydratträger ist die Energieversorgung der Muskulatur für harte, schwere Trainingseinheiten gesichert. So bedeutsam die Kohlenhydrate für den Energiehaushalt auch sind – wenn das Ziel eine scharf definierte Muskulatur ist, dann sollte dieser Nährstoff nur gut überlegt verzehrt werden. Zum einen bindet ein Gramm Kohlenhydrate ca. drei Gramm Wasser. Dadurch besteht die Gefahr, daß hohe Kohlenhydrataufnahme zur Wasserspeicherung im Gewebe führt und der Körper weich und wässrig erscheint.

Zum anderen wird jede Kalorie aus Kohlenhydraten, die nicht für die Energieversorgung des Körpers genutzt wird, in Körperfett umgewandelt und letztendlich als Depotfett gespeichert.

Was geschieht, wenn Sie sich sehr kohlenhydratreich ernähren und nicht trainieren? Die im Blut befindliche und nicht als Energielieferant benötigte Glucose

Die Energieversorgung der Zellen
(nach: Elmadfa/Leitzmann 1988)

Stufe	Ort	Kohlenhydrate	Fette
Aufnahme	Magen-Darm-Kanal	Stärke	gemischte Fette
Transport	Blut/Lymphe	Glucose	Chylomikronen
		A B C	
Speicher	Leber, Muskel, Fettgewebe	Glykogen	Triglyceride
Transport	Blut	Glucose	freie Fettsäuren
Verwertung	Zellen	Energie + CO_2 + H_2O	

wird zunächst in den Muskeln und in der Leber als Glykogen gespeichert. Die Kohlenhydratspeicher sind relativ schnell gefüllt. Der normale Glykogengehalt im menschlichen Körper beträgt z. B. für ein Körpergewicht von 70 Kilogramm ca. 370 Gramm. Davon entfallen ca. 245 Gramm auf das Muskel- und der Rest auf das Leberglykogen (Elmadfa/Leitzmann 1988, 127 f.). Sportler können zwar mehr Glykogen speichern als Nichtsportler, aber eben auch nur bis zu einer gewissen Menge (ca. 600 bis 700 Gramm). Sobald die Glykogenspeicher gefüllt sind und sich weitere Glucosemoleküle im Blut befinden, bekommen die Fettzellen neue Nahrung. Die überschüssigen Kohlenhydrate werden in Triglyceride umgewandelt und als Depotfett eingelagert (siehe Abbildung oben, Möglichkeit C). Genau das also, was Sie als Bodybuilder in der Definitionsphase unbedingt vermeiden wollen. Sie streben nach optimaler Muskelzeichnung durch eine Minimierung des Körperfettanteils. Achten Sie deshalb genau auf die Menge der zugeführten Kohlenhydrate. Ein weiterer Pluspunkt der kohlenhydratarmen Ernährung ist auch die natürlich entwässernde Wirkung. Nicht selten kommt es in den ersten Tagen der Diät zu einem Gewichtsverlust zwischen zwei und vier Kilogramm.

Die meisten Top-Bodybuilder der sechziger und siebziger Jahre ernährten sich während der Vorbereitung auf eine Meisterschaft sehr kohlenhydratarm. Diese Ernährungsweise gewinnt heute für das Erzielen von scharf definierter Muskulatur wieder stark an Aktualität.

> «Jeder Spitzenathlet lebt die letzten sechs bis acht Wochen, manchmal sogar die letzten drei Monate vor einer Meisterschaft nach einer speziellen Diät. Es handelt sich dabei vor allem um eine an Kohlenhydraten arme Ernährung. Sowohl die Flüssigkeitsaufnahme als auch die Kalorienzufuhr ist genau vorgegeben und wird strikt eingehalten. Mein Plan ist relativ einfach, jedoch sehr hart in der Ausführung; denn ich nehme praktisch in den letzten sechs Wochen vor einer Wahl keine Kohlenhydrate mehr zu mir. Um dies durchzuhalten, ist eine starke Selbstdisziplin nötig, um nicht doch rückfällig zu werden.» *(Schwarzenegger 1975, 26)*

Die Ernährungswissenschaft der achtziger und der frühen neunziger Jahre pries Kohlenhydrate als das «Nonplusultra» in der Sportlerernährung. Das hatte zur Folge, daß zahlreiche Bodybuilder in dieser Zeit dazu übergingen, sich auch während der Definitionsphase kohlenhydratreich zu ernähren. Erst ab Mitte der neunziger Jahre setzte sich dann der gedankliche Ansatz einer körpertypgerechten Nährstoffrelation auch in der Praxis durch.

Die Menge der täglich verzehrten Kohlenhydrate richtet sich besonders nach dem persönlichen Stoffwechsel und Trainingsaufbau des Athleten. Der hagere, schlanke ektomorphe Typ kann mehr Kohlenhydrate pro Tag als der dickliche endomorphe Typ essen und trotzdem eine ausgezeichnete Muskeldefinition erzielen.

Ein Bodybuilder, der reichlich aerobes Training macht, kann die Kohlenhydratzufuhr höher ansetzen als ein Athlet, der nur wenig Zeit auf aerobes Training verwendet. Als generelle Empfehlung gilt die Zufuhr von täglich 100 bis 150 Gramm Kohlenhydraten in der Definitionsphase. Allein das Gehirn verlangt nach ca. 100 Gramm Kohlenhydraten pro Tag, um reibungslos funktionieren zu können. Wenn Sie bereits Erfahrungen mit sehr stark kohlenhydratreduzierten Diäten (unter 100 Gramm / Tag) gemacht haben, dann kennen Sie sicher das Gefühl von Niedergeschlagenheit oder starker Gereiztheit. Das liegt größtenteils darin begründet, daß für die Serotoninproduktion Kohlenhydrate benötigt werden. Serotonin ist ein chemischer Botenstoff im Gehirn, der die Stimmungslage positiv beeinflußt und zu einem Gefühl der Entspannung und Harmonie führt. Bei Kohlenhydratmangel ist die Serotoninproduktion stark eingeschränkt. Die Folge können Unlustgefühle, Konzentrationsschwäche und Reizbarkeit sein. Wenn Sie während Ihrer Definitionsdiät derartige Symptome bemerken, dann knabbern Sie etwas Gemüse oder essen Sie einen Apfel. Oder machen Sie einen leichten Waldlauf, der das Hungergefühl dämpft, die Fettverbrennung anregt und Ihre Stimmungslage aufhellt.

Während sehr kohlenhydratarmer Diäten stellt sich der Körper quasi von der Kohlenhydrat- auf die Fettverbrennung um. Dabei werden vermehrte Ketonkörper gebildet. Ketonkörper entstehen als Abbauprodukte des Fettstoffwechsels und können vom Gehirn, den Muskeln und dem Herzen als Energiequelle genutzt werden. Ketonkörper sind in der Definitionsphase durch ihre proteinsparende Wirkung für den Bodybuilder von Vorteil. Die Umwandlung von Aminosäuren in Glucose (Gluconeogenese) wird verringert. Ketonkörper gewährleisten nun verstärkt anstelle der Kohlenhydrate die Energieversorgung des Organismus. Allerdings führt eine hohe Konzentration an Ketonkörpern im Blut zu einer Anhebung des Risikos für Gicht und Nierenleiden. Auch die Gefahr der Entstehung von Arteriosklerose steigt. Ketonkörper werden über den Urin ausgeschieden. Unterstützen Sie darum während kohlenhydratarmer bzw. eiweißreicher Diäten die Entgiftungsfunktion Ihrer Nieren. Trinken Sie viel Wasser, zwischen drei und sechs Liter pro Tag sind empfehlenswert. Manche Bodybuilder bevorzugen es, noch höhere Wassermengen aufzunehmen (siehe auch Seite 185).

Sollten Sie feststellen, daß Sie während kohlenhydratarmer Ernährung auch magere Muskelmasse verlieren, dann überdenken Sie folgende Möglichkeiten zur Umstellung Ihres Ernährungs- und Trainingsaufbaus:
- Erhöhung der Menge der täglich verzehrten komplexen Kohlenhydrate auf insgesamt 150 bis 200 Gramm pro Tag.
- Alle vier bis fünf Tage einen kohlenhydratreichen Tag zur Auffüllung der Glykogenspeicher einplanen, an den anderen Tagen keine Erhöhung des Kohlenhydratverzehrs.
- Die Trainingsintensität im Studio durch intensitätssteigernde Methoden, wie z. B. abnehmende Sätze oder Intensivwiederholungen, erhöhen. Die maximale Trainingszeit mit Gewichten sollte 70 Minuten nicht überschreiten.
- Beschränkung des aeroben Trainings auf maximal vier wöchentliche Trainingseinheiten von nicht mehr als jeweils 40minütiger Dauer.

Nicht zuletzt ist bei der Höhe der Dosierung der täglich aufgenommenen Kohlenhydratmenge auch zu berücksichtigen, daß der Fettstoffwechsel nur dann reibungslos funktionieren kann, wenn ein Minimum von 40 bis 60 Gramm Kohlenhydraten pro Tag verzehrt wird. Es heißt: «Fette verbrennen im Feuer der Kohlenhydrate.»

Wenn Kohlenhydrate, dann komplexe Kohlenhydrate

Nicht nur die Menge, sondern auch die Art der verzehrten Kohlenhydrate ist dafür von Bedeutung, ob und wie schnell die Glucosemoleküle in körpereigenes Depotfett umgewandelt werden. Dazu sollten wir uns folgende Zusammenhänge bewußtmachen: Nach dem Verzehr von Kohlenhydraten bzw. nach Eintritt der Glucosemoleküle in den Blutstrom steigt der Blutzuckerspiegel. Infolgedessen sondert die Bauchspeicheldrüse das Hormon Insulin aus, welches den Blutzuckerspiegel wieder senkt.

Insulin ist ein anabol wirkendes Hormon mit vielen Gesichtern. Es fördert die Einlagerung von Aminosäuren in der Muskulatur und sorgt für eine erhöhte Glucoseaufnahme der Zellen, so daß Leber und Muskulatur vermehrt Glykogen speichern. Dies hat allerdings einen Haken. Insulin trägt auch dazu bei, daß Glucose in Triglyceride umgewandelt wird, das heißt, die Entstehung körpereigener Fettdepots wird durch Insulin begünstigt. Außerdem hemmt Insulin den Abbau von Fett und zeigt somit eine sogenannte lipogene Wirkung. Daher kann sich dieses Hormon als das größte Hindernis zum Erlangen einer ausgezeichneten Definition erweisen.

Was ist also zu tun? Wichtig ist, die Gesamtmenge des freigesetzten Insulins zu beschränken, indem steile Blutzuckerspitzen mit darauffolgenden hohen Insulinausschüttungen vermieden werden. Deshalb achten Sie genau auf die Art der zugeführten Kohlenhydrate. Es gilt hierbei grundsätzlich: Je schneller ein Kohlenhydrat in den Blutstrom gelangt (siehe Abbildung rechts unten) und je größer der dadurch resultierende Insulinausstoß ist, um so stärker wird die Bildung körpereigener Fettdepots angeregt. Der glykämische Index (GI) beschreibt die Höhe des Anstiegs des Blutzuckerspiegels nach dem Verzehr von Nahrungskohlenhydraten und dient als Orientierungshilfe bei der Kohlenhydratauswahl.

Bevorzugen Sie Kohlenhydrate mit niedrigem glykämischen Index, wie Vollkornnudeln, Hülsenfrüchte oder Gemüse, die keine rapiden Schwankungen des Blutzuckerspiegels hervorrufen. Manche kohlenhydratreichen Lebensmittel, wie z. B. Eiscreme, haben trotz ihres hohen Gehalts an Zweifachzucker (Saccharose) aufgrund des Fett- und Eiweißanteils einen niedrigen glykämischen Index. Der «Nährstoffmix» verhindert ein sehr schnelles Übertreten der Kohlenhydrate in die Blutbahn. Trotz des niedrigen GI ist der Verzehr von Eiscreme aufgrund des hohen Zucker-, Fett- und Kaloriengehalts für die Definitionsphase selbstverständlich nicht zu empfehlen.

Glykämischer Index verschiedener Lebensmittel

Glykämischer Index	(Glukose = 100)				
Zucker		Joghurt	36	Karotten	92
Glukose	100	Eiscreme	36	Zuckermais	59
Maltose	105				
Saccharose	59	**Getreideprodukte**		**Hülsenfrüchte**	
Fruktose	20	Weißbrot	69	weiße Bohnenkerne	31
Honig	87	Buchweizen	51	braune Bohnenkerne	
		Weizenschrot	67	(kidney beans)	29
Obst		Hirse	71	gebackene Bohnen-	
Äpfel	39	Cornflakes	80	kerne (Dose)	40
Bananen	62	Reis, poliert	72	Sojabohnen	15
Orangen	40	Naturreis	66	Sojabohnen (Dose)	14
Orangensaft	46	Spaghetti	50	Linsen	29
Rosinen	64	Vollkornspaghetti	42	Erbsen (getrocknet)	33
				Kichererbsen	36
Milchprodukte		**Gemüse**			
Magermilch	32	Frühkartoffeln	70		
Vollmilch	34	Rote Bete	64		

Resorptionsgeschwindigkeit der Kohlenhydrate
(nach: Montignac 1996)

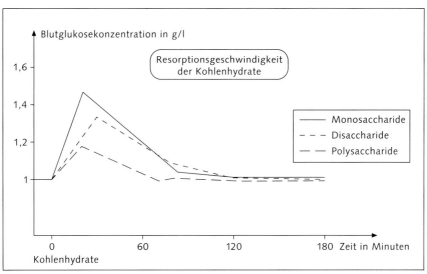

Leere Glykogenspeicher – Der Schlüssel zum Fettabbau
Ein weiterer wesentlicher Baustein zur Erlangung gut definierter Muskulatur ist auch das Timing der Kohlenhydratzufuhr. Nicht allein die Menge und die Art, sondern auch der Zeitpunkt der Kohlenhydrataufnahme ist für den Abbau von Körperfettdepots von Bedeutung. Zur Erinnerung: Bei gut gefüllten Glykogenspeichern ist der Energievorrat aus Kohlenhydraten für eine aerobe Dauerbelastung von ca. 20 bis 30 Minuten ausreichend (siehe Abbildung Seite 138). Erst wenn die im Blut befindliche Glucose und das Glykogen in der Leber und der Muskulatur aufgebraucht sind, beginnt der Körper verstärkt seine Fettdepots als Energiequelle anzuzapfen. Das bedeutet, Sie müssen ca. 25 Minuten trainieren, bis es «ans Eingemachte», an das Körperfett, geht. Hier liegt nun der entscheidende Vorteil der kohlenhydratarmen Ernährung. Aufgrund sehr geringer Glykogenreserven beginnt der Körper nicht erst nach 20 bis 30 Minuten mit der Fettverbrennung, sondern wesentlich früher. Aus diesem Grunde ist es wichtig, die Glykogenspeicher vor dem Training möglichst vollständig zu entleeren. Die Folge ist, daß dem Körper gar nichts anderes übrigbleibt, als Fett abzubauen. Besonders effektiv für den Fettabbau ist frühmorgendliches Ausdauertraining, welches noch vor dem Frühstück absolviert wird. Bei kohlenhydratarmer Ernährung verbraucht Ihr Körper quasi über Nacht die geringen Reserven dieses Nährstoffes zur Aufrechterhaltung der sogenannten vitalen Funktionen (Atmung, Stoffwechsel, Gehirntätigkeit, Herzschlag). Früh am Morgen sind die Glykogenspeicher dann fast vollständig entleert, der Körper ist bereit für die Fettverbrennung. Würden Sie vor dem Training eine Mahlzeit zu sich nehmen, die Kohlenhydrate enthält (z. B. Getreideflocken oder Brot), würde der Körper auf diese bevorzugten Energielieferanten zurückgreifen und die Fettzelle bliebe verschont. Auch der Verzehr einer kohlenhydratfreien Mahlzeit vor dem morgendlichen Frühtraining, wie z. B. Rührei, ist nicht zu empfehlen, da sich die Verdauungsarbeit negativ auf Ihre Trainingsleistung auswirken könnte. Probieren Sie ein nüchternes Training am frühen Morgen einmal aus. Sicherlich werden Sie von den Ergebnissen bezüglich des Körperfettabbaus begeistert sein!

Um den stark fettabbauenden Effekt des nüchternen Trainings noch zu intensivieren, empfehle ich Ihnen ergänzende Maßnahmen, die Sie als natürlicher Bodybuilder ohne Bedenken anwenden können. Trinken Sie circa 30 Minuten vor dem Training eine bis zwei Tassen schwarzen Kaffee. Das Koffein belebt Körper und Geist und gibt Ihnen den nötigen Schwung für die Trainingseinheit. Ich habe die Erfahrung gemacht, daß die Ausdauerleistung nach Kaffeegenuß besser möglich scheint und daß auch die Muskeln stärker kontrahieren können bzw. daß ich mehr Gewicht innerhalb der einzelnen Sätze verwenden kann.

Darüber hinaus wirkt sich der Genuß von Kaffee vor dem nüchternen Training förderlich auf den Fettabbau aus. Koffein aktiviert die Lipolyse (Abbau von Fett zu freien Fettsäuren) und beschleunigt so den Körperfettabbau. In diesem Zusammenhang ist es wichtig zu bemerken, daß mehrere Stunden vor dem Training keine Kohlenhydrate verzehrt werden dürfen. Der Körper würde sonst auf seinen bevorzugten Treibstoff – die Kohlenhydrate – als Energielieferanten zurückgreifen.

Auch die Einnahme eines Konzentrats, welches die Fettverbrennung unterstützt, komplettiert Ihre Trainingsvorbereitung. Dazu eignet sich beispielsweise Carnitin. Carnitin erfüllt die Funktion eines sogenannten Biocarriers, indem es langkettige Fettsäuren, die sich im Blutkreislauf befinden, zur Verbrennung in die Kraftwerke der Zellen (Mitochondrien) einschleust und somit zu einem gut funktionierenden Fettstoffwechsel beiträgt. 900 bis 1200 Milligramm gelten als empfehlenswerte Dosierung vor dem aeroben Training. Höhere Einnahmemengen könnten zu Übelkeit und Durchfall führen.

Der Sporternährungsmarkt bietet heutzutage zahlreiche Produkte zur Erhöhung des Stoffwechselumsatzes durch Förderung der Wärmebildung im Organismus (Thermogenese) an. Auch diese «Fat-Burner» wirken sich bei der Einnahme vor dem morgendlichen Frühtraining, zusammen mit ein bis zwei Tassen Kaffee, sehr positiv auf den Fettabbau aus.

Fazit: Kohlenhydratarme Diäten sind sehr effektiv für den Abbau von Körperfett. Während stark kohlenhydratreduzierter Ernährung kommt es zur vermehrten Bildung von Ketonkörpern, Abbauprodukte des Fettstoffwechsels. Ketonkörper versorgen zwar die Muskulatur mit Energie, führen aber auch zu einer erhöhten Belastung der Nieren und verstärken das Risiko der Entstehung von Arteriosklerose. Daher sollten kohlenhydratarme Diäten nur während der 12- bis 16wöchigen Definitionsphase zum Einsatz kommen.

Durch ihre entwässernde Wirkung tragen kohlenhydratarme Diäten viel dazu bei, daß die Muskulatur «trocken» erscheint. Ob diese Ernährungsform für Sie das richtige ist, müssen Sie durch eigenes Experimentieren herausfinden und hängt von Ihrem persönlichen Stoffwechsel ab. Grundsätzlich gilt, daß besonders der dickliche endomorphe Typ von der strikten Einschränkung, der bewußten Auswahl und dem überlegten Timing der Kohlenhydratzufuhr profitiert, während der schlanke ektomorphe Typ auch bei höherem Verzehr von Kohlenhydraten gute Definition erzielen kann.

Das Durchhalten von kohlenhydratreduzierten Diäten ist nicht leicht und erfordert große Selbstdisziplin. Wenn Sie jedoch die Erfahrung von dahinschmelzenden Fettpolstern und eines straffen, festen Körpergefühls am eigenen Leibe erlebt haben, wird es einfacher sein, diese Art der Ernährung während der Definitionsphase beizubehalten.

Fett ist besser als sein Ruf

In den letzten Jahren ist fast so etwas wie eine Fettphobie entstanden. Bodybuilder entwickelten geradezu panische Angst vor dem Verzehr von Nahrungsfett. Fett wurde allgemein als Dickmacher verurteilt, dessen Konsum es zu minimieren galt. Der Slogan «Fett macht fett» wurde von den Befürwortern der kohlenhydratreichen, fettarmen Ernährung ins Leben gerufen und werbewirksam vermarktet.

Wie im vorigen Kapitel beschrieben, ist aber oftmals der überhöhte Verzehr und die falsche Auswahl an Kohlenhydraten für die Körperfettbildung ursächlich und verhindert das Erzielen von gut definierter Muskulatur. Wie dem auch sei, man sollte nicht den Fehler machen, einen dieser Hauptnährstoffe als alleinigen Sündenbock für den Fettansatz herauszustellen. Kohlenhydrate und Fette sind wesentliche Bestandteile der erfolgreichen Ernährung des Bodybuilders. In welcher Relation und in welcher Menge die einzelnen Nährstoffe verzehrt werden sollten, hängt zum einen von individuellen Stoffwechselvoraussetzungen (Körpertyp), zum anderen vom Trainingsaufbau (Häufigkeit und Dauer des aeroben Trainings) des einzelnen Athleten ab. Der schlanke, hagere ektomorphe Typ ist wahrscheinlich mit einer höheren Kohlenhydratzufuhr auch in der Definitionsphase gut beraten. Der dickliche endomorphe Typ sollte genau auf die Menge, die Art und den Zeitpunkt der Kohlenhydrataufnahme achten. Speziell für diejenigen Leser, die zum Fettansatz neigen und die bisher noch keine zufriedenstellenden Ergebnisse in bezug auf das Erzielen scharf definierter Muskulatur erzielen konnten, ist es durchaus möglich, das fett- und eiweißreiche, kohlenhydratarme Ernährung der Schlüssel zum Fettabbau ist. Ich spreche aus eigener Erfahrung. Jahrelange Versuche, mittels kohlenhydratreicher, fettarmer Ernährung zu definieren, blieben ohne Erfolg. Erst als die Sperre in meinem Kopf gegen den Verzehr von mehr Fett und weniger Kohlenhydraten durchbrochen war, veränderte sich mein Körper beinahe täglich.

Die Fettpolster schmolzen dahin, die Muskelteilung wurde von Tag zu Tag besser. Probieren Sie diese Art der Ernährung doch selbst einmal aus und entscheiden Sie anschließend, ob sie das richtige für Sie ist.

Warum eine fettreiche Ernährung so wirkungsvoll für eine gut definierte Muskulatur ist und was bei einer derartigen Ernährungsform zu berücksichtigen ist, soll nachfolgend verdeutlicht werden.

Die Bedeutung der Fette im Organismus

Fett erfüllt eine Reihe von wichtigen Funktionen im menschlichen Körper. Mit 9,1 Kilokalorien pro Gramm ist Fett im Vergleich zu Kohlenhydraten und Eiweiß der energiereichste Nährstoff. Insbesondere während der kohlenhydratreduzierten Ernährung in der Definitionsphase dienen Fette als Schutz vor dem Abbau von Muskelgewebe. Wenn zuwenig Kalorien in Form von Fett verzehrt werden, dann verbrennt der Körper das mit der Nahrung aufgenommene, als Baustoff vorgesehene Eiweiß und schlimmer noch, auch die körpereigenen Eiweißreserven, also die Muskulatur als Energiequelle.

Fette sind auch wichtige Bestandteile der Zellmembranen, der äußeren «Hülle» der Körperzellen. Somit tragen sie gewissermaßen zur Zellfestigkeit beispielsweise von Nerven- und Muskelzellen bei. Eine weitere für den Bodybuilder interessante Funktion der Fette ist deren Bedeutung für die Bildung von Hormonen. Studien haben ergeben, daß besonders tierische Fettlieferanten, die Cholesterin enthalten, wichtig zur Bildung von Testosteron, dem «Muskelhormon» sind (siehe Seite 212). Eine Ernährung, die einen hohen Anteil an Fleisch und Eiern enthält, dient somit quasi als natürlich förderliche Maßnahme zur Erhöhung der körpereigenen Testosteronproduktion. Das wirkt sich in Verbindung mit entsprechendem Training folglich sehr positiv auf den Aufbau von Muskelsubstanz aus.

Die fettlöslichen Vitamine A, D, E und K werden nur bei ausreichender Aufnahme von Nahrungsfett optimal verwertet. Sicher haben Sie schon davon gehört, daß es empfehlenswert ist, zum Möhrensalat etwas Pflanzenöl hinzuzufügen, um die Aufnahme des Provitamins A (Vorstufe von Vitamin A) zu erhöhen. Nahrungsfette wie z. B. Pflanzenöle und Eier dienen auch als Quelle für die Aufnahme der fettlöslichen Vitamine A, D und E.

Fett ist nicht gleich Fett

Der Mensch nimmt Fette durch tierische und pflanzliche Lebensmittel zu sich. Fleisch, Fisch, Eier, Milch und Milchprodukte sind die hauptsächlichen tierischen Fettquellen. Pflanzenöle, Nüsse und Vollkorngetreideprodukte liefern pflanzliches Fett.

Es ist zwischen der Art des aufgenommenen Fetts zum einen und dessen Bedeutung im Stoffwechsel zum anderen zu unterscheiden. Tierische Fette enthalten überwiegend gesättigte Fettsäuren (Ausnahme: Kaltwasserfische wie z. B. Lachs

Chemie der Fettsäuren
(aus: Geiß / Hamm 1992)

Gesättigte Fettsäuren
ohne Doppelbindung

$$\begin{array}{c} H\ H\ H \\ |\ \ |\ \ | \\ H-C-C-C-COOH \\ |\ \ |\ \ | \\ H\ H\ H \end{array}$$

Beispiel: **Buttersäure** $C_4H_8O_2$

Einfach ungesättigte Fettsäuren
mit einer Doppelbindung

$$C_8H_{17}-\overset{H}{\underset{|}{C}}=\overset{}{\underset{H}{C}}-C_7H_{14}-COOH$$

Beispiel: **Ölsäure** $C_{18}H_{34}O_2$

Mehrfach ungesättigte Fettsäuren
mit zwei oder mehreren Doppelbindungen

$$C_5H_{11}-\overset{H}{\underset{|}{C}}=\overset{}{\underset{H}{C}}-C-CH_2-\overset{H}{\underset{|}{C}}=\overset{}{\underset{H}{C}}-C_7H_{14}-COOH$$

Beispiel: **Linolsäure** $C_{18}H_{32}O_2$

---

oder Hering mit einem hohen Anteil an omega-3-Fettsäuren), pflanzliche Fette in erster Linie ungesättigte bzw. mehrfach ungesättigte Fettsäuren. Was ist darunter zu verstehen? Fettsäuren bestehen aus einem Gerüst von Kohlenstoffatomen, das mit Sauerstoff- und Wasserstoffatomen bestückt ist. Je nach Sättigungsgrad der Kohlenstoffatome mit Wasserstoffatomen wird zwischen gesättigten, einfach ungesättigten und mehrfach ungesättigten Fettsäuren unterschieden. Wenn alle Kohlenstoffatome mit Wasserstoffatomen bestückt sind, liegt eine gesättigte Fettsäure vor. Fehlt hingegen ein Paar Wasserstoffatome und kommt es zu einer Doppelbindung zwischen zwei Kohlenstoffatomen, so liegt eine einfach ungesättigte Fettsäure vor. Bei zwei oder mehr Doppelbindungen spricht man dann von mehrfach ungesättigten Fettsäuren, wie aus der Abbildung auf dieser Seite ersichtlich wird.

Die Unterscheidung zwischen gesättigten und ungesättigten Fettsäuren ist bezüglich des Energiegehaltes der jeweiligen Fettart ohne Bedeutung. Ein Gramm Fett enthält stets 9,1 Kalorien – gleich, ob tierisches oder pflanzliches Fett.

Aus ernährungsphysiologischer Sicht bedeutsam ist die Tatsache, daß die Aufnahme von mehrfach ungesättigten Fettsäuren (Mufs) durch die Ernährung lebensnotwendig ist. Der Körper benötigt beispielsweise Linolsäure für den reibungslosen Stoffwechselablauf. Beim Verzehr von Fett ist also besonderes Augenmerk auf den Anteil von Mufs zu legen.

Kaltgepreßtes Pflanzenöl, Nüsse und auch Vollkorngetreideprodukte sind wichtige Lebensmittel zur Versorgung des Organismus mit essentiellen Fettsäuren. 100 Gramm Haferflocken decken z. B. über ein Drittel des Tagesbedarfs an Linolsäure. Während der Definitionsphase muß jedoch der Kohlehydratgehalt von Haferflocken beachtet werden. Wer seinen Linolsäurebedarf alleine über Haferflocken decken möchte, nimmt dabei ca. 200 Gramm Haferflocken auf, das entspricht rund 132 Gramm Kohlenhydrate. Diese Menge könnte schon zuviel des Guten sein und die persönliche Kohlenhydratschwelle überschreiten. Da Linolsäure aber nicht nur in pflanzlichen, sondern auch in geringeren Mengen in tierischen Lebensmitteln wie Fleisch enthalten ist, kommt es in der Bodybuildingernährung nicht zu einer Unterversorgung mit Linolsäure.

Während der Definitionsphase enthält die Ernährung einen hohen Anteil an Fleisch und Eiern. Die Gesamtfett- und damit auch die Kalorienaufnahme kann reduziert werden, indem anstelle von Rindfleisch vermehrt Geflügelfleisch oder Seefisch gegessen wird. Huhn, Pute, Kabeljau oder Seelachs sind nur einige Beispiele für eiweißreiche, fast fettfreie Lebensmittel. Bei der Zubereitung von Eierspeisen könnte durch die vorzugsweise Verarbeitung des Eiklars Fett eingespart werden, da Fett im Ei ausschließlich im Eigelb enthalten ist. Ich empfehle allerdings auch den Verzehr von rotem Fleisch, das sich nicht nur wegen seines reichen Gehaltes an hochwertigem Eiweiß auszeichnet, sondern auch als Lieferant des für den Sauerstofftransport und die Bildung der roten Blutkörperchen so wichtigem Mineralstoffes Eisen sehr gut für die Küche des Bodybuilders geeignet ist. Wenn Sie rotes Fleisch und «ganze» Eier, also Eiweiß und Eigelb, verzehren, dann nehmen Sie durch den höheren Fettkonsum auch mehr Kalorien zu sich. Das ist für das harte Gewichtstraining in Kombination mit mehrmaligen wöchentlichen aeroben Trainingseinheiten nur zu begrüßen. Wie bereits an anderer Stelle erwähnt, können Sie durch den Verzehr von mehr Fett, bei gleichzeitig starker Einschränkung der Kohlenhydrate, dem Abbau Ihrer eigenen Muskelsubstanz als Energiequelle vorbeugen.

Für Personen, deren Blutbild erhöhte Fettwerte zeigt, ist der hohe Verzehr an gesättigten Fettsäuren nicht zu empfehlen. In diesem Fall sollten die während einer kohlenhydratarmen Ernährung für den Energiehaushalt und den Erhalt von Muskelsubstanz benötigten Fettkalorien zum größten Teil aus mehrfach ungesättigten Fettsäuren, also Pflanzenfetten, wie kaltgepreßten Ölen oder Nüssen aufgenommen werden. Damit wird nicht nur eine mögliche Verschlechterung der Blutfettwerte vermieden, sondern beim erhöhten Verzehr von mehrfach ungesättigten Fettsäuren auch der Entstehung von Arteriosklerose vorgebeugt.

Was ist mit dem Cholesterin?

Cholesterin gilt heute bei vielen Verbrauchern als gesundheitsgefährdend und wird vor allem mit der Entstehung von Arteriosklerose in Zusammenhang gebracht. Besonders durch «Anti-Cholesterin-Werbung» in den Medien wird der Eindruck vermittelt, daß durch die Aufnahme dieser fettähnlichen Substanz die Wahrscheinlichkeit der Entstehung von Herz-Kreislauf-Erkrankungen erhöht ist. Dieses Negativ-Image ist bedauerlich, da Cholesterin ein lebensnotwendiger Bestandteil aller Körperzellen ist und im Stoffwechsel äußerst wichtige Funktionen erfüllt, wie die folgende Abbildung zeigt.

Für Bodybuilder ist es von besonderem Interesse, daß Cholesterin die Ausgangssubstanz zur Bildung des männlichen Sexualhormons Testosteron ist. Testo-

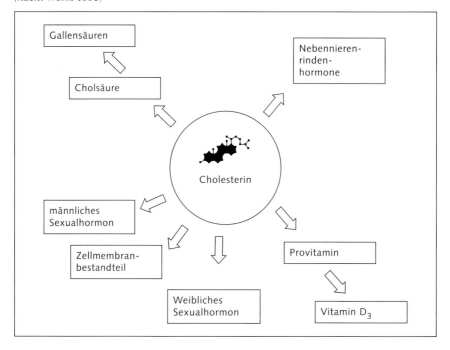

Cholesterin als Ausgangssubstanz
(nach: Worm 1990)

steron ist ein Steroidhormon und zeigt stark eiweißaufbauende anabole Wirkung (siehe auch Seite 212). Bodybuilder mit einer hohen Testosteronproduktion pro Tag, der Normbereich liegt zwischen vier und zehn Milligramm täglich, haben es leichter, Muskeln aufzubauen. Natürliche Bodybuilder lehnen die Anwendung von synthetisch hergestelltem Testosteron ab und sind nachvollziehbar sehr daran interessiert, den körpereigenen Testosteronspiegel durch saubere Maßnahmen, das heißt, ohne den Einsatz von Dopingmitteln, zu erhöhen.

Der Verzehr von tierischen Lebensmitteln kann sich in dieser Hinsicht als effektiv erweisen. Zwei Grundbestandteile der Ernährung in der Definitionsphase sind Rindfleisch und Eier. Durch den Konsum dieser Lebensmittel erhöht sich auch die Aufnahme von Cholesterin, das nur in tierischen Lebensmitteln enthalten ist. Nun werden sicher einige Leser denken, «weiß er denn nicht, daß Cholesterin schädlich ist?» Ganz so einfach ist es nicht. Wie erwähnt, ist Cholesterin eine lebensnotwendige Substanz. Der Körper produziert selber zwischen ein und zwei Gramm Cholesterin täglich. Hauptorte der Cholesterinproduktion im Körper sind die Leber und der Dünndarm. Wissenschaftliche Untersuchungen belegen, daß die Zufuhr von Nahrungscholesterin kaum Einfluß auf den Blutcholesterinspiegel der meisten Menschen hat:

«So wurde beispielsweise wiederholt gezeigt, daß ein zusätzlicher Verzehr der an Cholesterin reichen Eier, entgegen der üblichen Vorstellung, die Serumcholesterinkonzentration nicht erhöht. Buzzard u. Mitarbeiter gaben gesunden Versuchspersonen zusätzlich zur Normalkost während sechs Wochen täglich drei Eier zu essen. Der mittlere tägliche Cholesterinverzehr erhöhte sich hierdurch von 412 auf 975 mg. Zu einer Änderung der Serumcholesterinkonzentration kam es trotz dieser enormen Steigerung der Cholesterinaufnahme nicht.» (Kasper 1991, 75 f.).

Der Körper verfügt über zwei Mechanismen zur Regulierung des Blutcholesterinspiegels. Generell werden nur zwischen 40 und 60 Prozent des mit der Nahrung aufgenommenen Cholesterins im Dünndarm aufgenommen. Diese Aufnahme sinkt bei hoher Cholesterinzufuhr bis zu zehn Prozent ab. Zudem führt hohe Cholesterinaufnahme über die Nahrung zu einer Drosselung der körpereigenen Cholesterinproduktion. Die Gefahr, daß es tatsächlich zu einem bedenklichen, die Gesundheit gefährdenden Ansteigen des Serumcholesterinspiegels kommt, ist demnach nicht ausschlaggebend von der Höhe des durch die Nahrung aufgenommenen Cholesterins abhängig.

Vielmehr zeigen manche Menschen eine Störung im Fettstoffwechsel, die fast immer genetischen Ursprungs ist. Hier funktionieren die Regulationsmechanismen des Körpers nicht vollständig und es kommt so zu einem überhöhten Cholesterinspiegel (Hypercholesterinämie).

Wer auf Nummer Sicher gehen möchte, dem sei die regelmäßige Kontrolle seines Cholesterinwertes empfohlen. Hierbei ist neben der Gesamthöhe an Cholesterin, die 240 mg/dl nicht überschreiten sollte, besonders das Verhältnis zwischen HDL und LDL Cholesterin, der sogenannte atherogene Index, von Bedeutung. Der Anteil an «gutem», gefäßschützenden Cholesterin HDL (High density Lipoprotein) sollte bei mindestens 45 mg/dl liegen. Der Wert für das «schlechte», gefäßschädigende Cholesterin (Low density Lipoprotein) sollte 135 mg/dl nicht überschreiten.

So potentiell gefährdend ein überhöhter Cholesterinspiegel für die Herzgesundheit ist – das Verfallen in eine wahre Cholesterinhysterie ist nicht angebracht. Nutzen Sie vielmehr die positiven Auswirkungen des Cholesterins für den Aufbau von Muskelsubstanz durch Förderung der körpereigenen Steroidhormonsynthese. Wenn Sie zu den Menschen zählen, deren Blut überhöhte Cholesterinwerte zeigt, dann ist eine Ernährung, die viel Fleisch, Eier und Schalentiere enthält, für Sie nicht geeignet. Für alle anderen heißt es: Guten Appetit!

Eiweißaufnahme und Flüssigkeitszufuhr

Während der 12- bis 16wöchigen Definitionsphase ist die Energieversorgung des Körpers durch Kohlenhydrate nicht gesichert. Der Organismus zieht dann neben Fetten auch Proteine als Energielieferanten heran. Nahrungseiweiß wird in Kohlenhydrate umgewandelt (Gluconeogenese) und es kann durchaus passieren, daß hart erarbeitete Muskelmasse zur Energieversorgung des Körpers aufgezehrt wird (Katabolismus). Das hätte zur Folge, daß der Körper flach und ausgezehrt erscheint und nicht voll und massiv mit wirklich praller Muskulatur. Was ist zu tun?

Neben einer moderaten Erhöhung der Fettzufuhr empfiehlt sich die Steigerung der täglich konsumierten Eiweißmenge auf mindestens 2,5 bis 3 Gramm Eiweiß pro Kilogramm Körpergewicht. Es ist auch durchaus möglich, daß Sie mittels einer täglichen Proteinmenge von bis zu vier Gramm pro Kilogramm Körpergewicht die besten Fortschritte im Muskelauf- und Fettabbau erzielen. Derartige Empfehlungen zur Eiweißzufuhr mögen heutzutage unpopulär sein, könnten aber genau das richtige Erfolgsrezept für den Bodybuilder in der Definitionsphase ausmachen.

Bitte berücksichtigen Sie, daß durch die stark verminderte Kohlenhydratzufuhr eine Reduzierung der täglichen Kalorienmenge erfolgt. Zwar ist die Ernährung während der Definitionsphase grundsätzlich kalorienärmer als während der Aufbauphase, dennoch sollten keine zu radikalen Maßnahmen in der Kalorieneinschränkung ergriffen werden. Daher essen Sie ruhig größere Mengen an Fleisch und Eiern. So nehmen Sie einerseits genügend Kalorien in Form von Fett für Ihre Trainingseinheiten auf, andererseits versorgen Sie die Muskulatur mit reichlich Protein als Baumaterial.

Wichtiger Hinweis: Bitte denken Sie bei der Aufnahme von hohen Eiweißmengen immer daran, sehr viel Wasser zu trinken. Als Abbauprodukt des Eiweißstoffwechsels entsteht Ammoniak, ein Zellgift, das in der Leber in Harnstoff umgewandelt und über die Nieren ausgeschieden wird.

Zwar ist bis heute eine Schädigung der Nieren durch sehr hohen Eiweißverzehr nicht wissenschaftlich nachgewiesen, es empfiehlt sich aber dennoch, die Nieren in ihrer Entgiftungsfunktion durch das Trinken von täglich mindestens drei bis vier Litern Wasser zu unterstützen.

Ein weiterer Vorteil der hohen Wasseraufnahme ist die damit einhergehende Wasserausscheidung. Je mehr Sie trinken, desto mehr Wasser wird aus dem Körper gespült. Ursache hierfür ist die bei hoher Wasseraufnahme verringerte Bildung von Adiuretin, einem Hormon des Hypophysenvorderlappens. Dieses Hormon hemmt die Wasserausscheidung durch die Nieren. Bei Flüssigkeitsmangel wird vermehrt Adiuretin abgegeben, der Körper hält Wasser zurück, die ausgeschiedene Harnmenge verringert sich. Trinken Sie darum auch für das Erzielen von optimaler Muskeldefinition reichlich Wasser. Mehr, nicht weniger Wasser ist die Devise. Einzig in den letzten Tagen vor einem Wettkampf oder Fototermin empfiehlt es sich, die Flüssigkeitsaufnahme stark einzuschränken (siehe auch Seite 191). Da Natrium Wasser im Körper bindet, achten Sie darauf, nur natriumarmes Wasser zu trinken. Der Natriumgehalt ist auf dem Markenetikett angegeben. Flex Wheeler, Top Bodybuilding Profi, der in der Meisterschaftsvorbereitung eine stark kohlenhydratreduzierte, eiweißreiche Ernährungsform bevorzugt und täglich bis zu 15 Hühnchenbrüste verspeist, trinkt bis zu 20 Liter Wasser am Tag!

> «Wenn ich dermaßen große Proteinmengen ohne Kohlenhydrate zu mir nehme, wirkt das Protein stark entwässernd. Daher ist es wichtig, große Mengen an Wasser zu mir zu nehmen. In der ersten Woche der dritten Phase trinke ich fast zwanzig Liter Wasser pro Tag. Mit diesen Mengen hat mein Körper stets genug Wasser, um die Stoffwechselabfälle, die von der großen Proteinzufuhr herrühren, auszuspülen und mein System optimal am Laufen zu halten.» (Wheeler 1997, 81)

*Insulin- und Glucagonsekretion nach der Nahrungsaufnahme
(nach: Klinke/Silbernagl 1994)*

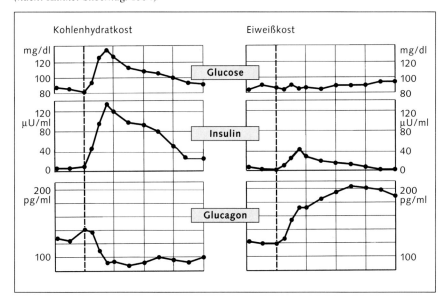

Für eiweißreiche und kohlenhydratarme Ernährung in der Definitionsphase spricht auch die vermehrte Ausschüttung des Hormons Glucagon nach Eiweißkost. Glucagon wird, ebenso wie Insulin, von der Bauchspeicheldrüse produziert. Während Insulin die Lipogenese (Fettspeicherung) in den Zellen fördert und somit dem Abbau von Glykogen entgegenwirkt, zeigt Glucagon den gegenteiligen Effekt. Es fördert den Abbau von Glykogen zu Glucose und steigert die Verbrennung körpereigener Fettdepots (Lipolyse). Damit ist Glucagon als Gegenspieler des Insulins ein wichtiges Hormon für die Reduzierung des Körperfettgehalts.

Präferenzliste zur Lebensmittelauswahl

Leitfaden zur Lebensmittelauswahl in der Definitionsphase

regelmäßig	selten	nie
Kohlenhydrate		
Haferflocken	Obst	Süßigkeiten
Gemüse	Reis	Brot
	Reiswaffeln	
	Kartoffeln	
	Fertigmüsli	
	Nudeln	
Eiweiß		
Rindfleisch	Geflügelaufschnitt	Wurst
Hühnerfleisch	Käse (bis 40 % Fett)	Milch
Putenfleisch		Fisch, gesalzen
Wild		Fruchtjoghurt
Fisch		
Eiklar		
Magerquark		
Fett		
Öle	Eigelb	
Nüsse	Butter	
Sonnenblumenkerne		
Getränke		
Kaffee		Saft
Tee		Cola
Mineralwasser		Limos
(natriumarm)		Diätgetränke
		Alkohol

Tagesvorschläge Definitionsphase

Tagesvorschlag Definitionsphase
Training frühmorgens

Maßnahme	Wirkung
Am Vorabend ab 18 Uhr minimale Kohlenhydrataufnahme z. B. Fleisch oder Fisch, etwas Gemüse	Entleerung der Glykogenspeicher
1. Frühstück: Kaffee, schwarz	Belebung des Herz-Kreislauf-Systems, Lipolysesteigerung
600–900 mg Carnitin	Optimierung des Fettstoffwechsels
Training ca. 20 Minuten aerobe Belastung 60–90 Minuten Gewichtstraining evtl. ca. 20 Min. aerobe Belastung	Fettverbrennung Muskelaufbau Fettverbrennung
siehe körpertypgerechte Trainingspläne Seite 167 ff.	
nahezu Entleerung der Glykogenspeicher in Leber und Muskeln	schnelle Fettverbrennung niedriger Insulinspiegel Wachstumshormonausschüttung erhöht
Tageszeit frühmorgens	hohe Konzentrationsfähigkeit
ca. 1,5 Liter Wasseraufnahme während des Trainings	Stoffwechseloptimierung
sofort nach dem Training Einnahme von Aminosäuren	Katabolieschutz
2. Frühstück Proteinreich, Kohlenhydratreduziert z. B. Haferwaffeln (siehe Seite 113)	Muskelaufbaustoff Energiequelle
evtl. Einnahme von Multi Vitamin / Mineralstoffen	Schutz vor Mangelerscheinungen
Ernährung im Tagesverlauf Mahlzeitentiming: alle 2–3 Stunden Nährstoffrelation je nach Körpertyp (siehe Seite 198 ff.)	optimierte Nährstoffverwertung

Tagesvorschlag Definitionsphase
Training abends

Mahlzeit	Vorschlag A	Vorschlag B
1	75–100 g Haferflocken ½–1 Apfel ½ Grapefruit Kaffee Vitamin / Mineralstoff-Konzentrat	6–8 Eiklar 2–3 Eigelb Zwiebeln / Tomaten Kaffee
2	1–2 Stück Obst	kleine Handvoll Nüsse
3	250–300 g Rindfleisch Salat oder Gemüse gedünstet 1–2 EL Öl (kaltgepreßt)	250–300 g Fisch Gemüse auch Thunfisch in Wasser, 1–2 EL Öl
4	Kaffee Carnitin Aminos	Kaffee ½ Grapefruit Carnitin Aminos
	Training Aminos	
5	250–300 g Fisch oder Geflügel ½ frische Ananas	1–2 Hühnerbrust ½ frische Ananas

Noch eine Woche bis zur Bestform

Nach mehreren Wochen Definitionstraining und Ernährung ist Ihr Körperfettanteil sehr niedrig, die Muskulatur zeichnet sich deutlich sichtbar unter der Haut ab. Beim Anspannen der Muskeln erkennen Sie die erfolgreiche Veränderung Ihres körperlichen Erscheinungsbildes im Vergleich zur Aufbauphase: harte, gut definierte Muskulatur, die von einem dichten Venennetz überzogen ist – das Resultat Ihrer Anstrengungen innerhalb der letzten Monate. Sie können mit dem Erreichten vollauf zufrieden sein.

Sollte Ihre Muskulatur durch die wochenlange kohlenhydratarme Diät etwas flach erscheinen, sollten Sie also zwar superdefiniert sein, das Muskelvolumen aber leichte Defizite aufweisen, so besteht die Möglichkeit, durch geschickte Variationen in der Aufnahme von Wasser, Natrium, Kalium und Kohlenhydraten innerhalb einiger Tage eine verblüffende optische Veränderung Ihres Körpers zu erzielen. Die Muskeln werden voll und prall erscheinen, eventuell vorhandenes Gewebewasser zwischen Haut und Muskulatur wird fast vollständig ausgeschwemmt sein und die Venenzeichnung wird noch deutlich sichtbarer hervortreten. Wenn Sie dann die Muskeln anspannen, erscheint es fast so, als wollten diese durch die Haut platzen. Sie fühlen sich großartig und spüren, daß Sie Ihr volles Potential genau zum anvisierten Zeitpunkt erreicht haben.

Das genaue Timing, das Erreichen der körperlichen Bestform auf den Tag genau, zeichnet den wirklich erfahrenen fortgeschrittenen Bodybuilder aus. Das folgende Schema ist als Leitfaden für das Erreichen der absoluten persönlichen Bestform innerhalb einiger Tage zum Abschluß der Definitionsphase gedacht. Probieren Sie es aus und beobachten Sie die erstaunliche Veränderung Ihres körperlichen Erscheinungsbildes!

Das Last-Week-Schema

Zielsetzung des Schemas auf Seite 191 gezeigten «Last-Week-Schemas» ist es, die Muskeln voll und prall und gleichzeitig hart und «trocken» erscheinen zu lassen.

Volle pralle Muskulatur

Durch den Kohlenhydratentzug der ersten drei Tage, in Kombination mit leichtem Gewichts- und Ausdauertraining, werden die Glykogenspeicher des Körpers nahezu vollständig entleert. Das hat zur Folge, daß die Muskeln während dieser

Noch eine Woche bis zur Bestform

Training		KH (Kohlenhydrate)	Eiweiß	Natrium	Kalium	Wasser	ergänzende Maßnahmen
Tag 1	Gewichte: 60–70 Minuten 15–20 WH / Satz Aerob: 25–40 Minuten Posing: 20–30 Minuten	30–50 g	2,5–3 g / kg Körpergewicht	500–1000 mg	3000–4000 mg	3–4 Liter	Sonnenbank 16–20 Min.
Tag 2	Gewichte: 60–70 Minuten 15–20 WH / Satz Aerob: 25–40 Minuten Posing: 30–45 Minuten	30–50 g	2,5–3 g / kg Körpergewicht	500–1000 mg	3000–4000 mg	3 Liter	letzter Tag duschen oder baden
Tag 3	Gewichte: 60–70 Minuten 15–20 WH / Satz Aerob: 25–40 Minuten Posing: 30–45 Minuten	30–50 g	2,5–3 g / kg Körpergewicht	500–1000 mg	3000–4000 mg	2 Liter	Sonnenbank 20 Minuten, mild entwässerndes Mittel auf Kräuterbasis
Tag 4	Gewichte: – – – Aerob: 30–45 Minuten Posing: 45–60 Minuten	100–150 g	2,0–3,0 g / kg Körpergewicht	unter 500 mg	4000–5000 mg	1,5–2 Liter	erster Tag Selbstbräuner, mild entwässerndes Mittel auf Kräuterbasis
Tag 5	Gewichte: – – – Aerob: – – – Posing: 45–60 Minuten	150–250 g	2,0–2,5 g / kg Körpergewicht	unter 250 mg	5000–6000 mg	max. 1 Liter	Selbstbräuner, mild entwässerndes Mittel auf Kräuterbasis
Tag 6	Gewichte: – – – Aerob: – – – Posing: 60–90 Minuten	250–350 g	1,0–1,5 g / kg Körpergewicht	0–100 mg	5000–6000 mg	0,25–0,5 Liter morgens 1 Kaffee	mild entwässerndes Mittel auf Kräuterbasis, abends: Sonnenbank 20 Min., Selbstbräuner, etwas hochprozentigen Alkohol, z. B. Whisky, 250–350 g Rinderleber
Tag 7	Bestform Fototermin oder Wettkampf	• Frühstück: 1 Kaffee wenig Eiweiß, kohlenhydratbetont, kaliumreich, natriumarm, z. B. Haferflocken mit Obst und Nüssen • ca. 1 Stunde vor Beginn etwas Süßes, z. B. Schokolade und Bananen					einige Minuten vor Beginn: 1 Glas Sekt und 1 Kaffee nach Fototermin oder Wettkampf: essen nach Herzenslust

Zeit flach erscheinen und Ihr Energielevel sehr niedrig ist. Durchhalten heißt die Devise! Denn am vierten Tag beginnen Sie mit der Auffüllung der Kohlenhydratspeicher. Die entleerten Glykogenspeicher der Leber und der Muskeln saugen die zugeführten Kohlenhydrate förmlich auf. Dabei erhöhen Sie die Kohlenhydratzufuhr bis zum sechsten Tag. Das hat zur Folge, daß Sie am entscheidenden siebenten Tag bis zum Bersten mit Kohlenhydraten gefüllte Muskeln haben, die sehr voll und prall erscheinen. Am Tag der Entscheidung werden Sie die Muskulatur großartig «aufpumpen» können. Ausschlaggebend für den Erfolg dieser Vorgehensweise ist, daß Sie nur so viele Kohlenhydrate verzehren, daß Ihre Glykogenspeicher gefüllt sind. Eine über dieses Maß hinausgehende Zufuhr an Kohlenhydraten resultiert in einem weichen Aussehen der Muskulatur aufgrund von erhöhter Wasserspeicherung zwischen Haut und Muskulatur. Vermeiden Sie in der Aufladephase den Verzehr an schnell ins Blut übertretenden Einfach- oder Zweifachzuckern (Insulinausstoß!). Empfehlenswert ist die Zufuhr kleinerer Portionen komplexer Kohlenhydrate alle zwei bis 2,5 Stunden. Besonders Vollkornflocken, Nüsse und Kerne, Gemüse, Obst und Trockenfrüchte eignen sich für die Aufladephase vom vierten bis zum sechsten Tag. Lebensmittel wie Brot, Wurstwaren, Käse und geräucherter Fisch sind aufgrund des hohen Natriumgehaltes weniger für die Ernährung in der Definitionsphase und gar nicht für die letzte Woche vor einem Fototermin oder Wettkampf geeignet.

Harte «trockene» Muskelmasse

Durch die schrittweise Verringerung der Natriumzufuhr bei gleichzeitiger Erhöhung der Kaliumzufuhr bis zum siebten Tag wird sehr viel Wasser aus dem Körper geschwemmt. Natrium bindet Wasser, Kalium schwemmt aus. Die Übersicht zeigt einige Lebensmittel mit günstigem Kalium/Natrium Verhältnis.

Die niedrige Wasseraufnahme in den letzten beiden Tagen trägt ebenfalls dazu bei, eine wirklich «trockene» Muskulatur präsentieren zu können. In Verbindung mit einem ab dem dritten Tag eingesetzten leicht entwässernden Mittel auf Kräuterbasis, z. B. Brennesseltee oder Wacholderbeeren, können Sie nach jedem Wasserlassen auf der Toilette fast schon zusehen, wie Ihre Muskeln immer härter und schärfer definiert erscheinen. Auch das häufige Anspannen der Muskulatur durch Posing gibt den Muskeln ein hartes, gemeißeltes Aussehen.

Ergänzende Maßnahmen

Um am entscheidenden siebenten Tag optimal vorbereitet zu sein, sollte die Haut gut gebräunt sein. Am zweiten Tag dieser letzten Woche duschen oder baden Sie zum letztenmal. Waschen Sie während der nächsten Tage nur die hygienisch

Natrium / Kalium Verhältnis von Lebensmitteln
(aus: Elmadfa et al.: Die große GU Vitamin- und Mineralstoff-Tabelle. München 1998)

Lebensmittel (100 g verzehrbarer Anteil)	Kalium mg / 100 g	Natrium mg / 100 g
Pfifferlinge, getrocknet	5370!	32
Sojabohnen	1750	4
Aprikosen, getrocknet	1370	11
Weiße Bohnen	1300	3
Erbsen	930	26
Sultaninen, getrocknet	860	53
Mandeln	835	20
Pflaumen, getrocknet	824	8
Sonnenblumenkerne	725	2
Datteln, getrocknet	649	18
Paranüsse	644	2
Kartoffeln	411	3
Bananen	382	1
Broccoli	373	14
Pfifferlinge	367	3
Haferflocken	360	5
Kabeljau	350	72
Rindfleisch, mager	340	51
Putensteak	333	46
Möhren	290	60
Tomaten	242	3
Ananas	172	2
Kopfsalat	172	8
Eier-Nudeln	164	17
Vollkornreis	150	10
Äpfel	144	3
Zwiebeln	135	9

wichtigen Bereiche Ihres Körpers. Dadurch wird der natürliche Fettfilm der Haut nicht entfernt, die Muskulatur bekommt ein glänzendes Aussehen. Ab dem vierten Tag empfiehlt sich die Anwendung eines Selbstbräunungsmittels, welches mehrmals täglich auf die Haut aufgetragen wird. Erhöhen Sie auch die Häufigkeit der Sonnenbankbesuche auf dreimal innerhalb dieser sieben Tage. Ganz wichtig ist die Sonnenbank am späten Abend des sechsten Tages, da das Solarium zusätzlich entwässernd wirkt. Um wirklich «trocken» zu erscheinen, sollten Sie die Flüssigkeitsaufnahme am sechsten Tag auf eine Tasse Kaffee am Morgen und ein Glas Wasser im Tagesverlauf beschränken. Am späten Abend des sechsten Tages empfiehlt es sich, etwas hochprozentigen Alkohol zu trinken, z. B. einen Whisky. Alkohol regt auf natürlichem Wege die Wasserausscheidung (Diurese) an. Das Abendessen besteht vorzugsweise aus 250 bis 350 Gramm Rinderleber mit etwas Apfelmus und Zwiebeln. Der hohe Eisengehalt der Leber wirkt blutbildend, was für das Erscheinungsbild einer prallen Muskulatur wichtig ist. Beim Erwachen am nächsten Morgen werden Sie im Spiegel volle, pralle und gleichzeitig harte, «trockene» Muskulatur erblicken. Den entscheidenden siebenten Tag sollten Sie mit einem kohlenhydratreichen Frühstück beginnen. Etwas Süßes ca. eine Stunde vor den Fotoaufnahmen oder dem Wettkampf, z. B. etwas Schokolade und eine bis zwei Bananen, bringt den letzten Energieschub. Die Venenzeichnung tritt durch ein Glas Sekt, das während des Aufpumpens der Muskulatur getrunken wird, besonders deutlich hervor.

Regenerationsphase – gönnen Sie sich eine Pause

Während der Definitionsphase wurden Ihre Muskeln, Sehnen, Bänder und Gelenke stark belastet. Nur durch beinahe übermenschliche Trainingsintensität konnten Sie den Körper aufbauen, der sich Ihnen bei einem Blick in den Spiegel zeigt: harte, von einem dichten Venennetz überzogene Muskelmasse, die durch tiefe Einschnitte ein beinahe plastisches Aussehen erlangt. Beim Anspannen Ihrer Brustmuskeln beispielsweise zeigen sich Querstreifen. Wenn Sie zu den besonders definierten Athleten gehören, dann sind auch Ihre Oberschenkel – und vielleicht sogar die Gesäßmuskeln gestreift. Sie fühlen, daß der Höhepunkt der Definitionsphase erreicht ist. Die harte Arbeit der letzten Monate hat Sie zu Ihrer persönlichen Bestform geführt. Mehr können Sie im Moment nicht tun.

Nachdem Ihre hervorragende körperliche Entwicklung durch Fotoaufnahmen dokumentiert ist oder Sie sich im Wettkampf mit anderen Athleten gemessen haben, ist es Zeit, um auszuruhen. Gönnen Sie sich eine Pause von mindestens zwei Wochen. Manche Bodybuilder bevorzugen es, einen vollen Monat Pause zu machen. Ihr Körper und auch Ihr Geist verlangen nach Monaten des harten Trainings und der entbehrungsreichen Diät nach Entspannung. Zur Gestaltung des Trainingsprogramms in der Regenerationsphase bieten sich leichte aerobe Aktivitäten, wie zum Beispiel Spaziergänge, sehr langsame Waldläufe oder entspannende Radtouren an. Auch Dehnübungen sollten fester Bestandteil des zwei- bis vierwöchigen Regenerationszyklus sein. Es ist zu empfehlen, in dieser Zeit ganz auf Gewichtstraining zu verzichten. Falls Ihnen das nicht möglich ist und der Ruf des Eisens einfach zu stark ist, sollten Sie nach einem Ganzkörperprogramm mit sehr niedriger Trainingsintensität mit leichten Gewichten und hohen Wiederholungszahlen pro Satz zweimal in der Woche trainieren (siehe Programmvorschlag Seite 196). Ein solcher Trainingsaufbau gibt Ihrem Körper die Chance zur aktiven Erholung.

Um wirklich definiert zu sein, haben Sie in den letzten Monaten auch in Ihrer Lebensmittelauswahl starke Einschränkungen gemacht. Sie sind sich darüber bewußt, daß die Ernährung mit ca. 70 Prozent zu einer erfolgreich verlaufenden Definitionsphase beiträgt. Daher waren Lebensmittel wie Süßigkeiten, Brot, Joghurtdesserts oder Wurstwaren für Sie tabu. Nun ist die Zeit gekommen, in der Sie Ihren kulinarischen Lüsten nachgeben können. Die Regenerationsphase erlaubt den Verzehr aller Speisen, auf die Sie während der Definitionsphase verzichtet

Trainingsprogrammvorschlag Regenerationsphase

Muskelgruppe	Übung	Sätze	Wiederholungen
Oberschenkel	Beinpresse	2–3	20–25
Brust	Bankdrücken	2–3	15–20
Rücken	Frontziehen	2–3	15–20
Schulter	Nackendrücken	2–3	15–20
Bizeps	Kurzhantelcurl	2–3	15
Trizeps	Cable-Pushdown	2–3	15

Empfehlungen:
- Pausen zwischen den Sätzen ca. 2 Minuten
- Aerobes Training 2–3 mal pro Woche ca. 20 bis 40 Minuten mit ca. 55 bis 60 Prozent der maximalen Herzfrequenz (siehe Tabelle Seite 139)
- Dehnübungen jeden zweiten Tag für 10–20 Minuten

haben. Essen Sie alles, was Ihnen schmeckt. Genießen Sie das, worauf Sie Lust verspüren.

Mit hoher Wahrscheinlichkeit werden Sie durch das sehr leichte Training und die gelockerte Ernährungsform während der Regenerationsphase einen leichten Formverlust bemerken. Das ist aber kein Grund zur Beunruhigung. Im Gegenteil. Nachdem Sie Körper und Geist die wohlverdiente Pause gegönnt haben, werden Sie mit neuem Elan an Ihr Training zurückkehren.

Sie werden durch diese Pause in der nachfolgenden Aufbauphase größere Fortschritte in der Körperentwicklung erzielen, als dies der Fall wäre, wenn Sie ohne Regenerationszyklus trainiert hätten. Merke: Vor dem Neuaufbau kommt der Abbau. Steigern Sie die Trainingsintensität in der Aufbauphase dann allmählich soweit, bis Sie nach einigen Wochen erneut wieder mit schweren Gewichten trainieren.

Trainingsperiodisierung für optimale Ergebnisse

Körpertypgerechte Jahresplanung

Jedes erfolgreiche Bodybuildingprogramm wird in die Aufbau-, Definitions- und Regenerationsphase eingeteilt. Über das Jahr gesehen entfallen dabei acht bis neun Monate auf die Aufbauphase, drei bis vier Monate auf die Definitionsphase und zwei bis vier Wochen auf die Regenerationsphase.

Trainingszyklen
Die Aufbau- und Definitionsphase wird als Makrozyklus (längerfristiger Trainingsabschnitt) bezeichnet. Innerhalb dieser Trainingsphasen kommt es zu einer weiteren Unterteilung in einzelne zeitliche Abschnitte, in sogenannte Mesozyklen (mittelfristige Trainingszeiträume) von jeweils vier bis sechs Wochen. Eine 36 Wochen dauernde Aufbauphase wird demnach in sechs bis neun Mesozyklen, eine zwölfwöchige Definitionsphase in zwei bis drei Mesozyklen eingeteilt. Die einzelnen Mesozyklen unterscheiden sich durch größere (z. B. Änderung der Übungsauswahl) oder kleinere (z. B. leichte Erhöhung der Satzzahl) Variationen im Trainingsaufbau. Ein Mikrozyklus (kurzfristiger Trainingszeitraum) umfaßt den Zeitraum von einer bis zwei Wochen und wird am ehesten als Regenerationszyklus, beispielsweise nach einem sehr trainingsintensiven Mesozyklus eingesetzt.

Durch die Aufteilung des Trainingsjahres in Aufbau-, Definitions- und Regenerationsphase und deren erneute Gliederung in Meso- und Mikrozyklen wird die Gefahr des «Ausbrennens» und des Übertrainings vermieden. Um es deutlicher auszudrücken: Damit Sie Ihr volles Bodybuilding-Potential erreichen können, müssen Sie zyklisch trainieren!

Vielleicht kennen Sie in Ihrem Studio den einen oder anderen Sportler, der schon viele Jahre mit Gewichten trainiert und dennoch keine nennenswerten Fortschritte im Körperaufbau zu verzeichnen hat. Die Ursache hierfür liegt wahrscheinlich darin, daß es in dessen Trainingsprogramm zu keiner Variation in der Übungsauswahl und den Trainingsparametern Reizintensität (Höhe der Gewichtsbelastung in einem Satz), Reizdauer (Anzahl der Wiederholungen in einem Satz) und Reizdichte (Länge der Pausen zwischen den Sätzen) kommt.

Beispiel für eine Jahresplanung
Körpertyp: ektomorph

	Trainingszyklus	Trainingstage pro Woche	Reiz-intensität 100 % = 1 Maximalwiederholung	Dauer je Trainings-einheit
Kraft und Masseaufbau	Mesozyklus Woche 1–4	2–3	80–85 %	ca. 1 Std
	Mesozyklus Woche 5–10	jede Muskelgruppe innerhalb 7–10 Tagen 1x gezielt	75–85 %	ca. 45 Min
	Mesozyklus Woche 11–16	3	75–85 %	30–45 Min
	Mesozyklus Woche 17–22	3	85–95 %	30–45 Min
Regeneration	Mikrozyklus Woche 23	–		
Kraft und Masseaufbau	Mesozyklus Woche 24–29	3	80–85 %	30–45 Min
	Mesozyklus Woche 30–35	3	80–85 %	30–45 Min
Regeneration	Mikrozyklus Woche 36	–		
Definition	Mesozyklus Woche 37–42	4	60–80 %	60–70 Min
	Mesozyklus Woche 43–48	5	60–85 %	60–70 Min
«Last Minute»	Mikrozyklus Woche 49			
Regeneration	Mesozyklus Woche 50–52	0–2	40–60 %	ca. 30 Min

Muskelgruppen pro Trainingseinheit	Übungen pro Muskelgruppe	Satzzahl pro Übung	Reizdauer WH/Satz	Reizdichte	Aerobes Training	Nährstoffrelation
Ganzkörper	1	3	6–8	3–5 Min	0–2 x/Wo	KH: 55 % Ei: 20 % F: 25 %
1	2–3	2–4	6–10	3–4 Min	0–2x/Wo	KH: 55 % Ei: 20 % F: 25 %
1–2	2	3–4	6–10	3–3,5 Min	0–2 x/Wo	KH: 55 % Ei: 20 % F: 25 %
1–2	2	3–4	2–6	3–4 Min	0–2 x/Wo	KH: 55 % Ei: 20 % F: 25 %
1–2	2–3	2–3	6–8	2–2,5 Min	0–2 x/Wo	KH: 55 % Ei: 20 % F: 25 %
1–2	2–3	2–3	6–8	1,5–2 Min	0–2 x/Wo	KH: 55 % Ei: 20 % F: 25 %
2–3	2–3	2–3	8–15	2–2,5 Min	2–3 x/Wo 20–30 Min	KH: 60 % Ei: 25 % F: 15 %
2–3	2–4	2–4	6–15 (Bein bis 15)	1–1,5 Min	2–3 x/Wo 20–30 Min	KH: 60 % Ei: 25 % F: 15 %
Ganzkörper	1	2	15–25	ca. 2 Min	1–2 x/Wo 20 Min	KH: 70 % Ei: 12–15 % F: 15–20 %

Beispiel für eine Jahresplanung
Körpertyp: mesomorph

	Trainingszyklus	Trainingstage pro Woche	Reizintensität 100% = 1 Maximalwiederholung	Dauer je Trainingseinheit
Kraft und Masseaufbau	Mesozyklus Woche 1–4	2–3	80–85 %	ca. 1 Std
	Mesozyklus Woche 5–9	jede Muskelgruppe innerhalb 7–10 Tagen 1x gezielt trainieren	75–85 %	ca. 45 Min
	Mesozyklus Woche 10–15	4	85–90 %	45–60 Min
Regeneration	Mikrozyklus Woche 16			
Kraft und Masseaufbau	Mesozyklus Woche 17–22	3–4	75–80 %	60–75 Min
	Mesozyklus Woche 23–28	4	80–85 %	60–75 Min
	Mesozyklus Woche 29–34	4	80–85 %	60–75 Min
Regeneration	Mikrozyklus Woche 35			
Definition	Mesozyklus Woche 36–41	4	75–80 %	60–70 Min
	Mesozyklus Woche 42–45	5	60–80 %	60–70 Min
	Mesozyklus Woche 46–49	6	60–85 %	60–70 Min
«Last Minute»	Mikrozyklus Woche 50			
Regeneration	Mikrozyklus Woche 51–52	0–2	40–60 %	ca. 45 Min

Muskelgruppen pro Trainingseinheit	Übungen pro Muskelgruppe	Satzzahl pro Übung	Reizdauer WH/Satz	Reizdichte	Aerobes Training	Nährstoffrelation
Ganzkörper	1	3–5	6–8	3–5 Min	2 x/Wo 20 Min	KH: 60 % Ei: 20 % F: 20 %
1	2–3	2–4	6–10	2–2,5 Min	2–3 x/Wo 20 Min	KH: 60 % Ei: 20 % F: 20 %
2–3	2–3	3	4–6	2–2,5 Min	2–3 x/Wo 20 Min	KH: 60 % Ei: 20 % F: 20 %
2–3	2–3	2–3	8–10	1,5–2,5 Min	3 x/Wo 20 Min	KH: 55 % Ei: 25 % F: 20 %
2–3	2–3	3	6–8	1,5–2,5 Min	2–3 x/Wo 20–30 Min	KH: 55 % Ei: 25 % F: 20 %
2–3	2–3	3	6–8	1,5–2,5 Min	3 x/Wo 30 Min	KH: 55 % Ei: 25 % F: 20 %
2–3	2–3	2–4	8–10	ca. 60 Sec	4 x/Wo 30 Min	KH: 50 % Ei: 30 % F: 20 %
2–3	2–3	2–4	8–15	ca. 60 Sec	4 x/Wo 30–40 Min	KH: 45 % Ei: 30 % F: 25 %
2	3–4	3–4	6–15	45–60 Sec	4–5 x/Wo 35–45 Min	KH: 45 % Ei: 30 % F: 25 %
Ganzkörper	1	3	15–25	ca. 2 Min	1–2 x/Wo 30 Min	KH: 70 % Ei: 10–15 % F: 15–20 %

Beispiel für eine Jahresplanung
Körpertyp: endomorph

	Trainingszyklus	Trainingstage pro Woche	Reizintensität 100 % = 1 Maximalwiederholung	Dauer je Trainingseinheit
Kraft und Masseaufbau	Mesozyklus Woche 1–6	2–3	80–85 %	ca. 1 Std
	Mesozyklus Woche 7–12	jede Muskelgruppe innerhalb 7–10 Tagen 1x gezielt trainieren	75–85 %	ca. 45 Min
	Mesozyklus Woche 13–18	3	75–80 %	ca. 60–75 Min
Regeneration	Mikrozyklus Woche 19			
Kraft und Masseaufbau	Mesozyklus Woche 20–23	4	65–75 %	60–75 Min
	Mesozyklus Woche 23–27	4	70–80 %	60–75 Min
	Mesozyklus Woche 28–32	4	75–85 %	60–75 Min
Definition	Mesozyklus Woche 33–36	4–5	60–70 %	70–90 Min
	Mesozyklus Woche 37–40	4–5	60–75 %	70–90 Min
	Mesozyklus Woche 41–44	5–6	60–80 %	70–90 Min
	Mesozyklus Woche 45–48	6	50–80 %	70–90 Min
«Last Minute»	Mikrozyklus Woche 49			
Regeneration	Mesozyklus Woche 50–52	0–2	40–60 %	ca. 60 Min

Muskel- gruppen pro Trainings- einheit	Übungen pro Muskel- gruppe	Satzzahl pro Übung	Reizdauer WH/Satz	Reizdichte	Aerobes Training	Nährstoff- relation
Ganzkörper	1	3–5	6–8	3–5 Min	3 x/Wo 20–30 Min	KH: 50 % Ei: 30 % F: 20 %
1	2–3	2–4	6–10	1,5–2 Min	3 x/Wo 20–30 Min	KH: 50 % Ei: 30 % F: 20 %
2–3	2–3	3	8–10	1–1,5 Min	3 x/Wo 20–30 Min	KH: 50 % Ei: 30 % F: 20 %
3	2–3	3–4	10–14	1–1,5 Min	3–4 x/Wo 30 Min	KH: 50 % Ei: 30 % F: 20 %
3	2–3	3–4	8–12	1,5–2 Min	3–4 x/Wo 30 Min	KH: 50 % Ei: 30 % F: 20 %
3	2–3	3–4	6–10	1,5–2 Min	3–4 x/Wo 30 Min	KH: 50 % Ei: 30 % F: 20 %
2	3–4	2–4	12–15	1–1,5 Min	4–5 x/Wo 30–45 Min	KH: 35 % Ei: 40 % F: 25 %
2	3–4	2–4	10–15	45–60 Sec	4–5 x/Wo 30–45 Min	KH: 35 % Ei: 40 % F: 25 %
2	3–4	2–4	8–15	45–60 Sec	5–6 x/Wo 30–60 Min	KH: 35 % Ei: 40 % F: 25 %
2	3–4	2–4	8–20	30–60 Sec	5–6 x/Wo 45–60 Min	KH: 30 % Ei: 40 % F: 30 %
Ganzkörper	1–2	3	15–25	ca. 2 Min	2–3 x/Wo 30–40 Min	KH: 65 % Ei: 20 % F: 15 %

Es gilt daher, einen auf die persönliche Zielsetzung wohldurchdachten Trainingsplan zu entwerfen und sich anschließend auch daran zu halten! Sicher ist es möglich und auch richtig, gegebenenfalls Veränderungen in der Umsetzung der Planungstheorie vorzunehmen. Das können unvorhergesehene Ereignisse, wie z. B. ein Umzug oder Berufswechsel sein, die eventuell zu kleineren Unterbrechungen des Trainingsrhythmus führen. Langfristig erfolgreiches Bodybuilding setzt aber immer die gute Planung des Trainings voraus. Die besten Ergebnisse im Körperaufbau werden Bodybuilder erreichen, die einen auf Ihren Körpertyp abgestimmten Trainings- und Ernährungsplan entwickelt haben und anschließend die erforderliche Geduld zu dessen Umsetzung aufbringen.

Auch in der Ernährung, in der für den einzelnen am ehesten zu empfehlenden Lebensmittelauswahl bzw. Nährstoffrelation gibt es Unterschiede. Dabei ist zum einen die jeweilige Trainingsphase, zum anderen der Körpertyp des einzelnen Sportlers ausschlaggebend.

Zur besseren Veranschaulichung des zyklischen Trainings- und Ernährungsaufbaus sehen Sie auf den Seiten 198 bis 203 jeweils ein Beispiel für einen Planungszeitraum über ein Jahr unter Berücksichtigung der verschiedenen Körpertypen.

Doping:
Höchstleistung um jeden Preis?

Der Begriff des Doping tauchte erstmals in der Mitte des vorigen Jahrhunderts in England auf. Die Engländer haben dieses Wort aus der Sprache der farbigen Südafrikaner entnommen, die mit «dop» ein bei Kulthandlungen eingesetztes schweres alkoholisches Getränk bezeichnen (Marees 1981, 542). Die Suche nach leistungssteigernden Mitteln und Methoden und deren Anwendung im Sport geht bereits auf die Zeit der antiken Griechen zurück. Diese verzehrten zum Zwecke der Erhöhung der sportlichen Leistungsfähigkeit bestimmte Kräuter, Sesamsamen, getrocknete Feigen und Champignons. Von den Inkas wird berichtet, daß diese bei ihren Langstreckenläufen über mehr als 1000 km Cocablätter zur Stimulation kauten. Vom Ende des 18. Jahrhunderts wird von einem Wissenschafter berichtet, der sich im Selbstversuch Injektionen mit Hodenextrakten verabreichte (Hobermann 1994, 174). Um das Jahr 1920 wurde mit Drüsentransplantationen experimentiert. Männlichen Probanden wurden Scheiben von Affenhoden eingesetzt. Die genannten Praktiken erscheinen heute eher als ungewöhnlich, zeigen aber eindrucksvoll, daß Menschen bzw. Sportler nicht erst seit kurzem auf der Suche nach dem magischen Zaubertrank zur Leistungssteigerung sind.

Was ist Doping?

Was bedeutet eigentlich Doping, bzw. wann ist ein Sportler gedopt? Zählen bereits Aminosäuren oder Vitaminkonzentrate zu den Dopingmitteln?
   Die meisten Menschen verbinden mit dem Begriff Doping etwas Unnatürliches. Gilt dann die Zufuhr von Hormonen als Doping? Schließlich sind Hormone doch natürliche Körperstoffe. Die Einstufung von unterschiedlichen Mitteln und Methoden als Doping und die Formulierung einer treffenden Definition ist so leicht nicht. Unter Doping versteht man heute «... den Versuch der körperlichen Leistungssteigerung mit chemischen oder physikalischen Methoden, die laut Dopingliste des betreffenden Sportverbandes oder des Internationalen Olympischen Komitees (IOC) verboten sind» (Hollmann/Hettinger 1990, 631). Die medizinische Kommission des IOC spricht von Doping, wenn es zur Anwendung von pharmakologischen Substanzen kommt, die zu den verbotenen Wirkstoffgruppen

gehören und wenn unzulässige Methoden angewendet werden, wie z. B. Blutdoping. Zur Veranschaulichung folgt hier die Auflistung der verbotenen Wirkstoffgruppen bzw. Methoden nach Festsetzung des IOC und einige diesbezügliche Beispiele.

Dopingliste des IOC
Die Dopingliste des IOC beinhaltet verbotene Wirkstoffgruppen und Methoden. Sollte einem Sportler der Gebrauch einer oder mehrerer Substanzen/Methoden nachgewiesen werden, so ist dieser gedopt und muß die Konsequenzen tragen (z. B. Aberkennung des Titels, Sperre usw.).

1.) Verbotene Wirkstoffgruppen
  A *Stimulanzien*
    Beispiel: Kokain, Ephedrin und Koffein
  B *Narkotika*
    Beispiel: Morphin
  C *Anabole Substanzen und verwandte Verbindungen*
    1. Anabole androgene Steroide
    Beispiel: Testosteron, Nandrolon, Stanozolol
    2. Andere anabole Substanzen
    Beispiel: Clenbuterol
  D *Diuretika und verwandte Verbindungen*
    Beispiel: Furosemid, Mannitol, Lasix
  E *Peptidhormone und Analoge*
    Beispiel: HCG = Human Chorionic Gonadotropin,
    HGH = Human Groth Hormone, Somatropin

2.) Verbotene Methoden
  A *Blutdoping* (besonders bei Ausdauersportlern)
  B *Physikalische, chemische und pharmokologische Manipulation einer Urinprobe*
    Beispiel: Urinaustausch, Katheterisierung, Verdünnung von Urin

Doping im Bodybuilding

Der Einsatz von Dopingmitteln findet in vielen Sportarten Anwendung. Auch im Bodybuilding ist der gedopte Athlet weit verbreitet. Es ist schon mehr als bedenklich, wenn Schätzungen davon ausgehen, daß mindestens 100 000 Aktive in deutschen Sport- und Fitnesscentern ihre Trainingsfortschritte durch den Einsatz der chemischen Keule beschleunigen (Stern 7/1994, 29). Derartige Zahlen zeigen deutlich, daß der Dopingkonsum nicht allein auf die Top-Athleten beschränkt ist, sondern mittlerweile Popularität auch im Breitensport erlangt hat. Dabei ist Doping kein Wundermittel. Für den Aufbau von großer Muskelmasse bei gleichzeitig möglichst niedrigem Körperfettanteil sind neben genetischen Voraussetzungen vor allem Ehrgeiz, Disziplin und Durchhaltevermögen die entscheidenden Faktoren. Nicht selten kommt es jedoch zur Anwendung von Dopingmitteln, in der Hoffnung, den Traum von Muskelmasse und Härte schneller verwirklichen zu können. Die vermeintliche Überholspur zum Aufbau eines muskulösen Körperbaus erweist sich dabei häufig als Einbahnstraße und leider immer öfter sogar als «Weg ohne Umkehr», wie der Tod der beiden Spitzenbodybuilder Momo Benaziza (1992) und Andreas Münzer (1996) zeigt.

Die Palette der im Bodybuilding eingesetzten Dopingmittel ist groß. Es werden z. B. muskelaufbauende Mittel wie anabole, androgene Steroide (Anabolika) oder Wachstumshormone (Somatotropes Hormon STH), Mittel zur Entwässerung des Organismus (Diuretika) oder aufputschende Substanzen wie Kokain eingenommen. Diese Auflistung erhebt keinen Anspruch auf Vollständigkeit, nennt aber meines Erachtens die hauptsächlich eingesetzten Dopingmittel im Bodybuilding. Da den Hormonpräparaten als Dopingsubstanzen eine zentrale Rolle zukommt, ist es interessant, einen genaueren Blick auf das Hormonsystem des Körpers zu richten. Kenntnisse über Bildung und Wirkungsweise von Hormonen können zu Ihrem Erfolg als Bodybuilder entscheidend beitragen und Sie davor bewahren, synthetisch hergestellte Hormone einzunehmen.

Hormone und deren Einsatz als Dopingmittel

Das Wort «hormao» kommt aus dem griechischen und bedeutet etwa soviel wie «Antrieb». Hier wird bereits die wesentliche Aufgabe der Hormone im Stoffwechsel angedeutet. Hormone setzen körperliche Reaktionen in Gang. Sie steuern Wachstum, Stoffwechsel, Fortpflanzung und auch das psychische Verhalten des Menschen. Bildungsort der Hormone sind u. a. die Hormondrüsen des Kör-

*Endokrine Drüsen eines Mannes
(nach: Faller 1995)*

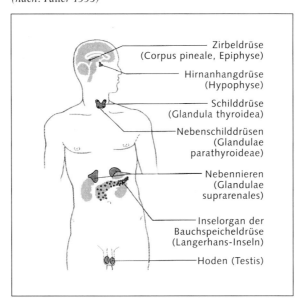

pers. Von diesen endokrinen Drüsen werden sie in das Blut abgegeben und erreichen durch den Blutkreislauf ihre Zielorgane (z. B. die Muskulatur). Dort entfaltet jedes Hormon dann seine spezifischen Wirkungen.

«*Hormone sind chemische Botenstoffe des Körpers, die der Informationsübertragung bei der Regelung von Organfunktionen und Stoffwechselvorgängen dienen*» (*Silbernagl/Despopoulos 1988, 234*)

Im folgenden sind einige Hormonproduktionsstätten und die Wirkung der «klassischen» Bodybuilding-Hormone mit ihren gefährlichen Nebenwirkungen beschrieben.

Hirnanhangsdrüse (Hypophyse)
Hormon: Wachstumshormon STH (Somatotropes Hormon)
Die Hirnanhangsdrüse ist ein bohnenförmiges, ca. 0,5 Gramm bis ein Gramm schweres Gebilde. Sie liegt unter dem Zwischenhirn und ist die Zentralstelle der hormonalen Regelung. Diese Drüse produziert auch selbst Hormone, unter ande-

rem das für erfolgreiches Bodybuilding außerordentlich wichtige Wachstumshormon, das somatotrope Hormon (STH). STH greift regulierend in den Eiweiß-, Fett- und Kohlenhydratstoffwechsel ein und wirkt somit stark anabol. Es fördert die Aufnahme von Aminosäuren in die Muskelzellen und regt den Muskelaufbau (Proteinsynthese) an. STH steuert darüber hinaus das Skelettwachstum, den Aufbau von Knochen (durch Erhöhung der Calciumaufnahme des Knochengewebes) und Knorpel. STH trägt zum Körperfettabbau durch Freisetzung von freien Fettsäuren ins Blut und deren Verwertung im Energiehaushalt bei (Lipolysesteigerung). Das Wachstumshormon wirkt stimulierend auf die Insulinaufnahme. Ein hoher Blutzuckerspiegel, der durch den reichhaltigen Verzehr von (einfachen) Kohlenhydraten entsteht, unterdrückt hingegen die STH-Produktion. Für den Bodybuilder ist aus diesen Gründen eine möglichst hohe STH-Produktion von Vorteil. Üblicherweise werden pro Tag zwischen einem und vier Milligramm des Wachstumshormons produziert.

Um den Körper auf natürlichem Wege bei der Bildung dieses Hormons zu unterstützen, beachten Sie bitte folgende Punkte, die sich förderlich auf den STH-Ausstoß auswirken und die Sie in Ihrem Bodybuilding-Lebensstil ohne Drogen wahrscheinlich sowieso schon umsetzen:

Training
Während körperlicher Belastung schüttet die Hypophyse vermehrt somatotropes Hormon aus.

Tip: Frühmorgendliches nüchternes Training – durch die fehlende Nahrungsaufnahme haben Sie niedrige Blutzuckerwerte.

Niedriger Blutzuckerspiegel
Hohe Blutzuckerwerte vermindern die STH-Sekretion. Niedrige Blutzuckerwerte stimulieren die Hirnanhangsdrüse zur vermehrten Ausschüttung des Wachstumshormons. Um einen starken Anstieg des Blutzuckerspiegels zu vermeiden, sollten Sie bei der Kohlenhydratzufuhr darauf achten, vorzugsweise Kohlenhydrate mit sogenannten niedrigen glykämischen Index (siehe Seite 175) zu verzehren.

Tip: Essen Sie abends, ca. zwei bis drei Stunden vor dem Zubettgehen, keine Kohlenhydrate mehr. Verzehren Sie anstelle von Süßigkeiten vor dem Fernseher oder einer großen Portion Nudeln, Kartoffeln oder ähnliches zum Abendbrot lieber Nüsse oder Fleisch, Fisch und Salat. Gehen Sie dann frühmorgens nüchtern (eine oder zwei Tassen Kaffee vor dem Training sind als «Wachmacher» empfehlenswert und regen die Lipolyse an) ins Studio und Sie werden die Vorzüge einer auf natürlichem Wege erhöhten STH-Sekretion nutzen können.

24 Stunden Profil der Wachstumshormonsekretion
(nach: Komi 1994)

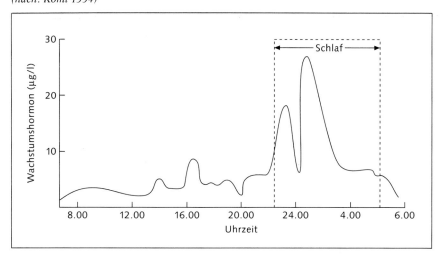

Genügend Schlaf

Die höchste Produktion von Wachstumshormon findet in der Nacht statt, besonders in der ersten Tiefschlafphase. Ein weiterer Grund, warum Sie als Bodybuilder genügend schlafen sollten (siehe auch Seite 48 ff.).

Risiken als Dopingmittel

Durch die Einnahme von synthetisch hergestelltem Wachstumshormon ist zwar die Gefahr, an Creutzfeld-Jakob zu erkranken, so gut wie nicht mehr existent (bis ca. Anfang der achtziger Jahre wurde STH aus den Hypophysen Verstorbener gewonnen, dadurch kam es vereinzelt zur Übertragung der Creutzfeld-Jakob-Krankheit), aber es kann durchaus sein, daß nicht nur Ihre Muskeln, sondern auch Ihre Hände, Füße und Nase und der gesamte Schädel anfangen zu wachsen. Ein derartiges Krankheitsbild wird als Akromegalie bezeichnet. Keine schönen Aussichten.

Schilddrüse

Hormon: Stoffwechselbeschleuniger Thyroxin

Die Schilddrüse wiegt zwischen 15 und 60 Gramm und befindet sich etwas unterhalb des Kehlkopfes. Für den Bodybuilder ist das in der Schilddrüse gebildete Hormon Thyroxin besonders interessant. Thyroxin greift, ebenso wie STH, in den Stoffwechsel von Kohlenhydraten, Eiweiß und Fett ein. Dieses Hormon fördert die Verbrennung von Kohlenhydraten und Fetten, so daß diese beiden Nährstoffe ihre Aufgabe als Energieträger im Stoffwechsel optimal erfüllen können. Thyroxin fördert auch die Eiweißsynthese, es wird mehr Protein in die Muskelzellen eingelagert. Generell sorgt dieses Hormon für eine erhöhte Sauerstoffaufnahme der Zellen und erhöht den Stoffwechselgrundumsatz. Eine weitere wichtige Funktion der Schilddrüse ist die Unterstützung des Körpers bei der Ausscheidung von Schlackenstoffen und Abfallprodukten. Damit Schilddrüsenhormone gebildet werden können, ist Jodaufnahme durch die Nahrung wichtig. Bei Jodmangel kommt es zu einer Schilddrüsenunterfunktion, die sich durch eine Verlangsamung des Stoffwechsels und in fortgeschrittenem Stadium als Vergrößerung der Drüse, als sogenannter Kropf bemerkbar macht. Um Ihren Stoffwechsel in Schwung zu halten, sollten Sie daher regelmäßig jodreiche Lebensmittel, allen voran Seefisch und Schalentiere, verzehren.

Risiken als Dopingmittel
Durch die Einnahme von Schilddrüsenhormonen riskieren Sie eine katabole Stoffwechsellage. Das heißt, es wird neben Fett auch mageres Muskelgewebe zur Energiegewinnung herangezogen. Sie können durch Schilddrüsenhormone eventuell den Fettabbau beschleunigen, müssen aber auch damit rechnen, daß ein Großteil Ihrer hart erarbeiteten Muskelmasse «den Bach heruntergeht». Weitere mögliche Nebenwirkungen sind Übererregbarkeit, Ungeduld, Schlaflosigkeit, Erhöhung der Körpertemperatur, beschleunigter Herzschlag und allgemeine emotionale Instabilität.

Bauchspeicheldrüse
Hormon: Insulin – Hormon mit vielen Gesichtern (siehe S. 174 ff.)
Glucagon – Gegenspieler des Insulins (siehe S. 186 ff.)

Nebennierenmark
Hormon: Adrenalin und Noradrenalin
Im Nebennierenmark werden die Hormone Adrenalin (80 Prozent) und Noradrenalin (20 Prozent) gebildet, sogenannte Katecholamine. Es befinden sich ca. 0,4 bis 0,5 Milligramm Adrenalin als Vorrat im Nebennierenmark. Adrenalin und Noradrenalin werden in Situationen freigesetzt, die hohe Anforderungen an den Organismus stellen. Solche Situationen können physischer Natur, z. B. schweres Training oder psychischer Art, z. B. große Freude oder großer Ärger, sein. Immer dann, wenn man unter Anspannung steht, bildet der Körper vermehrt Katecholamine. Stellen Sie sich eine Trainingseinheit vor, bei der Sie an die Grenze Ihrer

Kräfte gehen. Die im Nebennierenmark produzierten Hormone helfen Ihnen dann bei der Mobilisierung Ihrer Kraftreserven, so daß Sie mit maximaler Leistung trainieren können. Da Adrenalin und Noradrenalin sowohl den Blutdruck als auch die Herzfrequenz erhöhen, sollten Sie Ihren Körper beim Abbau erhöhter Werte unterstützen. Besonders gut eignet sich hier für moderate körperliche Anstrengung z. B. ein leichter Waldlauf. Wenn Sie unter hoher beruflicher oder privater Anspannung stehen, sollten Ihre Trainingseinheiten nicht noch zusätzlich sehr intensiv sein. Ständig zu hohe Anforderungen können in einer gestörten Hormonsekretion resultieren. Die Überlastung der Nebenniere spielt wahrscheinlich eine Rolle für die Entstehung des Übertrainings (siehe Seite 127).

Adrenalin und Noradrenalin helfen bei der Mobilisierung von Kraftreserven und zeigen auch stoffwechselsteigernde Wirkung. Beide Hormone tragen dazu bei, daß dem Körper freie Fettsäuren als Energielieferanten angeboten werden. Adrenalin und Noradrenalin wirken sich also förderlich auf die Lipolyse, den Fettabbau, aus.

Hoden
Hormon: Testosteron
Große Muskelmasse mit einem niedrigen Körperfettanteil – das ist der Traum vieler Bodybuilder. Es wird immer ein Traum bleiben, wenn Sie nicht über den dafür erforderlichen Testosteronspiegel verfügen. Die Menge des täglich durch die Hoden und in geringem Maße auch von der Nebenniere produzierten Testosterons liegt bei Männern zwischen vier und zehn Milligramm. Die Testosteron-Spitzenwerte finden sich besonders morgens.

Dieses Hormon zeichnet sich durch vielfältige, positive Wirkungen für den Erfolg als Bodybuilder aus. Es wirkt stark anabol, das heißt, es fördert das Muskelwachstum durch Stimulierung der Proteinsynthese. Weitere anabole Wirkungen des Testosterons sind z. B. die vermehrte Bildung der roten Blutkörperchen (wichtig für den Sauerstofftransport im Blut) oder die vermehrte Calciumeinlagerung in den Knochen. Generell trägt das Hormon zur Verkürzung der Erholungszeit nach einer Trainingseinheit bei. Testosteron entfaltet männlich sexualspezifische Wirkungen (androgene Wirkungen). Die Entwicklung der Körperbehaarung und des Bartwuchses, des Penis und der Prostata wird durch Testosteron entscheidend gesteuert. Die Vertiefung der Stimme ist eine weitere typisch männliche Wirkung des Sexualhormons Testosteron. Um den Testosteronspiegel auf natürlichem Wege anzuheben, empfiehlt sich kurzes, intensives Training. Maximal 90-minütige schwere Trainingseinheiten, das heißt ca. fünf Wiederholungen pro Satz, bei drei bis fünf Sätzen pro Übung und einer Pause von ca. drei Minuten zwischen den Sätzen, resultieren in einer höheren Testosteron-Sekretion als zwei- bis dreistündige Trainingseinheiten mit geringer Reizintensität, also mit der Verwendung von leichten Gewichten.

Eine Ernährung, die reich an den Vitaminen A, C, E, dem B-Complex und den Mineralstoffen Zink, Magnesium, Calcium, Mangan und Molybdän ist, wirkt sich ebenfalls positiv auf die Höhe des Testosteronspiegels aus. Daher sollte frisches Obst, Gemüse, Nüsse, Haferflocken und Sonnenblumenkerne regelmäßig auf Ihrem Speiseplan stehen.

Ganz wichtig für die Bildung dieses Muskelhormons ist Cholesterin (siehe auch Seite 182 ff.). Cholesterin dient als Ausgangssubstanz zur Bildung von Testosteron.

Darum essen Sie regelmäßig Eier, Schalentiere und Fleisch. Wenn Sie auf Nummer Sicher gehen möchten, empfiehlt es sich, in regelmäßigen Abständen Ihren Cholesterinspiegel überprüfen zu lassen. Wer an Testosteron-Höchstwerten interessiert ist, sollte stark zucker- und fetthaltige Lebensmittel ebenso wie Alkoholkonsum und Rauchen vermeiden.

Risiken als Dopingmittel
Anabole, androgene Steroide sind synthetisch hergestellte Versionen des männlichen Geschlechtshormons (Testosteron). Testosteron konnte erstmalig 1935 aus Stierhoden isoliert werden. In den vierziger Jahren wurden in Europa größere Mengen an injizierbarem Testosteron hergestellt.

Bevor Steroide im Sport Einzug hielten, wurden diese besonders bei Unterernährung, z. B. an Kriegsgefangene verabreicht, um die Rekonvaleszenz zu beschleunigen. Es gibt auch Vermutungen, daß deutsche Soldaten mit Steroiden behandelt wurden, um die Aggressivität im Kampf zu erhöhen. Die leistungssteigernden Wirkungen für den Sportler nutzten in den vierziger Jahren bereits russische Gewichtheber. Etwa 1950 erschienen dann wichtige wissenschaftliche Erkenntnisse bezüglich des muskelaufbauenden Potentials der Steroide. Anfang der fünfziger Jahre kamen die ersten Steroide offiziell in den Handel.

Ich erinnere mich in diesem Zusammenhang gut an ein Gespräch mit einem Sportkollegen in mittlerem Alter. Er erzählte mir von der Selbstverständlichkeit, mit der von ihm und seinen damaligen Sportkameraden Dianabol «wie Bonbons» gegessen wurde. Damals wußte man noch nichts über die Nebenwirkungen der Steroide und da sie offensichtlich wirkten, nahm man diese eben. Es dauerte fast zwanzig Jahre, bis das IOC Anabolika auf die Dopingliste setzte (1974). 1982 wurde Dianabol schließlich vom deutschen Markt genommen, wohl aufgrund der nachgewiesenen starken Lebertoxizität. Ohne näher auf die zahlreichen anabolen/androgenen Steroide einzugehen, die heutzutage erhältlich sind, sollen nachfolgend einige potentielle Nebenwirkungen der Steroide aufgelistet werden.

Schädigung von Leber, Nieren, Herz: Es kann zu Leber- und Nierenfunktionsstörungen, bis hin zum Krebs kommen. Nach solch einem Krankheitsbild wird nicht viel von Ihrer «Chemiemasse» übrigbleiben. Es ist kein schöner Anblick, einen Top-Bodybuilder an Leberkrebs verenden zu sehen. Das weiß ich aus eigener Erfahrung, habe ich doch einen wirklich guten Athleten noch zwei Wochen vor seinem Tod im Krankenhaus besucht. Er hatte ca. 50 Kilogramm seiner noch vor ca. einem halben Jahr prächtigen Muskelmasse verloren und bestand nur noch aus Haut und Knochen. Nie werde ich den Anblick vergessen, der sich mir bot und für den mit hoher Wahrscheinlichkeit Steroide verantwortlich waren.

Die Nieren machen auf sich aufmerksam, wenn es bereits fast zu spät ist. Für den Fall, daß sich Ihr Urin dunkel färben sollte oder Sie sogar Blut urinieren, ist es Zeit, sich ernsthafte Gedanken zu machen.

Steroide können auch das Herzinfarktrisiko erhöhen, da durch die Einnahme von Hormonpräparaten der LDL-Cholesterinspiegel und der Triglyceridspiegel häufig steigt. In diesem Zusammenhang möchte ich Dr. Mauro G. Di Pasquale zitieren: «In der Tat werden die positiven Auswirkungen des Körpertrainings aufgehoben, wenn ein Athlet anabole Steroide verwendet» (Di Pasquale, 1993, 83).

Steroide tragen zu einer erhöhten Salz- und Wasserspeicherung bei. Dadurch kann der Blutdruck steigen und so das Gefäßsystem Schaden nehmen.

Veränderungen des Geschlechtstriebs: Die Zufuhr von körperfremdem Testosteron kann den Geschlechtstrieb kurzfristig steigern. Der Körper reguliert stark überhöhte Testosteronwerte dadurch, daß er seine eigene Produktion zurückfährt, manchmal sogar ganz einstellt. Die Notwendigkeit zur Produktion von körpereigenem Testosteron ist schließlich nicht mehr gegeben, da dieses ja von außen zugeführt wird. Sie werden in der «steroidfreien» Zeit eine deutliche Reduktion Ihrer Sexualfunktion und den Verlust von Muskelmasse und Körperkraft feststellen. Und zwar so lange, bis die eigene Testosteronproduktion wieder einen normalen Level erreicht hat. Das kann sich über mehrere Wochen hinziehen.

Wenn Sie massive Dosen von Steroiden einnehmen, dann ist es möglich, daß Sie Ihre Hoden mit der Lupe suchen müssen. Schauen Sie sich einmal die Fotos von so manchem Wettkampfathleten genauer an...

Gynäkomastie: Damit ist die Schwellung des Brustdrüsengewebes gemeint. Wenn Sie Bodybuilding-Meisterschaften aufmerksam beobachten bzw. sich die

Fotos einiger Sportler in den Fachzeitschriften genauer ansehen, dann können Sie nicht selten eine rundliche Verformung der Brustmuskeln im Bereich der Brustwarze erkennen. Das kann so weit gehen, daß die Brust eines männlichen Bodybuilders weibliche Formen annimmt. Kleinere Anzeichen von Gynäkomastie bilden sich nach dem Absetzen der Steroide von alleine zurück. In schweren Fällen hilft allerdings nur die operative Entfernung des Brustdrüsengewebes.

Akne: Steroidanwender leiden häufig unter der sogenannten Steroidakne (schlimme Pickel auf Rücken, Schultern und Brust).

Psychische Veränderungen: Unter Steroideinfluß ist in der Regel eine Erhöhung der Aggressivität festzustellen. Für Ihr Training mag eine aggressivere Einstellung von Nutzen sein. Es ist jedoch wahrscheinlich, daß sich Ihr Verhalten auch Ihren Mitmenschen gegenüber verändert. Steroide können Sie reizbar und ungeduldig machen und die Gewaltbereitschaft erhöhen. Wer schon einmal mit einem Steroidbenutzer eine Meinungsverschiedenheit hatte (z. B. über den Unsinn des Dopinggebrauchs), weiß, wovon ich spreche. Die Amerikaner bezeichnen die durch Steroidkonsum hervorgerufenen Wesensveränderungen als «Steroid-Rage», was soviel wie «Steroid-Wahnsinn» bedeutet. Oftmals folgt nach dem Absetzen der Steroide eine Phase der Antriebslosigkeit, bis hin zur Depression.

Nebenwirkungen speziell bei Frauen: Durch die Einnahme von anabolen/androgenen Steroiden besteht bei Frauen die Gefahr der Vermännlichung (Virilisierung). Zu den Symptomen zählen: Haarausfall, bis hin zur Glatzenbildung, Vertiefung der Stimme, Verstärkung des Haarwuchses (Damenbart = Hirsutismus). Des weiteren können Steroide zum Wachstum der Klitoris, der Verkleinerung der Brust und zu Störungen der Menstruation führen. Haben Sie schon einmal eine Frau sprechen gehört, die Steroide einnimmt? Eine Besetzung im Männerchor als Baßstimme wäre nicht ausgeschlossen. Auch Frauen entwickeln unter Steroideinfluß häufig Akne und zeigen die typischen Gemütsveränderungen (Aggressivität, Depressionen).

Weitere Nebenwirkungen: Nicht zu vergessen ist auch eine mögliche Prostatavergrößerung, ein erhöhtes Verletzungsrisiko von Muskeln, Gelenken und Bindegewebe und Spritzenabzesse. Bei Kindern und Jugendlichen kann das Wachstum beeinträchtigt werden (Minderwuchs).

Wie Steroide wirken (aus: Stern 46/1997; Monika Polasz)

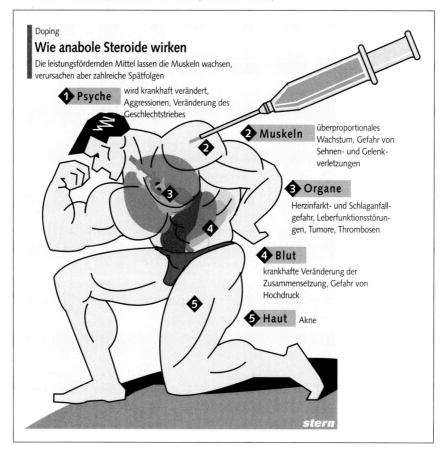

11 gute Gründe für dopingfreies Bodybuilding

1. *Mögliche gesundheitsschädliche Nebenwirkungen:* Die möglichen Nebenwirkungen, die sich aus der Dopingeinnahme ergeben, sind auf den vorigen Seiten beschrieben. Wenn Sie trotzdem Ihre Gesundheit riskieren wollen, dann kann Sie niemand daran hindern. Die letzte Entscheidung liegt bei Ihnen ...

2. *Persönliche Integrität:* Die Entscheidung gegen Doping ist auch eine Frage des Charakters. Wenn Sie der Versuchung widerstehen, zu Dopingmitteln zu greifen, auch wenn andere (Dopinganwender) um Sie herum vergleichsweise

schnellere Fortschritte erzielen als Sie, dann können Sie stolz auf sich sein. Sie wissen, daß Ihr Erfolg ehrlich erarbeitet ist und Ihre Leistung allein auf Ihren persönlichen Einsatz im Training und der Ernährung zurückzuführen ist, nicht auf Chemie!

3. *Doping ist kein Wundermittel:* Es ist so gut wie sicher, daß Dopingmittel den Muskelaufbau beschleunigen. Wer allerdings nicht über die genetischen Voraussetzungen verfügt, um ein Spitzenbodybuilder zu werden, den können auch Wagenladungen von Spritzen und Tabletten nicht zum Mr. Olympia machen.

4. *Bequemlichkeit:* Nutzen Sie die Drogen nicht als Abkürzung. Wenn Sie sich nicht die Mühe machen, soviel wie möglich über Training und Ernährung zu lernen und die theoretischen Erkenntnisse in die Praxis umsetzen, dann werden Sie nie optimale Fortschritte im Körperaufbautraining erzielen. Dopingbenutzer können sich öfter mal einen «Ausrutscher» in der Ernährung erlauben und brauchen vielleicht auch nicht ganz so hart zu trainieren wie Natural-Bodybuilder. Suchen Sie nicht den vermeintlich leichteren Weg – geben Sie sich Mühe und arbeiten Sie hart für Ihren Erfolg!

5. *Konstanter Muskelaufbau:* Muskeln, die durch jahrelanges schweres Training und ausgezeichnete Ernährung aufgebaut wurden, bilden sich in einer Trainingspause wesentlich langsamer zurück, als die in kurzer Zeit herangezüchtete Chemie-Masse. Dopingbenutzer machen häufig wahre Entwicklungssprünge, aber nach einer Trainingspause von nur wenigen Wochen sind sie oftmals nicht wiederzuerkennen. Es ist fast so, als hätte man die Luft herausgelassen. Ein ehemaliger amerikanischer Top-Profi bekam den Spitznamen «The incredible shrinking man» (der unglaublich geschrumpfte) verliehen, weil von seiner enormen Muskelmasse innerhalb kurzer Zeit nach Absetzen der Dopingmittel nicht mehr viel übriggeblieben war.

6. *Unfair:* Dopingeinsatz ist unfair. Gewinnen um jeden Preis zerstört die Sportlichkeit, bzw. den sauberen Wettkampf.

7. *Kosten:* Dopingmittel sind nicht billig. Für eine «Kur» können leicht mehrere tausend Mark veranschlagt werden, insbesondere dann, wenn es zum Einsatz sehr kostspieliger Dopingmittel kommt, wie z. B. Wachstumshormone. Investieren Sie derartige Beträge lieber in Ihre Ernährung.

8. *Drogentest:* Für den Fall, daß Sie Wettkampfbodybuilder werden möchten oder bereits sind, müssen Sie damit rechnen, auf Doping getestet zu werden. Verbände wie die World Natural Bodybuilding Federation (WNBF) führen sehr umfassende Dopingtests durch.

9. *Strafbarkeit:* «Ein Einsatz von anabolen Steroiden ist in vielen Ländern ausdrücklich durch Arzneimittel- und Strafgesetze verboten, am schärfsten seit Dezember 1990 in den USA, wo ihre Benutzung auch durch Ärzte rechtlich dem Einsatz gefährlicher Betäubungsmittel gleichgestellt ist» (Berendonk 1999).

10. *Verantwortungslosigkeit:* Der Gebrauch von Dopingmitteln ist verantwortungslos. Nicht nur sich selbst gegenüber, sondern auch anderen gegenüber. Besonders Jugendliche sind leicht beeinflußbar. Wenn ein sehr guter «Chemie-Bodybuilder» die Vorzüge des einen oder anderen Mittels anpreist und vielleicht sogar in Gegenwart eines Nachwuchssportlers ein paar Pillen einschmeißt, ist ein solches Verhalten verantwortungslos. Pro-Doping eingestellte Studiobesitzer oder Trainer müssen meines Erachtens gerade deshalb aus dem Verkehr gezogen werden!

11. *Widersprüchlichkeit:* Der Einsatz von Dopingmitteln läßt sich nicht mit der ursprünglichen Zielsetzung des Bodybuilding vereinbaren, nämlich der Förderung der Gesundheit und des Wohlbefindens. Zu groß sind die Risiken für Leib und Leben. Wenn Sie ein wahrhaftiger Bodybuilder sind, dann lassen Sie die Finger vom Doping. Springen Sie nicht auf den Doping-Zug auf, sondern gehen Sie Ihren eigenen Weg und inspirieren Sie andere Sportkollegen durch Ihr gutes Vorbild, ebenfalls auf Dopingmittel zu verzichten und Bodybuilding erfolgreich, natürlich und gesund zu betreiben.

Literatur

Berendonk, B.: Doping: Reinbek 1992
Breitenstein, B.: Zur Motivation von Sporttreibenden im Fitneßstudio. (Unveröff. Diplomarbeit) Hamburg 1991
Breitenstein, B./Hamm, M.: Bodybuilding. Erfolgreich, natürlich, gesund. Reinbek 1996
Boeckh-Behrens, W./Buskies, W.: Gesundheitsorientiertes Fitnesstraining. Winsen 1995
Colgan, M.: Optimium Sports Nutrition. New York 1993
Cremer, H. D./Huth, K. (Hg.): Kohlenhydratarme Ernährung: Symposium am 12. Januar 1972 in der Medizinischen Universitätsklinik Gießen. Stuttgart/New York 1974
Di Pasquale, M. G.: Nebenwirkungen anaboler Steroide. Arnsberg 1993
Digel, H. (Hg.): Lehren im Sport: ein Handbuch für Sportlehrer, Sportstudierende und Übungsleiter. Reinbek 1983
Degen, R.: Der kleine Schlaf zwischendurch. Reinbek 1997
Elmadfa, I./Leitzmann, K.: Ernährung des Menschen. Stuttgart 1988
Elmadfa, I. et al.: Die große GU Vitamin- und Mineralstofftabelle. München 1992
Elmadfa, I. et al.: Die große GU Nährwerttabelle. München 1995
Faller, A.: Der Körper des Menschen. Stuttgart 1995[12]
Franken, G./Streck, M.: In Schönheit sterben. In: Stern 46/1997, 68 ff.
Freiwald, J.: Aufwärmen im Sport. Reinbek 1991
Gärtner, H./Pohl, R.: Der Steroidersatz. Leistungssteigernde Substanzen im Bodybuilding. Heilbronn 1994
Geiß, K.-R./Hamm, M.: Handbuch Sportlerernährung. Reinbek 1992
Grundig, P./Bachmann, M.: Anabole Steroide 1994. Heilbronn 1993
Hamm, M.: Fitneß Ernährung. Reinbek 1992
Hamm, M./Weber, M.: Sporternährung praxisnah. Weil der Stadt 1988
Hartmann, J./Tünnemann, H.: Modernes Krafttraining. Frankfurt 1993
Hatfield, F.: Bodybuilding – A Scientific Approach Chicago 1984
Hobermann, J.: Sterbliche Maschinen – Doping und die Unmenschlichkeit des Hochleistungssports. Aachen 1994
Hollmann, W./Hettinger, Th.: Sportmedizin, Arbeits- und Trainingsgrundlagen. Stuttgart/New York 1990
Indelon, T.: Maximizing Anabolic Hormones through Resistance Exercise. In: Natural Bodybuilding and Fitneß 2/1998, 48
Jonath, U.: Lexikon Trainingslehre. Reinbek 1988
Kasper, H.: Ernährungsmedizin und Diätetik. München/Wien/Baltimore 1991
Klinke, R./Silbernagl, S. (Hg.): Lehrbuch der Physiologie. Stuttgart/New York 1994
Komi, P. V. (Hg.): Kraft und Schnellkraft im Sport. Köln 1994
Letzelter, H. M.: Krafttraining. Reinbek 1986
Leibold, G.: Gesund + fit durch natürliche Lebensweise. München 1985
Marees, H.: Doping im Sport. Köln-Mühlheim 1981
Markworth, P.: Sportmedizin 1. Physiologische Grundlagen. Reinbek 1984
Mentzer, M.: Heavy Duty. 1979
Montignac, M.: Essen gehen und dabei abnehmen. München 1996[3]
Ochmann, F.: Gefährlicher Körperkult. In: Stern 7/1994, 29 ff.
Rauch-Petz, G.: Gesundheit für Herz und Kreislauf. München 1996

Roßmeier, A.: Nährwerttabellen. München 1997
Röthig u. a. (Hg.): Sportwissenschaftliches Lexikon. Schorndorf 1992[6]
Schneider, S.: Doping. Der Traum von Masse und Kraft? Stuttgart 1995
Silbernagl/Despopoulos: Taschenatlas der Physiologie. Stuttgart 1988[3]
Strack, A.: Muskeln Sie sich gesund. In: Sportrevue 2/1998, 68
Schwarzenegger, A.: Arnold Schwarzenegger beantwortet Fragen, die das Training der Starathleten betreffen. In: Athletik Sportjournal, 29/1975, 26
Syer, J./Conolly, C.: Psychotraining für Sportler. Reinbek 1993
Trunz, E. et al.: Fit durch Muskeltraining. Reinbek 1992
Wellmann, J./Wormer, Eberhard J.: Hormone – Luststoffe des Körpers. München 1995
Wheeler, F.: Schiff klar für den Mr. Olympia. In: Flex 11/1997, 72–87
Worm, N.: Gesund mit Fleisch. Düsseldorf/Wien/New York 1990

Register

Adiuretin 185
Adrenalin 211
Akne 215
Akromegalie 210
Alles-oder-Nichts-Gesetz 37
Aminosäuren 121f., 174
Anabolismus 43f., 117, 213
Arteriosklerose 27, 107
Atmung 27, 29, 127, 138
Aufbauphase 34ff., 105f., 118, 123f., 197
Aufwärmen 40f.
Ausdauer 24f.
Ausfallschritte 143f.

Ballaststoffe 107ff.
Bandscheibenbelastung 75
Bankdrücken 65ff.
Bauchspeicheldrüse 211
Beanspruchung, motorische 23
Beinheben 92ff., 163f.
Beinstrecken 141f.
Beweglichkeit 28
Bewegungen, fliegende 67f.
Bewegungsapparat, passiver 44
Bizepscurl 155f.
Blutzuckerspiegel 174, 209
Butterfly 147

Calcium 107, 213
Cholesterin 28, 179, 182ff.
Cool-down 46
Creutzfeld-Jakob-Krankheit 210

Definitionsphase 53, 103f., 118, 126, 170, 197
Dehnen 28ff., 40f., 47, 128, 195
Depression 215
Dips 69f., 89
Diurese 193, 207
Doping 14, 183, 205ff., 217
Drüsen, endokrine 208

Ei 181, 184
Einheit, motorische 33, 37f.
Einstellung, psychische 41
Eiweiß 108, 117ff., 123, 184f.
Eiweißüberschuß 118
Eiweißzufuhrempfehlung 118
ektomorph 21, 100, 167, 177f.
endomorph 21, 102, 169, 177f.
Engbankdrücken 89
Erfolgsfaktoren 15
Erholung 14f.
Ernährung 14ff., 20, 34, 47f., 103ff., 170, 172, 195

Fat-Burner 177
Fett 108, 118, 123, 173ff., 178
Fettsäuren 179ff.
Fleisch 181, 184
Frontheben 153f.
Frontziehen 147
Fructose 47
Funktionen, vitale 139, 176

Ganzkörpertraining 97ff.
Gefäßsystem 26
Gemüse 115f., 170, 192
Genußmittel 107
Geschlechtstrieb 214
Getreide 109, 111ff., 170
Gewichte, freie 33, 129f.
Gewichtheben 38
Gewichthebergürtel 60
Gewichtstraining, progressives 52
Gicht 173
Glucagon 186
Gluconeogenese 109, 173, 184
Glucose 170f., 174ff.
Glycogen 171, 173ff., 190f.
Glycämischer Index (GI) 174f., 209
Gynäkomastie 215

Haferflocken 113, 181
Handgelenkscurl 166
Hauptbeanspruchungsformen, motorische 23ff.
Heavy-Duty-Training 20
Herz 26ff., 214
Herzinfarkt 27f.
Herzfrequenz 25f., 138f.
Hirnanhangsdrüse 208
Hoden 212ff.
Höchstkontraktion 135
Homöostase 44
Hormone 207ff.
Hülsenfrüchte 115
Hypertrophie 34
Hypophyse 208

Immunsystem 26
Index, glykämischer 111
Instinktivprinzip 44, 136
Insulin 174
Intensivwiederholungen 54f.
Introspektion 18f.

Jahresplanung 100ff., 197ff.
Jod 211

Kabelziehen 145
Kabeldrücken 158f.
Kaffee 139f., 176, 193, 209
Kalium 107, 114, 192ff.
Kapillarisierung 26
Kartoffeln 114, 170
Katabolismus 43f., 117f., 184, 211
Katecholamine 211
Ketonkörper 173, 177
Klimmzüge 79f.
Kniebeuge 57ff.
Körpertyp 19ff., 129, 167ff.
Kohlenhydrate 47, 107ff., 118, 123, 170ff., 192, 209
Kohlenhydratschwelle 108
Kokain 207
Kontraktionsrückstand 28
Konzentration 42, 172
Konzentrationscurl 156f.
Koordination 33, 38, 53, 55
Kraft 23ff., 45
Kraftdreikampf 23
Kreuzheben 71ff.
Kurzhantelcurl 87f.
Kurzhanteldrücken 160

Lactat 25
Langhantel-Frontdrücken 150
Langhantelcurl 86f.
Last-Week-Schema 190ff.
Lebensmittel 108
Lebensmittelauswahl 103ff., 187
Lebensstil 15
Leber 214
Leistungsfähigkeit 35
Linolsäure 181
Lipolyse 177, 186, 209

Magenverweildauer 120
Magnesium 213
Mahlzeitenrhythmus 118
Makrozyklus 197ff.
Maximalkraft 23, 53
Maximalleistung 34f.
mesomorph 21, 101, 168
Mesozyklus 197ff.
Mikrozyklus 197ff.
Minderwuchs 216
Mineralstoffe 107f.
Minimum-Maximum-Prinzip 51
Mitochondrien 26, 177
Motivation 15f., 18f., 54
Muskelaufbau 20f., 22, 34, 118

Muskeldefinition 20, 172, 178, 192ff.
Muskeldichte 33f., 37, 39
Muskelfasern 24, 33, 36, 39
Muskelfasern, rote 36, 39
Muskelfasern, weiße 36, 39
Muskelgruppen, kraftlimitierende 134
Muskelhärte 133
Muskelhypertrophie 16, 45, 118
Muskelkontraktion 37, 117
Muskelmasse 33f., 36f., 45, 103, 129f., 173
Muskulatur, verkürzte 28

Nackendrücken 83f.
Nahrungsbestandteile, essentielle 107f.
Natrium 114, 192ff.
Natrium-Kalium-Verhältnis 193
Nebennierenmark 211
Nerv-Muskel-Zusammenspiel 33, 37
Nieren 173, 214
Noradrenalin 211
Nudeln 114f., 170
Nüsse 116f., 192

Obst 116f., 170, 192

Pflanzenstoffe, sekundäre 107f.
Posing 135
Prioritätsprinzip 54
Protein 47, 107, 117ff.
Pausen 131
Pyramide, abgestumpfte 52f.
Pyramide, umgekehrte abgestumpfte 132
Pyramidentraining 52f.

Regeneration 47, 51, 98, 117, 128
Regenerationsphase 195
Reis 113, 170
Reserve Curl 165
Rudern, vorgebeugt 75f.
Rudern, sitzend 77f.
Rudern, stehend 84
Ruhepulsfrequenz 26

Sätze, abnehmende 133
Sauerstoffdusche 25
Sauna 51
Schilddrüse 210f.
Schlaf 48ff., 128, 210
Schlaf-Wach-Rhythmus 49
Schnelligkeit 33
Schulterheben 81f.
Seitheben 85, 151f.

Selbstbräunungsmittel 193
Serotonin 172
Soja 115
Sonnenbank 193
Split-Programm 97, 131, 167ff.
Steroide 28, 213ff., 216
STH (somatotropes Hormon) 50, 208f.
Stoffwechsel 44, 104, 117, 172, 179
Stoffwechselumsatz, Erhöhung 177
Substanzen, bioaktive 107f.
Superkompensation 43ff.
Supersatztraining 133f.

Tageszeit 139
Teilwiederholungen 134f.
Testosteron 179, 182f., 212ff.
Thyroxin 210
Training, aerobes 24f., 98, 136ff.
Training, nüchternes 139f., 176, 209
Training, schweres 36, 40, 130, 170
Training, zyklisches 39, 43, 197
Trainingsdauer 36, 126f., 137
Trainingshäufigkeit 126, 131, 137
Trainingsintensität 34f., 130, 133, 137f., 195
Trainingspartner 42, 54f.
Trainingspläne 97ff., 167ff.
Trainingsreize 34, 39, 45, 197
Trinken 37, 123, 185
Trizepsdrücken 90f.

Übertraining 45, 127f.
Überzüge 148f.
Übungsausführung, korrekte 40f.

Verletzungen 40
Virilisierung 215
Visualisieren 50
Vitamine 107, 179, 213
Vollkornbrot 111f.
Vorermüdungsprinzip 134

Wadenheben 95f., 161f.
Wasser 107, 115, 170f., 173, 185, 192ff.
Wertigkeit, biologische 121f.
Wiederholungen 131
Wiederholungen, abgefälschte 42, 55
Wirkung, androgene 212

Ziele 16
Zink 213
Zucker 109f., 192

Berend Breitenstein

Ernährungswissenschaftler (Dipl. oec. troph.), WNBF Pro (World Natural Bodybuilding Federation)

www.berend-breitenstein.de

+++ Video „Natural Training" +++
+++ DVD „Men's Power Body" +++
+++ persönliche Trainings- und Ernährungsplanung +++

Ja, ich möchte

☐ das Video „Natural Training" (70 Minuten) bestellen. Intensive Trainingseinheiten und Zahlreiche Tipps zum Training und zur Ernährung. Motivierend und inspirierend!
Preis: 25 Euro, inkl. Versand

☐ die DVD „Men's Power Body" (80 Minuten) bestellen. Die besten Übungen für jede Muskelgruppe. Sehr aufwendig produzierte DVD, inkl. 28-seitigem Booklet zur Ernährung und Trainingsplänen.
Preis: 30 Euro, inkl. Versand

☐ eine persönliche Trainings- und Ernährungsplanung für 3 Monate bestellen. (Bitte Angaben zur Person, Trainingserfahrung, Zielsetzung und zu Ernährungsgewohnheiten etc. beilegen).
Preis: 75 Euro, inkl. Versand

Ich zahle per:
☐ **Bankeinzug**   ☐ **Vorab-Überweisung**
Bank: _____   auf das Konto Nr.: 1252 123 276
BLZ: _____   bei der HASPA
Kto. Nr: _____   BLZ: 200 505 50

☐ **Scheck/Bargeld liegt bei**

Bestelladresse:
Berend Breitenstein
Sülldorfer Brooksweg 90 a
22559 Hamburg
Fax: 040 - 43 25 33 37
E-Mail: berend.breitenstein
@t-online.de
www.berend-breitenstein.de

Name, Vorname _____

Straße, Nr. _____

PLZ, Ort _____

Tel. /Fax /E-Mail _____

Datum/Unterschrift _____